Deutsch als Fremdsprache

Arbeitshefte zur Vorbereitung auf die Deutsche Sprachprüfung für den Hochschulzugang (DSH) oder auf die Feststellungsprüfung (FSP)

Friedrich Clamer / Erhard G. Heilmann / Helmut Röller

Überarbeitet von Helmut Röller

Die Blaue

Übungsgrammatik für C1

Regeln • Listen • Übungen

Niveau C1

Überarbeitung der „Übungsgrammatik für die Mittelstufe“, erweiterte Fassung

mit Lösungen

Verlag Liebaug-Dartmann

1. Aufl. 2002, 2. Aufl. 2006, 3. überarbeitete Aufl. 2021, Meckenheim
ISBN 978-3-96425-008-7

Inhaltsverzeichnis

Vorwort

Die Blaue (Übungsgrammatik für C1) ist konzipiert als eine Kombination aus Rezeptions- und Produktionsgrammatik. Sie soll helfen, anspruchsvolle Texte mit höherem Schwierigkeitsgrad zu verstehen und im universitären und beruflichen Umfeld eigene Texte sprachlich angemessen zu formulieren. Sie ist eine Überarbeitung der „Übungsgrammatik für die Mittelstufe" von Fr. Clamer, E. G. Heilmann und H. Röller, die 2002 als erweiterte Fassung der gleichnamigen Grammatik von Fr. Clamer, H. Röller und W. Welter in mehreren Auflagen erschienen ist und seitdem als „die Blaue" bei fortgeschrittenen Deutschlernenden, besonders im Hinblick auf die Studienvorbereitung, im In- und Ausland fest etabliert ist. Nach fast zwei Jahrzehnten schien es nun angebracht, eine Überarbeitung vorzunehmen.

An Struktur und Aufbau („Regeln – Listen – Übungen") hat sich nichts Prinzipielles geändert; wohl sind einige Teile neu hinzugekommen. Modernisiert und aktualisiert wurden die Übungsteile. Sie enthalten neben einigen längeren Texten, die einleitend oder zusammenfassend der Gesamtdarstellung der einzelnen Grammatikkapitel dienen, überwiegend Satzmaterial sowohl aus dem Lebensumfeld der Lernenden als auch aus verschiedenen wissenschaftlichen Disziplinen – jedoch in so allgemeiner Form, dass es von allen verstanden und bearbeitet werden kann. Dank des angefügten Lösungsteils eignet sie sich auch dafür, bereits erworbene sprachliche Kenntnisse im Selbststudium zu wiederholen und zu vertiefen.

Für diese Neubearbeitung gilt wie schon für die älteren Ausgaben, dass die Übungen in studienvorbereitenden Kursen des Lehrgebiets „Deutsch als Fremdsprache" (Sprachenzentrum Uni Münster) sowie anderer ähnlicher Institutionen wie Studienkollegs erprobt wurden.

Allen Kolleginnen und Kollegen sei an dieser Stelle für zahlreiche Anregungen und Hinweise gedankt. Mein besonderer Dank gilt Herrn Bruno Liebaug vom Lektorat des Verlags Liebaug-Dartmann, der diese Neubearbeitung mit hoher Kompetenz und großem Engagement begleitet hat.

Münster, im März 2021 Helmut Röller

Hinweise für Benutzer*innen

Sinnvolles Lernen und Üben mit dieser „Übungsgrammatik für C1" setzt Grundkenntnisse von Morphologie und Syntax der deutschen Sprache voraus, wie sie z. B. in der (grünen) „Übungsgrammatik für die Grundstufe (B-Niveau)" aus dem Verlag Liebaug-Dartmann dargestellt sind. Die meisten fortgeschrittenen Lernenden werden auch schon mit vielen Details vertraut sein, die in der vorliegenden „Blauen" Grammatik behandelt werden, sodass es nicht immer nötig sein dürfte, jedes Kapitel mit allen Übungen durchzuarbeiten.

Die theoretische Grundlage bildet wie bisher in Anlehnung an die systematische Darstellung von Ulrich Engel (Deutsche Grammatik, 1988 ff.) die Valenz-Grammatik, was sich in der jahrzehntelangen Unterrichtspraxis im „Lehrgebiet DaF“ der Uni Münster bestens bewährt hat. Ausgehend vom Verb als strukturellem Zentrum des Satzes werden alle Segmente, die vom Verbalkomplex regiert werden, als „Ergänzungen“ bezeichnet und in neun Klassen unterschieden. (In anderen Grammatik-Systemen werden oft unterschiedliche Benennungen verwendet, wie Objekte, Prädikatsnomen, z. T. adverbiale Bestimmungen.) Nur das Subjekt wird weiterhin auch so bezeichnet, da es insofern eine Sonderrolle einnimmt, als es mit dem Prädikat in den Merkmalen „Person“ und „Numerus“ übereinstimmt, normalerweise obligatorisch ist – und weil bei den Deutschlernenden die Bezeichnungen Subjekt und Prädikat schon zur „grammatischen Grundausstattung“ gehören.

Dass Ergänzungen als verbspezifische Elemente definiert sind, bedeutet nicht, dass sie auch obligatorisch sind: sie können, je nach Kontext, wegfallen.

Im Gegensatz zu den Ergänzungen sind Angaben keine verbspezifischen Elemente: sie sind zwar inhaltlich vom Prädikat (bzw. Restsatz) abhängig, doch wird ein Satz durch Weglassen oder Hinzufügen von Angaben nicht ungrammatisch, möglicherweise aber unlogisch oder unsinnig. Unter die Angaben fällt in der Valenz-Grammatik jener Teil der „adverbialen Bestimmungen“ der traditionellen Grammatik, der nicht den Restriktionen der Ergänzungen unterliegt.

Beibehalten wurde hier die Anordnung nach semantischen Kriterien.

Neben der Transformation nominaler Angaben in Nebensätze und umgekehrt finden sich weitere syntaktische und lexikalische Möglichkeiten, kausale, temporale, finale etc. Beziehungen zu realisieren.

Für die Grundkonzeption der Grammatik wurde eine systematische Darstellung gewählt. Auswahl und Reihenfolge der zu behandelnden Themen und Übungen sind jedoch der freien Entscheidung der Benutzer*innen überlassen. Dabei ist es unvermeidlich, dass in den jeweils gewählten Beispielen und Übungen unbekannte sprachliche Erscheinungen vorkommen. Hier sollen Querverweise – und vor allem Verweise auf grundlegende Kapitel – dabei helfen, dass sowohl DaF-Lehrerinnen und -Lehrer als auch selbstständig Lernende den für sie geeigneten Zugang zu den nötigen Informationen finden. Bei einer Durcharbeitung des gesamten Buches ist es jedoch empfehlenswert, in der Reihenfolge „Ergänzungen – Angaben – Attribute“ (entsprechend dem Inhaltsverzeichnis) vorzugehen. Übungen, auf deren Bearbeitung bei Zeitmangel verzichtet werden kann, sind mit einem Hinweis (* vor der Übungsnummer) gekennzeichnet.

Allen, die sich noch gründlicher mit der Valenz-Grammatik befassen wollen, besonders denjenigen, die in Deutschkursen Grammatik unterrichten, sei das Buch „Über Grammatik“ von Erhard G. Heilmann empfohlen, das im Verlag Liebaug-Dartmann erschienen ist.

Begriffserklärungen

Nomen (*auch:* Substantiv)	eine Wortart (neben *Verb, Adjektiv, Pronomen* usw.) Beispiele: ***Beruf, Haus, Freiheit***
Verbalnomen	Infinitiv als Nomen gebraucht (*lesen* → *das Lesen*) Beispiel: *Im Winter macht (das)* ***Radfahren*** *keinen Spaß.*
nominal	„in Form eines Nomens" (Adjektiv zu „Nomen")
Nominalgruppe	Nomen mit Begleitern, z. B. mit Artikel, Präposition und Attributen Beispiel: … *in der obersten* ***Etage*** *des Hauses* …
Nominativ	ein Kasus (neben *Akkusativ, Dativ, Genitiv*) Beispiele: *der Beruf, die Freiheit, die Häuser*
Nominativ-Ergänzung (*auch:* **Subjekt**)	ein Ergänzungstyp (neben *AkkErg, DatErg, PräpErg* usw.) Beispiel: ***Ihre Schwester*** *ist hübsch.*
Nominal-Ergänzung	ein Ergänzungstyp (neben *AkkErg, DatErg, PräpErg* usw.) Beispiel: *Ihre Schwester ist* ***Lehrerin.***
Adjektivprädikat	ein Prädikat, das aus Verbform(en) + Adjektiv besteht Beispiel: *Die Erde* ***ist rund.***
prädikatives Adjektiv (*auch:* Prädikatsadjektiv)	ein Adjektiv als Teil des Prädikats Beispiel: *Die Erde ist* ***rund.***
Korrelat	kein eigenständiges Satzglied, sondern Verweis auf einen nachfolgenden Nebensatz. a) Pronominaladverb (Präpositionaladverb) *dafür, darüber* … Beispiel: *Wir müssen* ***darüber*** *sprechen, wie du dein Studium finanzieren willst.* b) ***es*** (s. Nr. 18.4, S. 165)
Proportionalglied	in Proportionalsätzen die Kombination aus ***je*** bzw. ***desto/umso*** und dem unmittelbar folgenden Adjektiv in Komparativ-Form. Bei einer Nominalgruppe zählen auch Nomen und Artikel dazu. (s. Nr. 4.8, S. 74) Beispiel: ***Je älter*** *man ist, auf* ***desto mehr Hilfe*** *ist man angewiesen.*
situierende Angaben	Hauptgruppe der Angaben: Sie beschreiben innerhalb eines Satzes verschiedene Sachverhalte, z. B. *TempA, KausA, KondA* (s. Nr. 4.2, S. 46)
Adjunktor	„Gleichsetzungspartikel" (*wie, als*): verbindet zwei Wörter oder Wortgruppen miteinander, als Vergleich oder als Gleichsetzung. Beispiele: *A ist älter* ***als*** *B. B ist so alt* ***wie*** *C.* *Seine Aussagen stellten sich* ***als*** *Lügen heraus.*
definit **indefinit** **finit** **infinit**	mit bestimmtem Artikel oder Possessivartikel mit unbestimmtem Artikel oder Null-Artikel konjugierte Verbform, Personalform nicht konjugierte Verform, z. B. Infinitiv, Partizip II
Modus	Indikativ, Konjunktiv, Imperativ
perfektive Verben	kennzeichnen ein Geschehen, das zeitlich begrenzt oder abgeschlossen ist, z. B. *einschlafen, beginnen, abfahren, verblühen.*

1 Wortarten

Verb	- „Vollverb“	*lernen, lesen, arbeiten, …*
	- Hilfsverb	*haben, sein, werden*
	- Modalverb	*können, wollen, müssen, …*
	- Modalitätsverb	*s. weigern (zu), scheinen (zu), …*
	- Funktionsverb	*(Sport) treiben, (Kritik) üben, (einen Antrag) stellen, (jmdn. in Gefahr) bringen, …*
Nomen		*Tisch, Buch, Lampe, Maria, …*
Adjektiv		*schön, groß, neu, beliebt, …*
Artikel	- bestimmter Artikel	*der (Tisch), das (Buch), die (Lampe), …*
	- unbestimmter Artikel	*ein (Fenster), eine (Wohnung), …*
	- Possessivartikel	*mein (Vater), eure (Schuhe), …*
	- Negativartikel	*keine (Leistung), kein (Geld), …*
	- Demonstrativartikel	*dieser (Hund), jenes (Haus), …*
	- Frageartikel	*welcher (Tag)? was für eine (Stadt)? …*
Pronomen	- Personalpronomen	*ich, euch, sie, …*
	- Demonstrativpronomen	*dieser, jenes, …*
	- Indefinitpronomen	*man, etwas, jemand, alle, …*
	- Reflexivpronomen	*mich, sich, dir, …*
	- Possessivpronomen	*meiner, deins, unsere, …*
	- Relativpronomen	*der, (welcher), dessen, denen, …*
Adverb[1]		*bald, dort, abends, deshalb, …*
Präposition		*an, auf, in, gegen, …*
Konjunktion[2]		*und, oder, aber, …*
Subjunktion[3]		*dass, weil, wenn, um … zu, …*
Partikel		*sehr, nur, etwa, …*

1 im Gegensatz zum Adjektiv unflektierbar, nicht steigerungsfähig (vgl. *Das Auto fährt* ***schnell***: „schnell“ ist nicht Adverb, sondern prädikativ gebrauchtes Adjektiv.)
2 verbindet Sätze gleicher Ebene:
Hauptsatz – ♦ Hauptsatz Nebensatz – ♦ Nebensatz (♦ = Konjunktion)
3 leitet Nebensätze ein:
Hauptsatz – ♦ Nebensatz ♦ Nebensatz – Hauptsatz (♦ = Subjunktion)

1. Bestimmen Sie die Wortarten in den folgenden Sätzen.

1. Kostas pumpt mich oft an, denn mit dem Geld, das sein Vater ihm monatlich überweist, kommt er nie aus. 2. Es reicht nur bis zur Mitte des Monats. 3. Aber Kostas braucht auch Geld für die zweite Monatshälfte. 4. Deshalb, und weil er auf modische Kleidung nicht verzichten will, muss er sich etwas dazuverdienen – oder manchmal einen Freund anpumpen.

1.	Kostas	Nomen (Eigenname)
↓	pumpt	Verb
	mich	Personalpronomen
	oft	Adverb
	an	Präfix (*anpumpen*)
	denn	....
	mit	....
	dem	....
	Geld	....
	das	....
	sein	....
	Vater	....
	ihm	....
	monatlich	....
	überweist	....
	kommt	....
	er	....
	nie	....
	aus	....
2.	es	....
↓	reicht	....
	nur	....
	bis	....
	zur	....
	Mitte	....
	des	....
	Monats	....
3.	aber	....
↓	Kostas	....

	braucht	....
	auch	....
	Geld	....
	für	....
	die	....
	zweite	....
	Monatshälfte	....
4.	deshalb	....
↓	und	....
	weil	....
	er	....
	auf	....
	modische	....
	Kleidung	....
	nicht	....
	verzichten	....
	will	....
	muss	....
	er	....
	sich	....
	etwas	....
	dazuverdienen	....
	oder	....
	manchmal	....
	einen	....
	Freund	....
	anpumpen	....

2 Satzglieder

Wir unterscheiden drei Arten von Satzgliedern:

1. **Prädikate**

   Sie ***spielen***. ***Hat*** er ***gewonnen***? Das Spiel ***ist aus***.

> Jeder Satz hat ein ***Prädikat***.
> Zum Prädikat gehört immer mindestens eine Verbform.

2. **Ergänzungen**

Wir	gehen	***zur Vorlesung.*** / ***in die Mensa.*** / ***nach Hause.***
Nominativ-Ergänzung (= Subjekt)		Direktiv-Ergänzung

> Das Prädikat braucht einen oder mehrere „Begleiter" im Satz.
> Diese vom Prädikatsverb oder -adjektiv bestimmten Begleiter nennt man ***Ergänzungen***.
> Fast jedes Verb im Aktivsatz verlangt eine ***Nominativ-Ergänzung*** (= ein ***Subjekt***); *gehen* verlangt z. B. außerdem noch eine ***Direktiv-Ergänzung***; das ist ein Satzglied, welches auf die Frage ***wohin?*** antwortet.

Andere Verben verlangen oft andere Ergänzungen:

Frau Müller	gab	***ihrem Sohn***	***den Hausschlüssel***.
Subjekt		Dativ-Ergänzung	Akkusativ-Ergänzung

Habt	***ihr***	***auf mich***	gewartet?
	Subjekt	Präpositional-Ergänzung	

> Es gibt neun verschiedene Arten von Ergänzungen.
> Eine Ergänzung kann man oft weglassen, ohne dass der Satz grammatisch falsch wird.
> Die fehlende Ergänzung muss sich dann aus dem Kontext ergeben.

Schreibst du (*einen Brief*)? – Nein, ich lese (*die Zeitung*).
Fährst du heute (*nach Köln*)? – Nein, ich fahre erst morgen.

3. **Angaben**

   Wir gehen ***jeden Tag*** zur Vorlesung. (Temporal-Angabe)
   Frau Müller gab ihm den Schlüssel ***im Auto***. (Lokal-Angabe)
   Warum habt ihr ***nicht*** auf mich gewartet? (Kausal-Angabe und Negations-Angabe)

> Angaben sind nicht durch das Verb oder das Prädikatsadjektiv bestimmt.
> Es sind ***freie*** Satzglieder, die man in jeden Satz einsetzen kann, wenn es die Bedeutung erlaubt.
> Es gibt viele verschiedene Arten von Angaben: Temporal-, Kausal-, … (s. S. 12)
> Angaben kann man ***immer*** weglassen, ohne dass der Satz ***grammatisch*** falsch wird. Eine fehlende Angabe kann aber oft den Satz missverständlich oder unvollständig machen.

Sie haben die Prüfung ***nicht*** bestanden.
Größere Reisen sollte man ***nicht ohne gründliche Vorbereitung*** antreten.

Beachten Sie: (1) ***Ergänzungen*** und ***Angaben*** können als Satzglieder nominale Form haben oder Nebensätze sein. (2) ***Attribute*** sind keine Satzglieder; sie hängen nicht vom Restsatz ab, sondern von ihrem ***Bezugswort***. (s. Clamer/Heilmann: Übungsgrammatik für die Grundstufe, Nr. 11)

Übersicht

Prädikate:

Einfaches Prädikat	*Präd*	Er ***fährt*** nach Hause.
• Komplexe Prädikate	*Präd1 … Präd2*	***Hat*** das Auto ***repariert werden können***? ***Hör*** mir ***zu***!
• Adjektiv-Prädikat		Heute ***ist/wird*** das Wetter ***schön***. Ich ***finde*** das Wetter ***kalt***. Sie ***sieht*** heute ***gut aus***.
• Funktionsverbgefüge	*FVG*	Der Einbrecher ***ergriff die Flucht***. Sie ***zog*** meine Worte ***in Zweifel***.

Ergänzungen:

Nominativ-Ergänzung (= Subjekt)	*Subj*	***Er*** versteht mich nicht.	WER? / (WAS?)
Akkusativ-Ergänzung	*AkkErg*	Ich verstehe ***ihn*** gut.	WEN? / (WAS?)
Dativ-Ergänzung	*DatErg*	Das Buch gehört ***meinem Freund***.	WEM?
Genitiv-Ergänzung	*GenErg*	Der Kranke bedarf ***ärztlicher Hilfe***.	WESSEN?
Präpositional-Ergänzung	*PräpErg*	Ich interessiere mich ***für alte Musik***. ***Auf Peter*** können wir nicht warten.	WOFÜR? (FÜR WEN?) AUF WEN? (WORAUF?)
Situativ-Ergänzung	*SitErg*	Die Insel Rügen liegt ***in der Ostsee***. Er wohnt ***am Bahnhof***. Er wohnt ***billig***.	WO? WIE?
Direktiv-Ergänzung	*DirErg*	Ich stecke den Brief ***in die Tasche***. Herr Kim stammt ***aus Korea***.	WOHIN? WOHER?
Expansiv-Ergänzung	*ExpErg*	Der Eintritt kostet ***einen Euro***. Der Kurs dauert ***ein halbes Jahr***.	WIE VIEL? WIE LANGE?
Nominal-Ergänzung	*NalErg*	Margret ist ***Lehrerin***. Der Führerschein gilt nicht ***als Pass***. Wir betrachten Uli ***als unseren Freund***.	WAS? ALS WAS? ALS WAS?

Angaben:

Temporal-Angabe	*TempA*	Er kommt ***morgen*** zurück.	ZEIT
Kausal-Angabe	*KausA*	***Wegen des Gewitters*** blieb ich im Haus.	GRUND / URSACHE
Final-Angabe	*FinA*	Ich fahre ***zur Erholung*** an die See.	ZWECK / ABSICHT
Konditional-Angabe	*KondA*	***Bei diesem Lärm*** kann ich nicht lernen.	BEDINGUNG
Konzessiv-Angabe	*KonzA*	***Trotz des Regens*** gehen wir spazieren.	UNWIRKSAMER GRUND
Lokal-Angabe	*LokA*	Ich habe ihn ***am Bahnhof*** getroffen.	ORT
Modal-Angabe	*ModA*	Paul musste ***schwer*** arbeiten. Paul muss ***vermutlich*** arbeiten.	ART UND WEISE
Proportional-Angabe	*PropA*	***Je nach Außentemperatur*** ist der Energiebedarf unterschiedlich hoch.	ABHÄNGIGKEIT
Adversativ-Angabe	*AdvA*	***Im Vergleich zu heute*** waren die Autos früher viel kleiner und langsamer.	UNTERSCHIED / GEGENSATZ
Referenz-Angabe	*RefA*	***Meiner Meinung nach*** ist das zu schwer.	INFORMATIONSQUELLE
Negations-Angabe etc.	*NegA*	Petra kommt heute ***nicht***.	NEGATION

2. *Untersuchen Sie die Sätze auf Satzglieder.*

2.1 Trotz der umgehend eingeleiteten und von Feuerwehr und Technischem Hilfswerk koordinierten Rettungsmaßnahmen konnten bis zur Stunde nur wenige Überlebende unter den durch die Gasexplosion völlig zerstörten Wohngebäuden lokalisiert und unter Einsatz schweren Geräts verletzt geborgen werden.

Welche Wörter und Wortgruppen gehören zusammen und bilden Satzglieder? Markieren Sie das.

2.2 Der seit vier Jahren in Münster, Nordrhein-Westfalen, lebende indische Student der Informatik namens A. B., der plant, nach seinem Universitätsabschluss im nächsten Jahr eine eigene Internetfirma in seinem Heimatland zu gründen, liebt die uns allen aus Fernsehen und Presse bekannte 21-jährige Schauspielerin X. Y. aus Italien, deren Vater zu den reichsten Industriellen seines Landes gehört und von dem man sagt, er habe enge Kontakte zur Mafia.

1. *Aus wie vielen und welchen Satzgliedern besteht der Satz?*
2. *Markieren und benennen Sie sie.*
3. *Reduzieren Sie diesen Satz*
   a) *auf 5 (fünf!) Wörter,*

   ____

   b) *auf 3 (drei!) Wörter.*

   ____

   Er muss grammatisch korrekt bleiben.

3. *Bestimmen Sie die Satzglieder.*

Kennzeichnen Sie die Prädikate sowie die unterstrichenen Satzglieder, indem Sie die entsprechende Abkürzung darüber schreiben oder folgende Markierungen benutzen:

Prädikat: ▭
Subjekt: [ ]
andere Ergänzungen: < >
Angaben: ( )

Beispiel:

KausA	***Prädikat***	***Subj***		***SitErg***
Wegen der Zimmerknappheit	wohnt	sie	seit einem Monat	bei ihrer Freundin.
(Wegen der Zimmerknappheit)	▭wohnt▭	[sie]	seit einem Monat	< bei ihrer Freundin > .

1. Das Büro befindet sich im Erdgeschoss.
2. Wegen heftiger Zahnschmerzen musste ich in München zum Zahnarzt gehen.
3. Welche Farbe haben ihre Augen?
4. Er ist des schweren Diebstahls angeklagt.
5. In der Touristeninformation bekommen Sie einen Stadtplan kostenlos.
6. Die meisten Zuhörer waren von der Qualität des Vortrags enttäuscht.
7. Ich bin mit dem Ergebnis zufrieden.
8. Auch bei wenig Verkehr fahre ich nie schnell.
9. Sie ist mit ihrer Freundin zum Einkaufen in die Stadt gefahren.
10. Trotz der Doppelverglasung leiden wir in unserer Wohnung unter dem Straßenlärm.
11. Einem Gefangenen ist in der Nacht die Flucht gelungen.
12. Aus Sicherheitsgründen musste die Brücke gesperrt werden.
13. Der Computer lässt sich wegen fehlender Ersatzteile nicht mehr reparieren.
14. Wagners Oper „Siegfried“ dauert über vier Stunden.
15. Am schnellsten kommen Sie mit der U-Bahn ins Stadtzentrum.
16. Nach Ansicht der Opposition müssen die Steuern weiter gesenkt werden.
17. „Faust“ kann man als GOETHES bedeutendstes Werk bezeichnen.
18. Die neuen Busse werden in zwei Monaten zum Einsatz kommen.

3 Ergänzungen

3.1 Rektion der Verben: Präpositional-Ergänzungen

abhängen *von*	Pauls Stimmung hängt stark vom Wetter ab.
ableiten A *aus* [1]	Man kann das Wort „Fenster“ aus dem Lateinischen ableiten.
absehen *von*	Wenn man vom schlechten Wetter absieht, war unser Urlaub schön.
achten *auf*$_A$ [2]	Der Busfahrer hatte nicht auf den Gegenverkehr geachtet.
anfangen (A) *mit*	Jedes deutsche Nomen fängt mit einem Großbuchstaben an. Viele Menschen fangen den Tag mit Frühsport an.
antworten *auf*$_A$	Ich habe sofort auf seinen Brief geantwortet.
arbeiten *an*$_D$	Die Autorin arbeitet an einem neuen Roman.
s. ärgern *über*$_A$	Ich ärgere mich über meine Fehler.
aufhören *mit*	Wir hören morgen mit dem Fasten auf.
s. aufregen *über*$_A$	Reg dich nicht über Kleinigkeiten auf!
ausgehen *von*	Bei seiner Planung geht der Minister von einer niedrigeren Inflationsrate aus.
s. bedanken (*bei*) *für*	Ich habe mich bei Paul für das Geschenk bedankt.
s. befassen *mit*	Wir haben uns lange mit diesem Thema befasst.
beginnen (A) *mit*	Die Oper beginnt mit einer Ouvertüre. Der Pianist begann das Konzert mit einer Sonate.
beitragen *zu*	In vielen Familien müssen die Kinder zum Lebensunterhalt beitragen.
s. bemühen *um*	Wir bemühen uns seit langem um eine größere Wohnung.
berichten *über*$_A$	Die Zeitung berichtet über aktuelle Ereignisse.
beruhen *auf*$_D$	Seine Entscheidung beruht auf einem Irrtum.
s. beschäftigen *mit*	Sie beschäftigt sich mit moderner Musik.
s. beschränken *auf*$_A$	Ich will nicht lange reden, sondern mich auf die wichtigsten Punkte beschränken.
s. beschweren (*bei*) *über*$_A$	Er beschwert sich beim Chef über seine Kollegen.
bestehen *auf*$_D$ (ugs. *auf*$_A$)	Ich bestehe auf dem Umtausch der fehlerhaften Ware.
bestehen *aus*	Unsere Wohnung besteht aus vier Räumen.
bestehen *in*$_D$	Die Aufgabe des Rechnungshofes besteht in der Kontrolle der Staatsausgaben.
s. beteiligen *an*$_D$	An den Kosten der Party haben sich alle Gäste beteiligt.
s. bewerben *um*	Sie bewirbt sich um einen besseren Arbeitsplatz.
bitten A *um*	Er hat mich um Geld gebeten.
danken D *für*	Ich danke ihm für seine Hilfe.
denken *an*$_A$	Denkst du oft an deine Heimat?
diskutieren *über*$_A$ (*mit*) [3]	Über Politik diskutiert Helmut gern (mit Gerhard).
s. eignen *für*	Diese Geschichte eignet sich nicht für einen Film.
s. eignen *zu*	Dieser Bleistift eignet sich sehr gut zum Zeichnen. (Verbalnomen!)
eindringen *in*$_A$	Das Regenwasser dringt in den Erdboden ein.
eingehen *auf*$_A$	Der Redner konnte nicht auf alle Fragen seiner Zuhörer eingehen.
eintreten *für*	Wir treten für die weltweite Abschaffung der Todesstrafe ein.
einwirken *auf*$_A$	Lassen Sie das Reinigungsmittel kurz auf den Fleck einwirken!
s. entscheiden *für/gegen*	Er entschied sich für die Reparatur des Hauses, also gegen den Abriss.
entscheiden *über*$_A$	Eine Kommission entscheidet über die Anträge der Studierenden.
s. entschließen *zu*	Ich habe mich zur Abreise entschlossen.
s. entschuldigen (*bei*) *für*	Er entschuldigte sich bei den Nachbarn für den Krach.

---

1 zwei obligatorische Ergänzungen: A = *AkkErg* und *PräpErg*

2 bei Wechselpräpositionen (hier: *auf* mit *Akk.*) 3 fakultativ oder alternativ

entstehen *aus*	Aus Raupen entstehen später Schmetterlinge.
s. ergeben *aus*	Aus dem Gesagten ergibt sich, dass dieser Plan unrealistisch ist.
erinnern A *an*$_A$	Darf ich Sie an den morgigen Termin erinnern? Wir erinnern uns gern an die Ferien.
erkennen A *an*$_D$	Ich habe Sie an der Stimme erkannt.
s. erkundigen *nach*	Wir erkundigten uns nach der Ankunft des Zuges.
ersetzen A *durch*	Man kann Zucker durch Süßstoffe ersetzen.
fliehen *vor*$_D$	Die Bevölkerung floh vor den Soldaten in die Berge.
folgen *aus*	Aus dem Gesagten folgt, dass dieser Plan unrealistisch ist.
fragen A *nach*	Der Tourist fragte eine Passantin nach der nächsten Bushaltestelle.
s. freuen *auf*$_A$	Wir freuen uns schon auf die nächste Ferienreise.
s. freuen *über*$_A$	Ich habe mich über seinen Anruf gefreut.
führen *zu*	Die Überlegungen führten zu einem vernünftigen Ergebnis.
s. fürchten *vor*$_D$	Die Kinder fürchteten sich vor dem Gewitter.
gehören *zu*	Das Korrigieren von Tests gehört zu den Aufgaben einer Lehrkraft.
gelten *für*	Das Parkverbot gilt nicht für Mitarbeiter der Firma.
gewöhnen A *an*$_A$	Kinder muss man an Ordnung gewöhnen. Hier musst du dich an ständig wechselndes Wetter gewöhnen.
glauben *an*$_A$	Glaubst du noch immer an den Fortschritt?
gratulieren D *zu*	Ich gratuliere dir zum Geburtstag.
halten A *für*	Ich habe die Sekretärin für die Chefin gehalten.
handeln *mit*	Paul handelt mit Gebrauchtwagen.
hinausgehen *über*$_A$	In Oslo geht die Lufttemperatur nur selten über 25 Grad hinaus.
hinweisen (A) *auf*$_A$	Ein Schild mit einem Ausrufezeichen weist (die Verkehrsteilnehmer) auf eine Gefahr hin.
hoffen *auf*$_A$	Wir hoffen auf schnelle Hilfe.
informieren A *über*$_A$	Das International Office der Uni informiert ausländische Bewerber*innen über die aktuellen Studienbedingungen. / Über Zug- und Flugverbindungen nach Bern kannst du dich im Internet informieren.
s. interessieren *für*	Interessierst du dich für Politik?
s. irren *in*$_D$	Er hat sich im Datum geirrt.
kämpfen *für / gegen / um*	Die Frauen kämpfen für die Gleichberechtigung. / Die Südafrikaner haben erfolgreich gegen die Rassentrennung gekämpft. / Bayern München und Dortmund kämpfen um den Gewinn der Fußballmeisterschaft.
klagen *über*$_A$	Die Bauern klagten über den viel zu trockenen Sommer.
s. konzentrieren *auf*$_A$	Wir müssen uns auf das wichtigste Problem konzentrieren.
s. kümmern *um*	Wer kümmert sich in den Ferien um eure Blumen?
lachen *über*$_A$	Über diesen Witz kann ich nicht lachen.
leiden *an*$_D$	Er leidet an einer chronischen Krankheit.
leiden *unter*$_D$	Rosita leidet sehr unter ihrer Schwiegermutter.
liegen *an*$_D$	Die schlechte Tonqualität liegt am defekten Lautsprecher.
nachdenken *über*$_A$	Ich muss über deinen Vorschlag nachdenken.
s. orientieren *an*$_D$	Autofahrer können sich bei schlechten Sichtverhältnissen an der weißen Mittellinie orientieren.
profitieren *von*	Vom Krieg profitieren vor allem die Waffenhändler.
protestieren *gegen*	Die Schüler protestieren gegen die Fahrpreiserhöhung.
rechnen *mit*	Unsere Firma rechnet mit einem weiteren Anstieg der Rohölpreise.
rechnen A *zu*	Wir rechnen PLANCK zu den bedeutendsten Physikern des letzten Jahrhunderts.
s. richten *nach*	Die Steuer richtet sich nach der Höhe des Einkommens.

schätzen A *auf*$_A$	Man schätzt den Unfallschaden auf 5000 Euro.
schützen A *vor*$_D$	Eine gute Sonnenbrille schützt die Augen vor UV-Strahlung.
sorgen *für*	Die Eltern sorgen für ihre Kinder.
s. sorgen *um*	Die Eltern sorgen sich um ihr krankes Kind.
s. spezialisieren *auf*$_A$	Unsere Firma hat sich auf die Produktion von Ersatzteilen spezialisiert.
sprechen *über*$_A$	Wir haben mit ihm über seine Studienpläne gesprochen.
sterben *an*$_D$	Pauls Vater ist an Krebs gestorben.
stoßen *auf*$_A$	Im Internet stieß sie zufällig auf einen aktuellen Artikel über ihr Examensthema.
suchen *nach*	Schon lange sucht der Arzt nach der Ursache meiner Schmerzen.
teilnehmen *an*$_D$	Willst du auch an diesem Sprachkurs teilnehmen?
trauern *um*	Wir trauern um einen toten Freund.
trennen A *von*	Nur die schmale Straße von Gibraltar trennt Europa von Afrika / Europa und Afrika (voneinander).
	Estrella hat sich von ihrem Mann getrennt. / Sie haben sich (voneinander) getrennt.
übereinstimmen *mit*	Das Ergebnis stimmt exakt mit der Prognose überein.
überreden A *zu*	Ich möchte ihn zum Mitkommen überreden.
überzeugen A *von*	Man konnte mich nicht von der Richtigkeit der Abrechnung überzeugen.
s. unterhalten *über*$_A$	Wir haben uns mit unseren Freunden über unsere Ferienpläne unterhalten.
unterscheiden A *von*	Können Sie einen Panther von einem Jaguar unterscheiden? / … und einen Jaguar voneinander unterscheiden?
	Das neue Modell unterscheidet sich nur wenig von dem alten.
s. unterscheiden *in*$_D$/ *durch*	Die beiden Medikamente sind gleich; sie unterscheiden sich nur im Preis / durch den Preis.
unterscheiden *zwischen*$_D$	Im Deutschen muss man zwischen „u“ und „ü“ unterscheiden.
s. verabschieden *von*	Er verabschiedete sich am Flughafen von seiner Freundin.
verbinden A *mit*	Ein Tunnel verbindet England mit Frankreich / … England und Frankreich (miteinander).
verfügen *über*$_A$	Internationale Konzerne verfügen über großen politischen Einfluss.
vergleichen A *mit*	Mandy vergleicht Münster mit ihrer Heimatstadt York.
verhandeln *über*$_A$	Die Gewerkschaften verhandeln mit den Arbeitgebern über eine Lohnerhöhung.
s. verlassen *auf*$_A$	Verlass dich nicht auf dein Glück, sondern lern!
versorgen A *mit*	Das Rote Kreuz versorgte die Erdbebenopfer mit Wolldecken.
verstehen A *unter*$_D$	Unter Glück versteht jeder etwas anderes.
verstoßen *gegen*	Wer hier raucht, verstößt gegen die Hausordnung.
verwechseln A *mit*	Ich habe den Portier mit dem Chef verwechselt. /… den Portier und den Chef (miteinander) verwechselt.
verweisen (A) *auf*$_A$	Wir verweisen Sie auf die Lernliste der starken Verben.
verzichten *auf*$_A$	Ich verzichte auf das Dessert; ich bin satt.
vorbereiten A *auf*$_A$	Fahrschulen bereiten Führerscheinbewerber auf die Prüfung vor.
	Wie bereitest du dich auf das Examen vor?
warnen A *vor*$_D$	Man hatte mich nicht vor diesem bissigen Hund gewarnt!
warten *auf*$_A$	Wir warten für unsere Gartenparty auf gutes Wetter.
s. wenden *an*$_A$	Ich werde mich mit dieser Frage an das Sozialamt wenden.
s. wenden *gegen*	Wir wenden uns gegen diese unberechtigten Vorwürfe.
werden *aus*	Aus Raupen werden später Schmetterlinge.

werden *zu*	Unter Druck und Hitze wird Kalkstein zu Marmor.
wirken *auf*$_A$	Dieses Medikament wirkt auf den Blutdruck.
s. wundern *über*$_A$	Ausländer wundern sich oft über die vielen Verkehrsschilder in Deutschland.
zählen (A) *zu*	Julius Caesar zählt zu den bekanntesten Politikern der Weltgeschichte. Früher zählte man die Bakterien zu den Pflanzen.
zurückführen A *auf*$_A$	Der Arzt führt den plötzlichen Tod des Mannes auf einen Herzinfarkt zurück.
zusammenhängen *mit*	Meine Kopfschmerzen hängen wohl mit einer Erkältung zusammen.
zusammenstoßen *mit*	Ein Auto stieß mit einem Zug zusammen. / Ein Auto und ein Zug stießen zusammen.
zweifeln *an*$_D$	Ich zweifle an seiner Ehrlichkeit.
es fehlt (D) *an*$_D$	Es fehlt (uns) an Geld.
es geht *um*	In diesem Text geht es um die Arbeitslosigkeit.
es handelt sich *um* (*bei*)	Bei dem Verletzten handelt es sich um einen Zuschauer.
es kommt an *auf*$_A$	Es kommt jetzt auf schnelle Hilfe an.
es kommt *zu*	Nach dem Fußballspiel kam es zu Krawallen.

4. *Ergänzen Sie.*

1. Sie freute sich *über* *die* Blumen, die er ihr geschenkt hatte.
2. Der Hase flieht ________ d___ Hund.
3. Ein Radfahrer ist ________ ein___ Taxi zusammengestoßen.
4. Wir müssen uns ________ d___ aktuell___ Probleme konzentrieren.
5. Ich zweifle nicht ________ dein___ gut___ Willen. (Singular!)
6. Viele haben ________ d___ erneut___ Gebührenerhöhung protestiert.
7. Alle warten ungeduldig ________ d___ Ende der Vorlesung.
8. Er bemüht sich ________ ein___ korrekt___ Aussprache.
9. Ich habe mich oft ________ mein___ Kolleginnen ________ Politik unterhalten.
10. Gehört die Türkei ________ Europa?
11. Ich halte Frau Dr. Lübbesmeyer ________ ein___ sehr gut___ Ärztin.
12. Ich möchte mich ________ d___ Beginn des Sprachkurses erkundigen.
13. Das Kind freut sich jetzt schon ________ Weihnachten.
14. Ich habe lange ________ dies___ Frage nachgedacht, aber …
15. … ich kann mich ________ kein___ Seite entscheiden.
16. Wenden Sie sich mit diesem Problem bitte ________ d___ Sekretariat!
17. Ich muss ________ d___ Rauchen aufhören!
18. Nur wenige Menschen interessieren sich ________ modern___ Kunst.
19. Die Reisenden hatten nicht ________ ihr___ Gepäck geachtet.

5. *Ergänzen Sie.*

1. In seiner Freizeit beschäftigte er sich ________ d___ Sammeln von Kochrezepten.
2. Es lohnt sich, ________ ein___ besser___ Welt zu kämpfen.
3. Wir mussten ________ sein___ lustig___ Bemerkungen lachen.
4. Glaubst du ________ d___ Gute im Menschen?
5. Bei diesem Bild handelt es sich ________ ein___ Fälschung.
6. Die Bevölkerung kämpft ________ d___ verbrecherisch___ Regime.
7. Mein Großvater ist ________ ein___ Herzinfarkt gestorben.
8. Ich möchte mich ________ Ihr___ großzügig___ Hilfe bedanken.
9. Die Bauern hoffen für ihre Ernte ________ besser___ Wetter.
10. Es liegt ________ sein___ Arbeitsüberlastung, dass er nie Zeit hat.
11. Ich habe mich ________ ihr___ unverschämt___ Verhalten sehr geärgert.
12. Morgen spreche ich _______ d___ Assistentin ______ mein___ weiter___ Studium.
13. In diesem Artikel geht es ________ d___ Verkehrsprobleme einer Großstadt.
14. Sie können Heidelberg nicht ________ Tokyo vergleichen.
15. Auf dem Flohmarkt wird ________ gebraucht___ Kleidung gehandelt.
16. Ich kann mich noch gut ________ mein___ Schulzeit erinnern.
17. Die UNO tritt ________ d___ Einhaltung der Menschenrechte ein.
18. Eine Studentin hat sich ________ d___ schwer___ mündlich___ Prüfung aufgeregt.
19. Beim Sprachenlernen kommt es vor allem ________ Fleiß an.
20. Wer hier parkt, verstößt ________ d___ Straßenverkehrsordnung (StVO).
21. Ich fürchte mich ________ d___ lang___ und kalt___ Winter.
22. Hast du sie ________ ihr___ Meinung gefragt?
23. Ich wundere mich ________ d___ viel___ Hunde auf der Straße.
24. Ich kann ________ d___ geplant___ Exkursion nach Island nicht teilnehmen.
25. Die Bäcker beginnen schon nachts ________ ihr___ Arbeit.
26. Das ganze Dorf trauert ________ d___ viel___ Lawinenopfer.
27. Ich habe mich ________ d___ Hausmeister ________ d___ Lärm beschwert.
28. Die ausländischen Studierenden klagen ________ viel___ Schwierigkeiten.
29. Es hängt ______ d___ politisch___ Entwicklung ab, ob ich hier bleibe oder nicht.
30. Der Professor gratuliert d___ Studentin ________ d___ bestanden___ Examen.

6. *Ergänzen Sie.*

1. Ich kann mich immer ________ mein___ Freunde___ verlassen.
2. Wir müssen uns ________ d___ Reise nach Indien vorbereiten.
3. Ich kann mich nicht ________ ihr___ leis___ Sprechen gewöhnen.
4. Beim Autofahren darf man das Bremspedal nicht ________ d___ Gaspedal verwechseln.
5. Ich habe ihn ________ sein___ typisch___ Gang erkannt.
6. Eine klassische Sinfonie besteht ________ vier Sätze___.
7. Sie verzichteten ________ d___ angeboten___ Hilfe.
8. Ich muss oft ________ mein___ Familie denken.
9. Ich danke Ihnen ________ d___ schön___ Geschenk.
10. Hast du dich schon ________ dein___ Freunde___ verabschiedet?
11. Sie hat mich nicht _______ ein___ Ferienreise mit dem Rad überreden können.
12. Ich kann mich nicht ________ mein___ alt___ Jacke trennen.
13. In Köln stößt man bei Bauarbeiten oft _______ römisch___ Häuserfundamente__ .
14. Die Uni Münster zählt ________ d___ größt___ deutsch___ Universitäten.
15. Man muss die Blumen ________ d___ Kälte schützen.
16. In diesem Raum leiden alle ________ d___ Straßenlärm.
17. Entschuldigung, ich habe mich ________ d___ Tür geirrt!
18. Informieren Sie sich rechtzeitig ________ d___ Anmeldetermin!
19. Die Besucher werden ________ Taschendiebe___ gewarnt.
20. Er leidet noch immer ________ Bronchitis.
21. Das Parlament befasst sich heute ________ d___ neu___ Steuergesetzen.
22. Ich muss mich ________ dies___ Missverständnis entschuldigen.
23. Die Kinder hatten ihre Eltern nicht ________ Erlaubnis gebeten.
24. Ich werde mich _______ ein___ Zulassung zum Studium an der Uni Köln bewerben.
25. Berichten Sie uns bitte ________ Ihr___ Experimente!
26. Diese beiden Handys unterscheiden sich ________ d___ Ausstattung.
27. Die beiden Delegationen verhandeln _______ ein___ Änderung des Grenzverlaufs.
28. Die Politikerin versuchte, ________ all___ Fragen der Journalisten zu antworten.
29. Es ist zwecklos, mit ihm ________ dies___ Problem zu diskutieren.

7. *Ergänzen Sie.*

1. Für ihre Dissertation hat sie sich ________ Giftfrösche____ spezialisiert.
2. Wir haben schon sehr früh ________ d___ Reisevorbereitungen angefangen.
3. In vielen Krankenhäusern fehlt es ________ Fachärzte___ .
4. Worin unterscheidet sich Deutschland ________ Ihr___ Heimatland?
5. Der Komponist arbeitet ________ ein___ neu___ Orchesterwerk.
6. ________ dies___ Beobachtung können wir eine Regel ableiten.
7. Die Aufständischen drangen schnell ________ d___ Hauptstadt ein.
8. Diese Aufgabe geht ________ sein___ Kompetenz hinaus.
9. Diese Farben eignen sich hervorragend ________ Malen (Verbalnomen!) auf Glas.
10. Wer beteiligt sich ________ d___ entstanden___ Kosten? (Plural!)
11. Durch Bewässerung ist ________ d___ Wüste fruchtbares Land entstanden.
12. In den nächsten Jahren müssen wir ________ noch mehr Arbeitslos___ rechnen.
13. Viele Studierende verfügen ________ sehr wenig Geld.
14. Man rechnet Japan ________ d___ groß___ Industrienationen.
15. Immer weniger Menschen wollen sich ________ ein___ Vorbild orientieren.
16. Ich weiß nicht, welche Folgerung sich ________ dies___ Überlegungen ergibt.
17. Meine Pläne stimmen ________ dein___ genau überein.
18. Was verstehst du ________ „nicht so spät"?
19. Unsere Sympathie beruht ________ Gegenseitigkeit.
20. ________ sein___ Worten folgt, dass er die Entscheidung bereut.
21. Die Ärztin hat mich ________ möglich___ Komplikationen hingewiesen.
22. Sein Leichtsinn hat ________ dies___ Katastrophe geführt.
23. Das Kabinett beschränkt sich aus Zeitmangel ______ ein___ kurz___ Besprechung.
24. Veraltete Geräte müssen regelmäßig ________ neu___ ersetzt werden.
25. Ich will ________ mein___ Italienreise einen kurzen Besuch in Zürich verbinden.
26. Wenn man ________ d___ ökologisch___ Folgen (Plural!) absieht, ist die Produktion rentabel.
27. Der Präsident ging ausführlich ________ d___ Fragen der Journalisten ein.
28. Handschuhe eignen sich nicht ________ d___ Füße!
29. Sie hat mich _____ d___ Notwendigkeit einer Grippeschutzimpfung überzeugt.

8. *Ergänzen Sie.*

1. Die Arbeitslosigkeit hängt ________ d___ Einführung neuer Technologien zusammen.
2. UV-Licht wirkt negativ ________ d___ Pflanzenwachstum ein.
3. Die Zulassungsbeschränkungen gelten nicht ________ all___ Studienfächer.
4. Schon seit Jahren sucht man ________ ein___ Erklärung für dieses Phänomen.
5. Wir müssen ________ d___ bekannt___ Voraussetzungen ausgehen.
6. Für weitere Informationen verweise ich Sie ________ d___ Literaturangaben.
7. Beim Sieden wird Wasser ________ Dampf.
8. Der Vorsitzende entscheidet ________ d___ Zulassung der Presse.
9. Die Autoabgase tragen ________ d___ Umweltverschmutzung bei.
10. Judiths Psychotherapeut führt ihre Ängste ________ ein___ traumatisch___ Erlebnis in der Kindheit zurück.
11. Sie besteht ________ ihr___ Recht.
12. Es gibt Leute, die nicht ________ „Mein" und „Dein" unterscheiden können.
13. Die Sitzung begann ________ d___ Verlesung des Protokolls.
14. Die Schwierigkeiten bestehen ________ d___ genau___ Formulierung des Antrags.
15. Zu Ferienbeginn kommt es regelmäßig ______ lang___ Staus auf den Fernstraßen.
16. Nicht alle Examenskandidat*innen profitieren ________ d___ Änderung der Prüfungsordnung.
17. Könnten Sie sich bitte ________ d___ Erstellung einer Teilnahmeliste kümmern?
18. Viele Selbstständige richten sich ________ d___ Empfehlungen ihres Steuerberaters.
19. Man schätzt die Weltbevölkerung ________ fast acht Milliarden Menschen.
20. Sorgen Sie doch bitte ________ ein___ ausreichend___ Zahl von Kopien für das Seminar!
21. ________ Kinder___ werden Leute! (Sprichwort)
22. Koffein wirkt anregend ________ d___ vegetativ___ Nervensystem.
23. Sie können sich ________ mein___ Zusage verlassen.
24. Wir wenden uns ________ d___ Aufstellung von Videokameras auf öffentlichen Plätzen.
25. Man zählt das Schwedische ________ d___ nordgermanisch___ Sprachen.
26. Haben sich die Wanderer ausreichend ________ Proviant versorgt?

*** 9. Bilden Sie aus den Wörtern einen richtigen Satz.**
Suchen Sie zuerst das Verb und die Präpositional-Ergänzung heraus. Sie müssen alle Wörter in ihrer Originalform verwenden. Sie dürfen keine Wörter weglassen, verändern oder neue hinzufügen.

1. Museumsbesuch der an sich Student beteiligt dem

____
____
____
____

Verb + PräpErg ____________________

2. den wichtige wir können der aus Erkenntnisse Untersuchung ableiten Ergebnissen

____
____
____
____

Verb + PräpErg ____________________

3. Regierung ein zur auf die Schaffung neuer wirkt die Arbeitgeber Arbeitsplätze

____
____
____
____

Verb + PräpErg ____________________

4. Firma einen durch alte modernsten Automaten gebauten nach Maschine die ersetzt die Erkenntnissen

____
____
____
____

Verb + PräpErg ____________________

5. Prüfung der entscheidet die Prüfung zur Kandidat*innen die der Prüfungskommission Zulassung vor über

____
____
____
____

Verb + PräpErg ____________________

3.2 Rektion der Verben: Dativ-Ergänzungen

(s. auch Clamer / Heilmann: Übungsgrammatik für die Grundstufe, Nr. 7.3)

s. an-/abgewöhnen *A*	Wann hast du dir das Rauchen an-/abgewöhnt?
angehören	Paul gehört keiner Partei an.
anvertrauen *A*	Mir kannst du deine Sorgen anvertrauen; ich rede mit niemand darüber!
auffallen	Ist dir aufgefallen, dass sie jetzt eine Brille trägt?
befehlen *A*	Der Hauptmann befahl seinen Soldaten den Rückzug.
beibringen *A*	Rosita hat ihrem Freund den Tango beigebracht.
beitreten	Tritt keiner Partei bei, deren Programm du nicht gelesen hast!
bekommen (*3. Pers.*)	Das Essen **ist** mir nicht bekommen; mir ist schlecht.
dienen	Dient der Tourismus der Völkerverständigung?
entnehmen *A*	Ich entnehme deiner Mail, dass du finanzielle Sorgen hast.
entsprechen	Das Wetter in Italien entsprach unseren Erwartungen; jeden Tag schien die Sonne.
entziehen *A*	Die Behörden haben einem Regimekritiker den Pass entzogen.
ermöglichen *A*	Ein Lottogewinn ermöglichte ihm eine Reise nach Australien.
fehlen	Dem Institut fehlen die Mittel zur Durchführung des Projekts.
gegenüberstehen	Einem Kapital von 1,3 Mio. Euro stehen Schulden von 7 Mio. Euro gegenüber.
gleichen	Kein Schneekristall gleicht einem anderen völlig.
hinzufügen *A*	Die Journalisten konnten dem Bericht vom Vortag nichts Neues hinzufügen.
leidtun	Dass du so lange auf mich warten musstest, tut mir leid.
passen (*3. Pers.*)	Es passt mir nicht, dass du jeden Tag zu spät kommst.
schulden *A*	Ich schulde dir noch 50 Euro.
überlassen *A*	Kannst du mir morgen den Wagen überlassen?
unterliegen	Alle persönlichen Angaben unterliegen dem Datenschutz.
verdanken *A*	Dem Einsatz des Rettungshubschraubers verdankt der Verletzte sein Leben.
(ver)trauen	Kann man ihm noch (ver)trauen? – Er hat schon oft gelogen.
vorenthalten *A*	Der Chef hat seinen Mitarbeitern wichtige Informationen vorenthalten.
widersprechen	Ein Vereinsmitglied widersprach den Ausführungen des Vorsitzenden.
zuordnen *A*	Die Versuchspersonen sollten dem Begriff „Erfolg" eine Farbe zuordnen.
zustimmen	In einem Punkt stimme ich meinem Vorredner zu. Die meisten Abgeordneten stimmten dem Gesetzentwurf zu.
zutrauen *A*	Traust du dir einen Kopfsprung vom Sprungturm zu?
s. zuwenden	Wir wollen uns einem neuen Thema zuwenden.
es geht gut / schlecht	Ich hoffe, dass es dir gut geht!

3.3 Rektion der Verben: Genitiv-Ergänzungen

s. annehmen	Das Olympische Komitee muss sich endlich des Doping-Problems annehmen.
bedürfen	Das Symbol „rotes Kreuz im weißen Feld" bedarf keiner Erklärung.
beschuldigen *A*	Man beschuldigt einen Mitarbeiter des Ministers des Geheimnisverrats.
bezichtigen *A*	Sie bezichtigte ihn der Lüge.
entbehren	Seine Ausführungen entbehrten der Logik.
s. enthalten	Ich enthalte mich jeder Äußerung zu diesem Problem.
s. erfreuen	Currywurst erfreut sich in Dortmund großer Beliebtheit.
gedenken	Am 3. Oktober gedenkt man der Wiedervereinigung von Ost- und Westdeutschland.
überführen *A*	Man konnte ihn der Urkundenfälschung überführen.
verdächtigen *A*	Wegen eines Päckchens Backpulver verdächtigte die Polizei eine alte Dame des Drogenhandels.

10. *Setzen Sie, wo es nötig ist, Endungen in die Lücken ein.*

1. Die Staatsanwaltschaft verdächtigt ein___ hoh___ Beamt___ d___ passiv___ Bestechung.
2. Ein Strafgefangener ist mit der Frau des Gefängnisdirektors geflohen; das Innenministerium enthält sich ein___ Kommentar___ zu diesem Vorfall.
3. Das Rezept stammt nicht von mir; ich habe es ein___ französisch___ Kochbuch___ entnommen.
4. Die Mondoberfläche gleicht ein___ irdisch___ Wüste.
5. Man überführte ein___ jung___ Bankangestellt___ anhand ihrer Fingerabdrücke d___ Diebstahl___.
6. Der gesuchte Terrorist war ein___ älter___ Herr___ im Bus aufgefallen.
7. Der Herausgeber hat d___ naturwissenschaftlich___ Werke___ GOETHES ein___ Kommentar___ hinzugefügt.
8. D___ Urteil über mein Buch überlasse ich d___ Leser___. (Plural!)
9. Die Idee eines „Perpetuum mobile“ widerspricht d___ Gesetze___ der Physik.
10. Ich habe erfahren, dass Martin ein___ radikal___ Partei___ angehört.
11. Am Volkstrauertag gedenkt man d___ Opfer___ der Weltkriege und des Nationalsozialismus.
12. Bundeskanzler Brandt schämte sich sein___ einfach___ Herkunft nicht.
13. Frau Töns hat sich ganz ihr___ neu___ Aufgabe zugewandt.
14. Jasirs sechsundachtzigjährige Mutter erfreut sich gut___ Gesundheit.
15. Manche „Schlankheitsmittel“ entziehen d___ Körper nur überflüssig___ Wasser.
16. Man hatte ein___ Obdachlos___ d___ Fahrraddiebstahl___ beschuldigt, aber seine Unschuld hat sich herausgestellt.
17. Auch d___ Drogenhandel___ bezichtigte man d___ Mann___; das traf ebenfalls nicht zu.
18. Wir verdanken unser___ Rettung ein___ glücklich___ Zufall___.
19. Die Angeklagte stand d___ Fragen der Richterin hilflos gegenüber.
20. Die Pilze kann man weder d___ Tiere___ noch d___ Pflanzen zuordnen.
21. Bedarf der gestürzte Radfahrer ärztlich___ Hilfe?
22. Entspricht die vorgeschlagene Lösung Ihr___ Vorstellungen?
23. Nach Deutschland importierte Arzneimittel unterliegen ein___ streng___ Kontrolle.

3.4 Rektion der Verben: Nominal-Ergänzungen

(1.1) Nominal-Ergänzungen im Nominativ

Der Delfin ist ***ein Säugetier****.*
Herr Akbulut ist ***Deutscher*** *geworden, aber seine Eltern wollen* ***Türken*** *bleiben.*
Die verschiedenen Kontinente waren früher ***eine einzige Landmasse****.*

> Eine Gruppe von Verben hat zwei Ergänzungen im Nominativ.
> Eine davon ist das Subjekt, die andere wird als ***Nominal-Ergänzung*** bezeichnet.
> Wenn eine der beiden Ergänzungen Plural ist, steht auch das Prädikat im Plural.

Heinrich Schliemann, der Entdecker Trojas, galt ***als unwissenschaftlicher Phantast****.*
Die geografischen Angaben bei Homer haben sich ***als Realität*** *erwiesen.*
Der Delfin sieht ***wie ein großer Fisch*** *aus.*

> Bei einer Gruppe von Verben wird die ***Nominal-Ergänzung*** mit den Adjunktoren ***als*** bzw. ***wie*** eingeleitet.

(1.2) Nominal-Ergänzungen im Akkusativ

Viele betrachten Albert Einstein, den Begründer der Relativitätstheorie, ***als den bedeutendsten Physiker des 20. Jahrhunderts****.*
Die Polizei hat einen Touristen ohne Ausweis ***wie einen Verbrecher*** *behandelt.*
Einen Stein, der „vom Himmel fällt", nennt man ***einen Meteoriten****.*

> Eine Gruppe von Verben hat zwei Ergänzungen im Akkusativ: eine Akkusativ-Ergänzung und eine ***Nominal-Ergänzung im Akkusativ***.
> Meistens wird diese *Nominal-Ergänzung* mit ***als*** bzw. ***wie*** eingeleitet; nur in wenigen Fällen, z. B. bei den Verben *nennen* und *lehren*, gibt es kein Einleitungswort.

(2) Nominal-Ergänzungen in Passivsätzen

Von vielen wird Albert Einstein, der Begründer der Relativitätstheorie, ***als der bedeutendste Physiker des 20. Jahrhunderts*** *betrachtet.*
Ein Tourist ohne Ausweis ist von der Polizei ***wie ein Verbrecher*** *behandelt worden.*
Ein Stein, der „vom Himmel fällt", wird ***Meteorit*** *genannt.*

> Verben mit *Nominal-Ergänzung im Akkusativ* können ein Passiv bilden.
> Im Passivsatz steht dann auch die *Nominal-Ergänzung* im **Nominativ**.

(3) Adjektive anstelle von Nominal-Ergänzungen

Die Gestaltung des Stadtzentrums von München gilt ***als vorbildlich****.*
Sie betrachtet ihre Ehe ***als gescheitert****.*

> Bei den meisten Verben, die eine *Nominal-Ergänzung* mit ***als*** haben, kann an der Stelle der *Nominal-Ergänzung* ein ***Adjektiv*** oder ***Partizip*** mit ***als*** stehen.
> Diese prädikativen Adjektive werden nicht dekliniert.

Verben mit Nominal-Ergänzungen

sein	Seine Schulden waren eine schwere Belastung für die ganze Familie.
bleiben	Blaukraut bleibt Blaukraut und Brautkleid bleibt Brautkleid. (ein sogenannter „Zungenbrecher")
werden	Wird Bayern München wieder Deutscher Meister?
heißen	Die Leoparden heißen auch Panther.
s. ausgeben *als*	Er war Deutscher, gab sich aber als Österreicher aus.
aussehen *wie*	Auf Landkarten sieht der Umriss Italiens wie ein hoher Stiefel aus.
s. benehmen *wie*	Du hast dich benommen wie ein Elefant im Porzellanladen!
dienen (D) *als*	Eine Höhle diente (den Kindern) als Versteck.
s. erweisen *als*	Die Nachricht vom Tod des Diktators erwies sich als Falschmeldung.
gelten *als*	Der Führerschein gilt nicht als Personalausweis.
s. herausstellen *als*	Viele wissenschaftliche Hypothesen haben sich als Irrtum herausgestellt.
vorkommen D *wie*	Ihre Lebensgeschichte kommt mir wie ein Roman vor.
s. zeigen *als*	Er hat sich als schlechter Verlierer gezeigt.
ansehen A *als A*	Ich sehe die Rechtschreibreform als einen Fortschritt an.
auffassen A *als A*	Ich fasse seine langen Erklärungen als Versuch einer Entschuldigung auf.
ausgeben A *als A*	Sie hatte ihren Freund als ihren Bruder ausgegeben.
behandeln A *wie A*	Einen Sklaven konnte man wie einen Gegenstand behandeln.
betrachten A *als A*	Im Altertum betrachtete man den Himmel als eine gläserne Kuppel.
bezeichnen A *als A*	Einen großen Stein in Delphi bezeichneten die Griechen als „Nabel der Welt".
erkennen A *als A*	Sie haben den Entschluss, ihr Haus zu verkaufen, inzwischen als schweren Fehler erkannt.
verstehen A *als A*	Ich verstand sein Kopfnicken als Zustimmung.

11. Setzen Sie die passenden Verbformen ein.

1. China ________________ zu Recht als wichtigste Wirtschaftsmacht Ostasiens.
2. Man ________________ Immanuel Kant als den größten deutschen Philosophen.
3. Ich weiß nicht, ob ich seine Bemerkung als Lob oder als Kritik ______________ soll.
4. Bei einer genaueren Überprüfung hat sich sein Pass als Fälschung ______________ .
5. Ich ________________ Peter als meinen besten Freund.
6. Man ________________ jemanden, der sich ständig über etwas beschwert, als Querulanten.
7. Da er fließend Deutsch spricht, konnte er sich als Deutscher ________________ .
8. Hohe Gebirge und große Flüsse wurden oft als natürliche Grenzen zwischen Ländern ________________ .
9. Man ________________ ein Mobiltelefon in Deutschland „Handy".
10. Es gibt Giftschlangen, die fast genauso wie harmlose Schlangen ______________ .
11. Nach dem Umbau soll das Schloss als Luxushotel ________________ .
12. Das Schwierigste an der deutschen Sprache ______________ für viele die Artikel.

12. *Ergänzen Sie – wo es nötig ist – „als“, Präpositionen und Endungen.*

1. Die Regierungen der EU-Staaten müssen sich umgehend d___ Flüchtlingsproblem___ annehmen.
2. Die Unterstützung durch seinen Onkel ermöglicht mein___ Freund___ d___ Studium___ im Ausland.
3. Wegen ihrer tiefen Stimme habe ich Frau Kusmierz am Telefon ________ ihr___ Mann___ gehalten.
4. Auch die Muslime sehen Jesus _______ ein___ Gesandt___ Gottes an.
5. Ich kann mich nur schwer ________ d___ früh___ Aufstehen gewöhnen.
6. Die Lehrerin versucht, _______ d___ Kinder___ ihr___ Privatgespräche__ im Unterricht abzugewöhnen.
7. Im Mittelalter betrachtete man d___ Erde _____ ein___ Scheibe.
8. Das leer stehende Kinderzimmer dient d___ Eltern jetzt _______ zusätzlich___ Arbeitszimmer.
9. Henna eignet sich gut _______ Färben (Verbalnomen!) der Haare.
10. Herr Mahler eignet sich nicht _______ d___ Außendienst.
11. Galilei gab d___ von ihm nachgebaut___ Teleskop ________ sein___ eigen___ Erfindung aus.
12. Eine Katze versteht das freundliche Schwanzwedeln eines Hundes _________ Drohung.
13. _________ „Skonto“ versteht man ein___ Preisnachlass bei sofortiger Bezahlung der Ware.
14. Sie hat ihr___ Großeltern d___ Umgang mit d___ Smartphone beigebracht.
15. Professor von Frisch galt _______ d___ best___ Kenner___ der Bienen.
16. Es gibt viele Arbeitslose, aber in der Informatikbranche fehlen _________ Fachleute___.
17. Die Fabrik kann nicht gebaut werden; es fehlt _______ d___ nötig___ Kapital.
18. Dass Elli Chemie als Studienfach gewählt hatte, erwies sich _______ richtig___ Entscheidung.
19. Der Vorwurf der Bestechlichkeit, den man d___ Minister gemacht hatte, entbehrte jed___ Grundlage___ .
20. Man bezeichnet jemanden, der eine Krankheit nur vortäuscht, ____ Simulant___ .

3.5 Rektion der Adjektive

1. Adjektive mit Akkusativ-Ergänzung

alt	Das Baby wird morgen einen Monat alt.
breit, groß, hoch, lang	Die Tür ist einen Meter breit.
schwer	Dieses Paket ist etwa 7 Kilo schwer.
gewohnt	Ich bin fetten Lammbraten nicht gewohnt.
schuldig (D)	Ich bin dir noch zehn Euro schuldig.

2. Adjektive mit Dativ-Ergänzung

ähnlich	Er ist seinem Bruder sehr ähnlich.
behilflich	Der Assistent war mir mit Literaturhinweisen behilflich.
bekannt	Sein Name ist mir nicht bekannt. (→ mit)
egal	Ihm ist alles egal.
gleich	Das Volumen des eingetauchten Körpers ist gleich dem Volumen der verdrängten Flüssigkeit. (Archimedes)
möglich	Es ist mir nicht möglich, mehr zu bezahlen.
recht	Der vorgeschlagene Termin ist mir recht.
sympathisch	Die meisten Kollegen sind mir sympathisch.
überlegen (unterlegen)	Der Schachweltmeister war seinen Gegnern weit überlegen.

3. Adjektive mit Präpositional-Ergänzung

abhängig *von*	Meine Entscheidung ist abhängig vom Ausgang der Wahl.
angewiesen auf_A	Wir sind auf Ihre Hilfe angewiesen.
arm an_D	Weißbrot ist arm an Ballaststoffen.
bekannt *mit*	Ich bin seit langem mit ihr bekannt. (→ D)
beliebt *bei*	Er ist bei seinen Kollegen beliebt.
berechtigt *zu*	Herr Wagner war zur Einlösung des Schecks nicht berechtigt.
bereit *zu*	Wir sind zur Abreise bereit.
bezeichnend *für*	Diese Antwort ist bezeichnend für ihre Arroganz.
charakteristisch *für*	Hitze und Feuchtigkeit sind charakteristisch für die Tropen.
dankbar (D) *für*	Ich bin Ihnen sehr dankbar für Ihre Hilfe bei der Wohnungssuche.
einverstanden *mit*	Bist du mit diesem Vorschlag einverstanden?
entschlossen *zu*	Ich bin zu einer Klage vor Gericht entschlossen.
enttäuscht *von*	Seid ihr auch von diesem Film enttäuscht?
entsetzt $über_A$	Ich bin über seine rassistischen Ansichten entsetzt.
erfreut $über_A$	Sie ist über das großzügige Geschenk erfreut.
erstaunt $über_A$	Der Student zeigte sich über das gute Prüfungsergebnis erstaunt.
fähig *zu*	Der Mann ist zu jeder Tat fähig.
fertig *mit*	Ich bin mit der Arbeit fertig.
frei *von*	Hoffentlich bleibt der frisch Operierte frei von Schmerzen.
freundlich *zu*	Sie verhält sich zu allen Gästen freundlich.
froh $über_A$	Wir sind froh über deinen Erfolg.
geeignet *für* (*zu*)	Das Buch ist für Anfänger (zum Lernen [Verbalnomen!]) geeignet.
gespannt auf_A	Ich bin gespannt auf das Ende des Romans.
gewöhnt an_A	Wir sind an ein Leben in der Großstadt gewöhnt.
glücklich $über_A$	Er ist glücklich über das Ende des Bürgerkriegs.
interessant *für*	Der Vortrag erwies sich als interessant für uns.
interessiert an_D	Wir sind an einem längeren Aufenthalt in Spanien interessiert.
müde *von*	Ich bin müde von der langen Reise.
neidisch auf_A	Sie ist auf ihre jüngere Schwester neidisch.
nützlich *für*	Fremdsprachenkenntnisse sind für alle nützlich.

reich *an*$_D$	Alaska ist reich an Bodenschätzen.
schädlich *für*	Rauchen ist schädlich für die Gesundheit.
schuld *an*$_D$	Er ist schuld an dem Verkehrsunfall.
stolz *auf*$_A$	Alle Eltern sind stolz auf ihre erfolgreichen Kinder.
traurig *über*$_A$	Wir sind traurig über die schlechte Nachricht.
typisch *für*	Lichtempfindlichkeit ist typisch für Migräne.
überzeugt *von*	Nicht jeder ist von der Qualität des Produktes überzeugt.
vergleichbar *mit*	Deine Arbeit ist mit seiner (Arbeit) nicht vergleichbar.
verwandt *mit*	Er soll mit dem Präsidenten verwandt sein.
zufrieden *mit*	Seid ihr mit dem Untersuchungsergebnis zufrieden?

Kasus- und Expansiv-Ergänzungen stehen **vor** dem Adjektiv, Präpositional-Ergänzungen oft dahinter. *Ich bin **mit der Arbeit** fertig.* oder: *Ich bin fertig **mit der Arbeit**.*

13. *Ergänzen Sie.*

1. Er ist _______ d___ hoh___ Arbeitstempo nicht gewohnt.
2. Wir sind _______ d___ gut___ Nachricht erfreut.
3. Was Sie da erzählen, ist _______ m___ schon längst bekannt.
4. Der Richter war _______ d___ Unschuld des Angeklagten überzeugt.
5. Sind Sie _______ d___ Termin einverstanden?
6. Das eingestürzte Haus war _______ sieben Stockwerke hoch.
7. Frau Prof.in Knörz-Hasskamp ist _______ ihr___ Mitarbeiter___ sehr beliebt.
8. Sie ist _______ d___ Stipendium angewiesen; ihre Eltern sind arm.
9. Ich bin _______ Ihr___ Zusage sehr froh.
10. Es ist bezeichnend _______ dies___ Mann, dass er uns nicht benachrichtigt hat.
11. Sie sieht (ist) _______ ihr___ Mutter sehr ähnlich.
12. Ich bin nicht zufrieden _______ d___ Hotel-Service.
13. Unser Team war _______ d___ Team aus Bremen deutlich unterlegen.
14. Ich bin Ihnen _______ Ihr___ Hilfe sehr dankbar.
15. Hier ist der Fluss _______ ein___ Kilometer breit.
16. Ich bin _______ d___ gleichnamig___ Schauspielerin nicht verwandt.
17. Wir waren entsetzt _______ d___ Bericht aus dem Erdbebengebiet.
18. Ich bin erstaunt _______ d___ hoh___ Preis des Wörterbuchs.
19. Wir sind traurig _______ sein___ Tod.
20. Sie war sehr stolz _______ ihr___ hervorragend___ Prüfungsergebnis.
21. Es ist _______ m___ nicht recht, wenn Sie immer zu spät kommen!
22. Er ist neidisch _______ sein___ erfolgreich___ Bruder.
23. Dieses Angebot ist uninteressant _______ m___.
24. Er ist immer noch _______ sein___ Familie abhängig.
25. Deutschland ist arm _______ Erdöl.

14. *Ergänzen Sie.*

1. Dieser Rucksack ist nicht _______ ein___ Expedition geeignet.
2. Endlich ist sie _______ ihr___ Referat fertig geworden!
3. Ich bin _______ Ihr___ neu___ Angebot nicht interessiert.
4. Die Hinweise der Bibliothekarin waren sehr nützlich _______ d___ Studentin.
5. Russland ist reich _______ Bodenschätze___.
6. Liechtenstein ist nicht vergleichbar _______ Monaco.
7. Der Rhein ist _______ 1320 km lang.
8. Wir sind _______ alle__ Nachbarn gut bekannt.
9. Die neue Produktionsmethode ist _______ d___ alt___ Methode weit überlegen.
10. Sie ist glücklich _______ d___ positiv___ Antwort auf ihre Bewerbung.
11. Können Sie _______ d___ sehbehindert___ Studentin behilflich sein?
12. Warum bist du _______ ein___ erneut___ Umzug nicht bereit?
13. Wir sind frei _______ all___ unangenehm___ Verpflichtungen.
14. Ich bin _______ ein___ Wechsel meines Studienortes entschlossen.
15. Es war _______ mein___ Freunde___ nicht möglich zu kommen.
16. Kakteen sind charakteristisch _______ d___ Wüsten Mittelamerikas.
17. Ich bin noch müde _______ d___ lang___ Wanderung.
18. Auch mein Kollege ist _______ d___ Unterzeichnung von Verträgen berechtigt.
19. Unsauberes Wasser ist nicht _______ Trinken (Verbalnomen!) geeignet.
20. Alkohol ist _______ d___ Menschen schädlich.
21. Es ist _______ m___ egal, ob sie kommt oder nicht.
22. Ich bin gespannt _______ d___ Ausgang der Wahl.
23. Sie ist selbst schuld _______ d___ schlecht___ Ergebnis.
24. Heute bin ich _______ kein___ Arbeit mehr fähig.
25. Die Sekretärin ist _______ all___ Besucher___ sehr freundlich.
26. Er war m_____ von Anfang an nicht sehr sympathisch.
27. Diese Nachricht ist gerade _______ ein___ halb___ Stunde alt.
28. Ich bin Ihnen _______ kein___ Erklärung schuldig!
29. Wir waren sehr enttäuscht _______ d___ Konzert.
30. Ich bin _______ d___ fremd___ Lebensweise noch nicht gewöhnt.
31. Sind Kartoffeln, Bier und Lederhosen typisch _______ Deutschland?
32. In einem rechtwinkligen Dreieck ist die Summe der Flächeninhalte der Quadrate über den Katheten gleich _______ d___ Flächeninhalt des Quadrats über der Hypotenuse. (Satz des PYTHAGORAS)

3.6 Nominalstil vs. Verbalstil; Verbalisierung

Nominalstil		Verbalstil
Das Hochwasser ist *auf tagelangen Regen* und *eine plötzliche Schneeschmelze* zurückzuführen.	↔	Das Hochwasser ist *darauf* zurückzuführen, *dass es tagelang geregnet hat* und *dass der Schnee plötzlich geschmolzen ist.*
Niemand hatte *einen* so *schnellen Anstieg des Wassers* vorausgesehen.	↔	Niemand hatte vorausgesehen, *dass das Wasser so schnell ansteigen würde.*
nominale Ergänzungen		***Ergänzungssätze***
Zum Schutz der Häuser vor den Wassermassen werden Dämme aus Sandsäcken errichtet.	↔	*Um die Häuser vor den Wassermassen zu schützen*, werden Dämme aus Sandsäcken errichtet.
nominale Angabe		***Angabesatz***

In der deutschen Sprache können Vorgänge und Sachverhalte *nominal* oder *verbal* ausgedrückt werden. Dies gilt sowohl für die Verwendung von **Ergänzungen** als auch für die Verwendung von **Angaben**. Die Standardsprache / Umgangssprache bevorzugt die *verbale* Ausdrucksweise, während in der Verwaltung, der Politik und den Wissenschaften häufig die *nominale* Ausdrucksweise bevorzugt wird.

Der manchmal schwer verständliche Nominalstil kann durch *Verbalisierung*, d. h. durch die Verwendung von Nebensätzen, in Verbalstil umgewandelt werden. Im Nebensatz lassen sich Bedeutungsbeziehungen und zeitliche Relationen genauer ausdrücken. Umgekehrt führt die *Nominalisierung* zu einer oft erwünschten Kürze der Texte.
(Zur Nominalisierung s. Nr. 11, S. 135)

3.7 Ergänzungen in nominaler Form → Ergänzungssätze

Die im Laufe des 18. Jahrhunderts gewonnenen Einsichten führten *zur Anwendung naturwissenschaftlicher Kenntnisse bei der Konstruktion von Maschinen*. Das bedeutete *die Möglichkeit zunehmender Mechanisierung der Arbeit*; Maschinen konnten nun schwere und monotone Arbeiten schneller und rationeller ausführen. Für den Aufbau der Fabriken war aber *der Einsatz beträchtlichen Kapitals* notwendig. *Der weitere Verlauf der technischen Entwicklung* ließ sich nicht voraussehen, und *nach den Folgen der Industrialisierung für den Menschen und die Umwelt* fragte damals noch niemand.

In Texten aus den Bereichen Wissenschaft, Verwaltung, Politik etc. kommen Ergänzungen vor, die wegen ihrer komplizierten nominalen Struktur schwer verständlich sind. Bei solchen Texten ist die Umwandlung dieser Ergänzungen in Ergänzungssätze vorteilhaft, weil dabei oft leichter verständliche Texte entstehen.

(1) Die Einsichten führten *zur Anwendung naturwissenschaftlicher Kenntnisse bei der Konstruktion von Maschinen.*
→ Die Einsichten führten *dazu, dass naturwissenschaftliche Kenntnisse bei der Konstruktion von Maschinen angewandt wurden.*

(2) Das bedeutete *die Möglichkeit zunehmender Mechanisierung der Arbeit.*
→ Das bedeutete, *dass die Arbeit zunehmend mechanisiert werden konnte.*

(3) Für den Aufbau der Fabriken war *der Einsatz beträchtlichen Kapitals* notwendig.
→ Für den Aufbau der Fabriken war *es* notwendig, *beträchtliches Kapital einzusetzen.*

(4.1) *Der weitere Verlauf der technischen Entwicklung* ließ sich nicht voraussehen.
→ *Wie die technische Entwicklung weiter verlaufen würde,* ließ sich nicht voraussehen.

(4.2) *Nach den Folgen der Industrialisierung für den Menschen und die Umwelt* fragte damals noch niemand.
→ Damals fragte noch niemand *(danach), welche Folgen die Industrialisierung für den Menschen und die Umwelt haben würde.*

(1) Präpositional-Ergänzung	→	(Präpositional-)Ergänzungssatz hier als „*dass*-Satz"
(2) Akkusativ-Ergänzung	→	(Akkusativ-)Ergänzungssatz hier als „*dass*-Satz"
(3) Nominativ-Ergänzung (Subjekt)	→	(Nominativ-)Ergänzungssatz (= Subjektsatz) hier als „Infinitiv-Satz"
(4) alle Ergänzungstypen	→	indirekte Fragesätze (falls es die Bedeutung zulässt.)

15. *Formen Sie folgende nominale Ergänzungen in Ergänzungssätze um.*

Bei der Verbalisierung kommt es darauf an, das passende Prädikatsverb bzw. -adjektiv zu finden und die richtige Form des Prädikats zu bilden.

1. **Nomen → *Verb*** (*Aktiv*)
Wir rechnen nicht **mit der pünktlichen Abfahrt des Zuges**.

→ Wir rechnen nicht *damit, dass* . . . .
Darwin war **von der Entstehung der heutigen Tier- und Pflanzenarten aus früheren** überzeugt.

→ Darwin war (*davon*) überzeugt, *dass* . . . .

2. **Nomen → *Verb*** (*Passiv*)
Wir treten **für die Abschaffung der Todesstrafe** ein.

→ Wir treten *dafür* ein, *dass* . . . .
Wir bestehen **auf der Einhaltung der Menschenrechte**.

→ Wir bestehen *darauf, dass* . . . .

3. **Nomen → *Verb*** (*reflexiv*)
Wir hoffen **auf die Besserung ihres Gesundheitszustandes.**

→ Wir hoffen (*darauf*), *dass* ....
Man muss **die weitere Ausbreitung des Covid-19-Virus** befürchten.

→ Man muss befürchten, *dass* ....

4. **Nomen → *Adjektiv* + *„sein"***
Newton vertraute **auf die Richtigkeit seiner Theorie.**

→ Newton vertraute *darauf, dass* ....
Wir sind **von der Unschuld des Angeklagten** überzeugt.

→ Wir sind (*davon*) überzeugt, *dass* ....

5. **Teil des Nomens** (Grundwort) **→ *Verb***
Wir wenden uns **gegen die Umweltzerstörung.**

→ Wir wenden uns *dagegen, dass* ....
Die UNICEF, das Kinderhilfswerk der UN, fordert **ein generelles Kinderarbeitsverbot.**

→ Die UNICEF fordert, *dass* ....

6. **Partizipialattribut → *Verb***
Die zunehmende Kriminalität ist beunruhigend.

→ Es ist beunruhigend, *dass* ....
Habt ihr euch **an das sich ständig ändernde Wetter in Deutschland** gewöhnt?

→ Habt ihr euch *daran gewöhnt, dass* ....?

7. **Adjektivattribut → *Adjektiv* + *„sein"***
Deutsche Touristen wundern sich oft **über die relativ hohen Preise in französischen Restaurants.**

Sie wundern sich oft (*darüber*), *dass* ....
Wir waren erstaunt **über die außerordentlich geringe Wahlbeteiligung der Jüngeren.**

→ Wir waren erstaunt (*darüber*), *dass* ....

16.* *Verbalisieren Sie die Nominalgruppe. (Bilden Sie hier immer das Präteritum.)

1. der späte Beginn der Regenzeit → Die Regenzeit begann spät.
(Verb ohne Akkusativ-Ergänzung: Genitiv wird Subjekt im Aktivsatz.)
2. die schnelle Lösung des Problems → Das Problem wurde schnell gelöst.
(Verb mit Akkusativ-Ergänzung: Genitiv wird Subjekt im Passivsatz.)
3. die allmähliche Wetterbesserung → Das Wetter besserte sich allmählich.
(Reflexives Verb: Genitiv („Besserung des Wetters") wird Subjekt im Aktivsatz.)
4. die langsame Steigerung des Tempos →
5. der unerwartete Tod des Präsidenten →

6. das Ende des Semesters am 15. Juli →
7. das plötzliche Versagen des Bremssystems
→
8. die einstimmige Ablehnung des Vorschlags
→
9. die starke Überarbeitung des Textes →
10. die deutliche Verlangsamung des Wirtschaftswachstums
→
11. der tagelange Regen →
12. die vorschriftsmäßige Durchführung der Prüfung
→
13. die Rückkehr ihres Freundes aus Wien
→
14. die Ermordung des Politikers durch das Militär
→
15. die überraschende Änderung ihrer Einkommensverhältnisse
→
16. der erneute Anstieg der Ozonwerte
→
17. die Berichtigung der Fehler
→
18. die schnelle Ausbreitung der unheilbaren Krankheit
→
19. die Verbreiterung der Straße um 2 m
→
20. die erfolgreiche Operation des Verletzten
→
21. die Erfindung des Dieselmotors im Jahre 1892
→
22. das vermehrte Auftreten von Epidemien
→
23. die strenge Qualitätskontrolle →
24. die Verlängerung der Ferien um eine Woche
→
25. die Verdoppelung der Einwohnerzahl innerhalb eines Jahrzehnts
→
26. die deutliche Zunahme der Zahl der Wohnungseinbrüche
→
27. die kostenpflichtige Entsorgung des Sondermülls
→

3.7.1 Präpositional-Ergänzungen → Ergänzungssätze

(1) Die Leute ärgern sich *über das Ansteigen der Wohnungsmieten.*
→ Die Leute ärgern sich *darüber, dass die Wohnungsmieten ansteigen.*

(2) Die ganze Familie freut sich *auf die Reise im Sommer.*
→ a) Die ganze Familie freut sich *darauf, dass sie im Sommer verreist.* (ident. Subj: → b)
→ b) Die ganze Familie freut sich *darauf, im Sommer zu verreisen.*

(3) Die Diskussion wird hoffentlich *zur Lösung des Problems* beitragen.
→ a) Die Diskussion wird hoffentlich *dazu* beitragen, *dass das Problem gelöst wird.*
..., *dass man das Problem löst.* ($Subj_{NS}$ = man: → b)
→ b) Die Diskussion wird hoffentlich *dazu* beitragen, *das Problem zu lösen.*

(4) Ich möchte Sie *um Ihre Unterstützung* bitten.
→ a) Ich möchte Sie (*darum*) bitten, *dass Sie mich unterstützen.* (Erg_{HS} = $Subj_{NS}$: → b)
→ b) Ich möchte Sie (*darum*) bitten, *mich zu unterstützen.*

- Ergänzungssätze sind *dass*-Sätze bzw. Infinitivsätze. (Oder sie sind indirekte Fragesätze, s. Nr. 3.7.4, S. 40)
- Statt *dass*-Sätzen benutzt man lieber Infinitivsätze, wenn das Subjekt des Nebensatzes mit dem Subjekt des Hauptsatzes identisch ist (2),
oft auch dann, wenn das Subjekt des Nebensatzes *man* ist (3)
oder wenn das Subjekt des Nebensatzes mit einer anderen Ergänzung des Hauptsatzes identisch ist (4) (s. Nr. 16.2(1), S. 159).
- Bei der Umwandlung wird die Präposition zu einem Pronominaladverb (*Korrelat*) im Hauptsatz.
Das Korrelat steht bei komplexen Prädikaten meistens vor dem zweiten Prädikatsteil (3), (4). Bei vielen besonders häufig gebrauchten Verben kann das Korrelat weggelassen werden.
Im Zweifelsfall ist es aber sicherer, das Korrelat einzusetzen.

17.* *Formen Sie um.

1. Es kommt jetzt auf schnelle Hilfe für die Katastrophenopfer an.
→
2. Die Diskussion trug nicht zur Klärung des Problems bei.
→
3. Die Stadtverwaltung muss sich auf die Abnahme der Einwohnerzahl einstellen.
→
4. Ich habe mich überraschend schnell an die Nachtarbeit gewöhnt.
→

5. Die meisten Wirtschaftsexperten gehen von einer Erhöhung der Mehrwertsteuer um einen Prozentpunkt aus.

→

6. Ich bin am Wechsel meines Studienortes sehr interessiert.

→

7. Viele Studierende sind über den häufigen Ausfall von Vorlesungen verärgert.

→

8. Der Rektor rechnet fest mit seiner Wiederwahl.

→

9. Er ist natürlich froh über die günstige Beurteilung seines Referats.

→

10. Die Eltern müssen auf den regelmäßigen Schulbesuch ihrer Kinder achten.

→

11. Die Techniker sind mit den Vorbereitungen für das nächste Experiment beschäftigt.

→

12. Das Beschäftigungsprogramm soll zum Rückgang der Arbeitslosenzahlen führen.

→

13. Einige Abgeordnete treten für die Einführung einer Sonderabgabe ein.

→

14. Sie können sich auf die Einhaltung des Termins durch unsere Mitarbeiter verlassen.

→

15. Die Kommission zweifelte an der Echtheit der vorgelegten Dokumente.

→

16. Die Richter ließen sich von der Unschuld der Angeklagten überzeugen.

→

17. Sie können mich nicht zur Unterzeichnung dieses Vertrags überreden!

→

18. Nach Meinung von Fachjournalisten ist von einer Wertsteigerung des Euro auszugehen. (hier: „steigen“ (nicht „steigern“!))

→

19. Warum sollten wir auf die Erstattung unserer Kosten verzichten?

→

20. Sie war über die Höhe der Bearbeitungsgebühr sehr erstaunt.

→

21. Viele politische Beobachter wunderten sich über das Zustandekommen dieser Koalition.

→

3.7.2 Akkusativ-Ergänzungen → Ergänzungssätze

(1) Man kritisierte *die Teilnahme des Politikers an der Demonstration.*
→ Man kritisierte, *dass der Politiker an der Demonstration teilnahm.*

(2) Wir versprechen *die pünktliche Bezahlung der Miete.*
→ a) Wir versprechen, *dass die Miete pünktlich bezahlt wird.*
... *dass wir die Miete pünktlich bezahlen.* (ident. Subj: → b)
→ b) Wir versprechen, *die Miete pünktlich zu bezahlen.*

(3) Sie fordern *die Verkürzung der Arbeitszeit.*
→ a) Sie fordern, *dass die Arbeitszeit verkürzt wird.*
... *dass man die Arbeitszeit verkürzt.* ($Subj_{NS}$ = *man*: → b)
→ b) Sie fordern, *die Arbeitszeit zu verkürzen.*

(4) Die Eltern erlauben ihrer Tochter *den Besuch des Rockkonzerts.*
→ a) Die Eltern erlauben ihrer Tochter, *dass sie das Rockkonzert besucht.*
(Erg_{HS} = $Subj_{NS}$: → b)
→ b) Die Eltern erlauben ihrer Tochter, *das Rockkonzert zu besuchen.*

(5) Wir versprechen *(es), die Miete pünktlich zu bezahlen.*
Die Eltern erlauben *(es)* ihrer Tochter, *das Rockkonzert zu besuchen.*

- Ergänzungssätze sind *dass*-Sätze bzw. Infinitivsätze. (Oder sie sind indirekte Fragesätze, s. Nr. 3.7.4, S. 40).
- Statt *dass*-Sätzen benutzt man lieber Infinitivsätze, wenn das Subjekt des Nebensatzes mit dem Subjekt des Hauptsatzes identisch ist (2),
oft auch dann, wenn das Subjekt des Nebensatzes *man* ist (3)
oder wenn das Subjekt des Nebensatzes mit einer anderen Ergänzung des Hauptsatzes identisch ist, besonders bei Verben mit Partnerbezug (4).
- Bei einigen Verben kann ein *es* als Korrelat auf den (Akkusativ-)Ergänzungssatz hinweisen (5). (s. Nr. 18.4, S. 165)

18. *Formen Sie die Akkusativ-Ergänzungen in Nebensätze um.*

1. Die Bank empfiehlt ihren Kunden den Kauf von Aktien.
→
2. Das Chemiewerk bestreitet die Verschmutzung des Wassers.
→
3. Man muss eine weitere Verschlechterung ihres Gesundheitszustands befürchten.
→
4. Die Opposition hat den Abbruch der diplomatischen Beziehungen gefordert.
→
5. Das Rauschmittelgesetz verbietet den Handel mit Drogen.
→

6. Schüler werfen den Lehrern oft Ungerechtigkeit vor.
   →
7. Ein Untersuchungsausschuss stellte Verstöße gegen das Parteispendengesetz fest.
   →
8. Viele Firmen befürchten den Diebstahl großer Datenmengen durch Cyberkriminelle.
   →
9. Eine rasante weltweite Ausbreitung des Covid-19-Virus hatten einige Experten schon frühzeitig prognostiziert.
   →

3.7.3 Subjekte → Subjektsätze

(1) *Seine Unfreundlichkeit* ärgerte mich sehr.
→ *Dass er unfreundlich war*, ärgerte mich sehr.

(2) *Die Benutzung eines Wörterbuchs* ist nicht erlaubt.
→ (*Dass man ein Wörterbuch benutzt*, ist nicht erlaubt.) (Subj = *man*)
→ *Ein Wörterbuch zu benutzen* ist nicht erlaubt.

(3) *Die Diskussion mit euch* hat uns Freude gemacht.
→ (*Dass wir mit euch diskutiert haben*, hat uns Freude gemacht.) ($Subj_{NS}$ = Erg_{HS})
→ *Mit euch zu diskutieren* hat uns Freude gemacht.

(4) *Eine Steuererhöhung* hätte Preissteigerungen zur Folge.
→ *Die Steuern zu erhöhen*, hätte Preissteigerungen zur Folge.
→ Es hätte Preissteigerungen zur Folge, *wenn man die Steuern erhöhen würde*.
→ *Wenn man die Steuern erhöhen würde*, hätte **das** Preissteigerungen zur Folge.

(5) *Die Reisen des Präsidenten nach Moskau und Beijing* **waren** eine große Überraschung.
→ *Dass der Präsident nach Moskau und nach Beijing reiste*, **war** eine große Überraschung.

(6) Es ärgerte mich sehr, *dass er unfreundlich war*.
Mich ärgerte (*es*) sehr, *dass er unfreundlich war*.

- Subjektsätze sind *dass*-Sätze bzw. Infinitivsätze, oder sie sind indirekte Fragesätze (s. Nr. 3.7.4, S. 40). Auch Konditionalsätze können als Subjektsätze erscheinen, wenn im Hauptsatz der Konjunktiv II steht (4).
- Statt *dass*-Sätzen benutzt man lieber Infinitivsätze,
  wenn das Subjekt des Nebensatzes *man* ist (2) oder wenn das Subjekt des Nebensatzes mit einer Ergänzung im Hauptsatz identisch ist (3).
- Der Subjektsatz gilt immer als Singular (5).
- Meistens ist der Subjektsatz nachgestellt. Im vorangehenden Hauptsatz wird sehr oft das Korrelat *es* benutzt. Meistens steht *es* auf Position I (4), (6).
  (s. Nr. 18.4, S. 165)

19. *Formen Sie um.*

1. Die Entwicklung eines neuen Automodells dauert etwa fünf Jahre.

   →
2. Die Zusammenarbeit mit den ausländischen Kollegen machte uns viel Spaß.

   →
3. Ist das Interesse so vieler Leute an diesem Film nicht erstaunlich?

   →
4. Die Erweiterung der Seminarbibliothek war nötig geworden.

   →
5. Die Katalogisierung der Neuerwerbungen gehört zu den Aufgaben der Bibliothekarin.

   →
6. Nicht an allen deutschen Universitäten ist das Studium afrikanischer Sprachen möglich.

   →
7. Die Anschaffung eines Tablets ist sehr empfehlenswert.

   →
8. Der Abbau der Arbeitslosigkeit und die Bekämpfung der Inflation sind entscheidend für den wirtschaftlichen Aufschwung.

   →

3.7.4 Ergänzungen → indirekte Fragesätze

(1) Ich bin sehr gespannt *auf das Ende des Films.*
→ Ich bin sehr gespannt *(darauf)*, ***wie*** *der Film endet.*

Er hat sich *nach Arbeitsmöglichkeiten in Berlin* erkundigt.
→ Er hat sich *(danach)* erkundigt, ***welche*** *Arbeitsmöglichkeiten es in Berlin gibt.*

Man fragte uns *nach unseren Herkunftsländern.*
→ Man fragte uns, *aus* ***welchen*** *Ländern wir kommen.*

(2) Er hat *nach der Notwendigkeit einer Arbeitserlaubnis* gefragt.
→ Er hat *(danach)* gefragt, ***ob*** *eine Arbeitserlaubnis notwendig ist.*

Seine Teilnahme an der Konferenz ist noch fraglich.
→ ***Ob*** *er an der Konferenz teilnimmt,* ist noch fraglich.
→ Es ist noch fraglich, ***ob*** *er an der Konferenz teilnimmt.*

- Wenn der Inhalt der Ergänzung ungewiss oder fraglich ist, hat der Ergänzungssatz die Form eines indirekten Fragesatzes.
- Bei *w*-Fragen beginnt der indirekte Fragesatz mit einem **Fragewort** (*w-Wort*). (1) Wenn in der Frage eine Präposition vorkommt, steht sie vor dem Fragewort.
- Bei ***ja/nein***-Fragen (Entscheidungsfragen) beginnt der Nebensatz mit ***ob***. (2)
- Die Korrelate fallen bei besonders häufig gebrauchten Verben oft weg.

20. *Bilden Sie indirekte Fragesätze.*

1. Können Sie mich über Flugmöglichkeiten nach Lima informieren?

   →

2. Wir fragen uns nach dem Sinn des Lebens.

   →

3. Die Höhe des Stipendiums hängt nicht von dem gewählten Studienfach ab.

   →

4. Der Ausgang der Wahlen ist völlig ungewiss.

   →

5. Techniker denken über eine Optimierung des Fertigungsprozesses nach.

   →

6. Sie stritten sich über die Gefährlichkeit von Drogen.

   →

7. Du solltest dich umgehend nach dem nächsten Prüfungstermin erkundigen!

   →

8. Der Anrufer konnte nicht ermittelt werden.

   →

9. Ich möchte das Ergebnis der Testreihe erfahren.

   →

10. Der Arzt fragte den Patienten nach Körpergröße und -gewicht.

    →

21. *Formen Sie um. Bilden Sie Ergänzungssätze der verschiedenen Typen.*

1. Unsere Aufgabe besteht in der Umformung von Ergänzungen in Ergänzungssätze.

   →

2. Über die Zulassungsbedingungen der einzelnen Universitäten kann man sich im Internet informieren.

   →

3. Beim Abschlusstest ist die Benutzung von Formelsammlungen nicht erlaubt.

   →

4. Kann ich mich auf die Vollständigkeit Ihrer Internet-Recherchen verlassen?

   →

5. Die Institutsleiterin ist über die schnelle Reaktion der Verwaltung auf ihren Antrag sehr erstaunt.

   →

6. Ich will mich auf die Übersetzung eines kurzen Abschnitts beschränken.

   →

7. Wir werden uns über die nächtlichen Störungen durch unsere Nachbarn beschweren.

   →

8. Man konnte mich noch nicht zur Abschaffung meines Autos überreden.

   →

9. Fast alle Unfälle im Straßenverkehr lassen sich auf falsches Verhalten von Verkehrsteilnehmern zurückführen.

   →

10. Die Grünen treten für eine Geschwindigkeitsbegrenzung auf 30 km/h innerorts ein.

    →

11. Seinen jetzigen Aufenthaltsort hält er geheim.

    →

12. Wissenschaftler rechnen mit einer Erhöhung der Jahresdurchschnittstemperatur.

    →

13. Haben Sie schon von der Entdeckung eines neuen subatomaren Teilchens gehört?

    →

14. Viele Kongressbesucher waren mit der Verschiebung der Podiumsdiskussion nicht einverstanden.

    →

15. Die Teilnahme der pakistanischen Delegation an der Konferenz ist ungewiss.

    →

16. Die Ursachen des Insektensterbens sind von verschiedenen Expertengruppen erforscht worden.

    →

17. Die Opposition verlangt den sofortigen Rücktritt des Innenministers.

    →

18. Die Angeklagte muss mit einer Verurteilung zu einer langjährigen Haftstrafe rechnen.

    →

19. Die Gewerkschaft fordert die Absicherung von Arbeitsplätzen in der Automobilindustrie.

    →

20. Der Kunde bestand auf der Rücknahme des fehlerhaften Gerätes durch die Herstellerfirma.

    →

21. Der Rückgang der Zahl der Bauanträge war auf den Zinsanstieg zurückzuführen.

    →

22. Die zunehmende Arbeitslosigkeit hängt mit dem Einsatz neuer Technologien zusammen.

    →

23. Man muss nach den Kosten dieses Projekts fragen.

    →

24. Die Rezession ist an der nachlassenden Investitionstätigkeit und der gleichzeitig zunehmenden Zahl von Konkursen zu erkennen.

    →

25. Bei der Planung hatte man eine Verdopplung der Studierendenzahlen in diesem Studienfach innerhalb von so wenigen Jahren nicht vorhersehen können.

→

26. Es muss über die Vor- und Nachteile der verschiedenen Maßnahmen zur Verbesserung des ÖPNV(„Öffentlicher Personen-Nahverkehr") intensiv diskutiert werden.

→

27. Spätestens mit dem Pariser Klimaabkommen hat sich die Weltgemeinschaft zum Kampf gegen den Klimawandel verpflichtet.

→

28. Der französische Präsident kündigte eine Reduzierung der Treibhausgas-Emissionen um über 80 % bis 2050 an.

→

29. Die Übertragungswege von Viren von Tieren auf Menschen sind heute im Prinzip bekannt.

→

30. Das Auftreten neuer Pandemien in der Zukunft halten viele Experten für sehr wahrscheinlich.

→

22. *Nominalisieren Sie die Ergänzungssätze.* (Zur Nominalisierung s. Nr. 11, S. 135)

1. Unsere Reisepläne hängen davon ab, wie sich das Wetter entwickelt.

   →
2. Sie freuen sich darauf, morgen ihre Eltern zu besuchen.

   →
3. Wir müssen gemeinsam darüber nachdenken, wie das Problem am sinnvollsten zu lösen ist.

   →
4. Die Firma plant, 200 neue Mitarbeiter einzustellen.

   →
5. Ich bin froh darüber, dass mein Referat so gut beurteilt worden ist.

   →
6. Wir müssen uns noch danach erkundigen, wann die Bibliothek geöffnet ist.

   →
7. Bist du damit zufrieden, wie der Sprachkurs bisher verlaufen ist?

   →

8. Ich habe noch nicht herausgefunden, wo und wann die Antrittsvorlesung von Frau Professorin Klippert stattfindet.

   →

9. Die Techniker haben bereits damit begonnen, die Anlage zu überprüfen.

   →

10. Es kommt darauf an, dass sich der Druck möglichst gleichmäßig verteilt.

    →

11. Die UNICEF verlangt, dass Kinderarbeit generell verboten wird.

    →

12. Viele Politiker fordern, Möglichkeiten für eine bessere Kontrolle des Internets zu schaffen.

    →

13. Der Innenminister tritt dafür ein, dass die Zahl der Wahlkreise weiter verringert wird.

    →

14. Die Kommission hat es abgelehnt, den Wahltermin zu verschieben.

    →

15. Die Fahrgäste ärgern sich darüber, dass einige Verbindungen gestrichen worden sind.

    →

16. Die Presse berichtete ausführlich darüber, welche Vor- und Nachteile der weitere Ausbau der Umgehungsstraße mit sich bringen wird.

    →

17. Bei einem Abbruch der Friedensgespräche befürchten viele, dass sich das politische Klima deutlich verschlechtern wird.

    →

18. Dass die Gewerkschaften auf einen Teil ihrer Forderungen verzichtet haben, hat den Kompromiss erst ermöglicht.

    →

19. Der Kanzler bat die Abgeordneten, dem Gesetz in seiner überarbeiteten Form zuzustimmen.

    →

20. Die drastische Gebühren-Erhöhung für Lkw-Transporte in der Schweiz hat dazu geführt, dass sich der Güterverkehr zunehmend von der Straße auf die Schiene verlagert.

    →

4 Angaben

4.1 Angaben in nominaler Form

Vor Antritt einer Ferienreise ins Ausland muss man viele Dinge bedenken. *Durch Nutzung des Internets* kann man sich am bequemsten und umfassendsten informieren. *Zur allgemeinen Information* genügt es, die Homepage der Botschaft des betreffenden Landes zu besuchen. Größere Reisen sollte man aber nicht *ohne sorgfältige Vorbereitung* antreten. *Bei einer genauen Planung der Reiseroute im Land* helfen die Touristik-Zentralen weiter. Dabei stellt sich die Frage nach den Verkehrsmitteln. *Aus Gründen der Bequemlichkeit* reisen besonders Familien gern mit dem Auto, aber *bei größeren Entfernungen* ist eine Flugreise oft unverzichtbar. *Vor dem Kauf des Flugtickets* lohnt es sich, die Preise der verschiedenen Reiseveranstalter zu vergleichen. Das ist noch wichtiger *bei der Buchung einer Pauschalreise*. *Trotz des Fluges mit derselben Fluggesellschaft* und *trotz Unterbringung im selben Hotel* können die Preise für die Urlauber nämlich sehr unterschiedlich sein. Deshalb sollte man sich wirklich erst *nach einem gründlichen Studium vieler Angebote* für einen bestimmten Veranstalter entscheiden.

23. ***Können Sie die nominalen Angaben dieses Textes in Nebensätze umwandeln? Versuchen Sie es.***

Bevor man eine Ferienreise ins Ausland antritt, muss man ....

4.2 Nominale Angaben / Angabesätze

Angaben in *nominaler Form* können in *Angabesätze* umgewandelt werden und umgekehrt (Nominalisierung s. Nr. 11, S. 135). Dabei entsprechen bestimmte **Präpositionen** in der nominalen Angabe bestimmten **Subjunktionen** im Nebensatz.

	nominale Angaben (mit entsprechender **Präposition**)	**Angabesätze** (mit entsprechender **Subjunkion**)
temporal	bei / (zu)	wenn / als
	vor	bevor
	während	während / solange
	nach	nachdem
	mit / (sofort) nach	sobald
	bis (zu)	bis
	seit	seit(dem)

	Präposition	Konjunktion
kausal	wegen aufgrund infolge aus	weil da zumal (zusätzlicher Grund; Nebensatz immer nachgestellt)
final	zu zwecks für	damit um zu + *Inf.*
konzessiv	trotz ungeachtet	obgleich obwohl obschon
konditional	bei (im Falle)	wenn falls ø (Nebensatz immer vorangestellt)
proportional	entsprechend je nach	je … (desto / umso)
modal	durch	indem dadurch, dass
konsekutiv	(zu)	sodass
adversativ	(im Vergleich zu) (im Gegensatz zu)	während
	negativ: anstelle (an)statt	anstatt dass anstatt … zu + *Inf.*
komitativ	unter mit	wobei
	negativ: ohne	ohne dass ohne … zu + *Inf.*
referenziell	entsprechend laut gemäß infolge nach (Meinung, Ansicht etc.)	wie + *Verb des Mitteilens*

Von diesen situierenden Angaben unterscheidet man die Negativangaben (*nicht, keinesfalls, …*) und auch spezielle Typen der Modalangaben, die verbbezogen (*gerne, freiwillig, …*) oder äußerungsbezogen (*vermutlich, offensichtlich, …*) sein können.
(s. hierzu Negation [Nr. 15, S. 157] und Stellung [Nr. 14.3, S. 154])

4.3 Nominale Temporal-Angaben ↔ Temporalsätze

	Nominale Angabe		Temporalsatz
(1)	***Bei* / (*Zu*)** *Ferienbeginn* gibt es auf den Straßen Staus.	↔	***Wenn*** *die Ferien beginnen,* gibt es auf den Straßen (immer) Staus. (*Gegenwart bzw. Zukunft*)
(2.1)	***Bei*** *Ferienbeginn* brach sich Paul ein Bein.	↔	***Als*** *die Ferien begannen,* brach sich Paul ein Bein. (*Vergangenheit: einmaliger Vorgang*)
(2.2)	***Bei*** *Ferienbeginn* wurde unsere Schule immer in eine Jugendherberge umgewandelt.	↔	***Wenn*** *die Ferien begannen,* wurde unsere Schule immer in eine Jugendherberge umgewandelt. (*Vergangenheit: wiederholter Vorgang*)
(3)	***Vor*** *dem Essen* wäscht man sich die Hände.	↔	***Bevor*** *man isst,* wäscht man sich die Hände.
(4.1)	***Während*** *des Essens* redeten wir über das Wetter.	↔	***Während*** *wir aßen,* redeten wir über das Wetter.
(4.2)	***Während*** *des Fluglotsenstreiks* ruhte der gesamte Zivilluftverkehr.	↔	***Solange*** *die Fluglotsen streikten,* ruhte der gesamte Zivilluftverkehr.
(5)	***Nach*** *dem Frühstück* rasiert sich Paul.	↔	***Nachdem***[1] *Paul gefrühstückt hat,* rasiert er sich. (*HS: Gegenwart → NS:* ***Perfekt***)
	Nach *dem Frühstück* gingen wir schwimmen.	↔	***Nachdem***[2] *wir gefrühstückt hatten,* gingen wir schwimmen. (*HS: Vergangenheit → NS:* ***Plusquamperfekt***)
(6.1)	***Mit*** *Sonnenaufgang* ruft der Muezzin zum Gebet.	↔	***Sobald*** *die Sonne aufgeht,* ruft der Muezzin zum Gebet.
(6.2)	***Sofort nach*** *Erhalt des Briefes* habe ich Anna angerufen.	↔	***Sobald*** *ich den Brief erhalten hatte,* habe ich Anna angerufen.
(7)	***Bis zur*** *vollständigen Bezahlung* bleibt die Ware Eigentum des Verkäufers.	↔	***Bis*** *die Ware vollständig bezahlt ist,* (*… bezahlt worden ist,*) bleibt sie Eigentum des Verkäufers.
(8)	***Seit*** *der Trennung von Paul* lebt Anna in Italien.	↔	***Seit(dem)*** *Anna sich von Paul getrennt hat,* (***Seit(dem)*** *Anna von Paul getrennt ist,*) lebt sie in Italien.

1 auch ***wenn*** [s. (1)]

2 Bei wiederholten / regelmäßigen Vorgängen auch ***wenn*** [s. (1), (2.2)], bei einmaligen Vorgängen auch ***als*** [s. (2.1)].
Die zeitliche Abfolge erklärt sich durch die unterschiedlichen Tempora.

24. *Formen Sie die nominalen Temporal-Angaben in Nebensätze um.*

1. Der Minister will bei der Werksbesichtigung mit den Arbeitern diskutieren.
   → *Wenn der Minister das Werk besichtigt, will er mit den Arbeitern diskutieren.*
2. Beim Verlassen des Labors ist die Überwachungsanlage zu aktivieren.
   →
3. Zu Beginn des Semesters finden Informationsveranstaltungen statt.
   →
4. Beim Herunterfahren des Computers erschienen immer Fehlermeldungen auf dem Bildschirm.
   →
5. Ich hatte den Benutzungsausweis beim Verlassen der Bibliothek noch bei mir.
   →
6. Es ist wichtig, dass man sich vor einem Wechsel des Studienortes über die Anerkennung von Leistungsnachweisen informiert.
   →
7. Vor der Inbetriebnahme des Geräts sollte man die Bedienungsanleitung sorgfältig lesen.
   →
8. Während der Entschärfung der Bombe war das Gebiet weiträumig abgesperrt.
   →
9. Computerraum und Bibliothek können nur während der Öffnungszeiten des Sekretariats benutzt werden.
   →
10. Peter will nach Abschluss seines Studiums in den diplomatischen Dienst eintreten.
    →
11. Nach der vorzeitigen Entlassung aus dem Gefängnis beging Max sofort wieder neue Straftaten.
    →
12. Mit Ende der Sommerzeit werden die Uhren um eine Stunde zurückgestellt.
    →
13. Sofort nach Bekanntwerden des Abstimmungsergebnisses fielen die Aktienkurse.
    →
14. Bis zum Beginn der Direktübertragung sind es keine zwei Minuten mehr.
    →
15. Bis zur Durchführung dieses Experiments waren umfangreiche Vorarbeiten nötig.
    →
16. Seit Ausbruch der Unruhen sind immer wieder Geschäfte geplündert worden.
    →

25. ***Formen Sie die nominalen Temporal-Angaben in Nebensätze um.***

1. Während der Abwesenheit der Sekretärin hat niemand das Büro betreten.
   →
2. Vor Einnahme des Medikaments muss die Flasche geschüttelt werden.
   →
3. Nach dem starken Regen in der vergangenen Nacht steigen die Flüsse weiter an.
   →
4. Bei jedem Halt fragte die alte Dame den Busfahrer, ob sie jetzt aussteigen müsse.
   →
5. Erst lange nach dem Blitz hörten wir den Donner in der Ferne.
   →
6. Seit der Wiedereröffnung der Diskothek wird dort mit Drogen gehandelt.
   →
7. Gestern Abend habe ich mit Paul telefoniert; zur selben Zeit hat Olaf mehrmals versucht, mich anzurufen.
   →
8. Bis zur sicheren Beherrschung einer Fremdsprache braucht man viele Jahre.
   →
9. Denken Sie bitte vor der Beantwortung der Prüfungsfragen gründlich nach!
   →
10. Bei Arbeiten am Aufzug gab es einen Kurzschluss.
    →
11. Seit der Erweiterung der Verkaufsfläche steigt der Umsatz des Kaufhauses.
    →
12. Die Preise gelten unverändert bis zum Erscheinen einer neuen Preisliste.
    →
13. Kontrollieren Sie die Ware bei Eingang auf Transportschäden!
    →
14. Bitte überweisen Sie kein Geld vor Erhalt der Rechnung!
    →
15. Erst nach Begleichung der Rechnung geht die Ware in das Eigentum des Käufers über.
    →
16. Schon bald nach seiner Wahl zum Regierungschef vergaß er alle seine Wahlversprechen.
    →
17. Bei der Eröffnung des neuen Großflughafens kam es zu Zusammenstößen zwischen Demonstranten und der Polizei.
    →

*** 26. *Formen Sie die nominalen Temporal-Angaben in Nebensätze um.***

1. Unmittelbar nach der Installation der Anlage beginnt die einjährige Garantiezeit.
   →
2. Noch vor Ablauf der Garantiezeit kann auf Wunsch ein Wartungsvertrag abgeschlossen werden.
   →
3. Während der Laufzeit des Vertrags besteht ein Anspruch auf schnellstmögliche Reparaturleistungen.
   →
4. Vor Inanspruchnahme des Reparaturdienstes sind alle Einzelfunktionen der Anlage zu überprüfen.
   →
5. Bis zum Eintreffen eines Monteurs kann die Anlage ggf. (gegebenenfalls) mit dem „Notprogramm" betrieben werden.
   →
6. Sofort nach Abschluss der Reparaturarbeiten ist ein Test aller Funktionen durchzuführen.
   →
7. Während der Testdurchführung ist ein Protokoll anzufertigen.
   →
8. Bei der Protokollierung des Probelaufs sind alle Messwerte in ein Formblatt einzutragen.
   →
9. Vor der Unterzeichnung des Protokolls durch den Betreiber und den Monteur muss die Vollständigkeit aller Eintragungen sichergestellt sein.
   →
10. Nach erneuter Inbetriebnahme sollte in den ersten drei Betriebsstunden die Leistung der Anlage auf max. 60 % reduziert werden.
    →
11. Seit Einführung dieser Regelung sind im Dauerbetrieb deutlich weniger Störfälle aufgetreten als vorher.
    →

---

aus einer technischen Betriebsanleitung

27. ***Formen Sie die Temporalsätze in nominale Temporal-Angaben um.***
(Zur Nominalisierung s. Nr. 11, S. 135)

1. In Japan zieht man die Schuhe aus, bevor man ein Haus betritt.
   → *In Japan zieht man vor dem Betreten eines Hauses die Schuhe aus.*
2. Leider können wir nicht warten, bis deine Tante aus Marokko ankommt.

   →
3. Wenn Sie das Ausstellungsgelände verlassen, verliert die Eintrittskarte ihre Gültigkeit.

   →
4. Wenn er geboren wurde, bekam ein Römer drei Namen, z. B. Gajus Julius Caesar.

   →
5. Sie konnte ihr Fachstudium erst aufnehmen, nachdem sie die Sprachprüfung bestanden hatte.

   →
6. Solange sie in Köln studierte, haben wir uns fast täglich gesehen.

   →
7. Wenn die Regenzeit beginnt, verwandelt sich die Steppe in ein Blütenmeer.

   →
8. Seitdem eine Flutlichtanlage installiert worden ist, kann auch abends Tennis gespielt werden.

   →
9. Große Säugetiere konnten sich erst dann entwickeln, als die Dinosaurier ausgestorben waren.

   →
10. Bevor die Geschwindigkeitsbeschränkung auf 70 km/h eingeführt wurde, sind auf dieser Straße mehrere schwere Unfälle passiert.

    →
11. Als wir vor fünf Jahren den Mietvertrag abgeschlossen haben, war die Miete viel niedriger als heute.

    →
12. Während der Regierungschef krank war, führte der Außenminister die Amtsgeschäfte.

    →
13. Sobald Ihre Unterlagen eingegangen sind, werden wir Ihren Antrag prüfen.

    →
14. Bis die Versicherung den Schaden endgültig reguliert hatte, waren mehrere Monate vergangen.

    →

Weitere sprachliche Mittel zum Ausdruck temporaler Beziehungen

(1) Temporale „Adverbien“

anschließend	Die Sportwettkämpfe waren um fünf Uhr zu Ende; ***anschließend*** fand die Siegerehrung statt.
bald	Peter liegt schon seit sechs Wochen im Krankenhaus; wir hoffen, dass er ***bald*** entlassen wird.
bis dahin	Wir warten ungeduldig auf die Ferien; leider sind es ***bis dahin*** noch 3 Wochen.
da	Ich lag in tiefem Schlaf; ***da*** klingelte der Wecker.
dabei	Sollen wir zusammen einen Spaziergang machen? ***Dabei*** könnten wir uns ungestört unterhalten.
damals	Vor 200 Jahren dauerte eine Reise nach Rom noch mehrere Wochen; ***damals*** gab es weder Züge noch Autos.
danach	Gestern habe ich drei Stunden Tennis gespielt; ***danach*** war ich sehr erschöpft.
dann	Zuerst muss man Eintritt bezahlen; ***dann*** kann man das Schloss besichtigen.
davor	Jan studiert seit drei Semestern in Berlin; ***davor*** hat er in Tübingen studiert.
endlich	***Endlich*** seid ihr da! Wir haben schon seit drei Stunden auf euch gewartet.
früher	Alte Leute sagen gern: „***Früher*** war die Jugend höflicher als heute. ***Früher*** war alles besser ...“
heute	***Heute*** besitzen viele Leute ein Auto.
heutzutage	Vor hundert Jahren war das Telefonieren noch ein Abenteuer, aber ***heutzutage*** ist der Gebrauch des Telefons etwas Selbstverständliches.
immer	Die Naturgesetze gelten ***immer*** und überall.
inzwischen	Peter war lange arbeitslos, aber ***inzwischen*** hat er eine neue Arbeit gefunden.
jetzt/nun	Es hat reichlich geschneit; ***jetzt/nun*** können wir Ski laufen.
manchmal	***Manchmal*** essen wir im Restaurant,
meistens	aber ***meistens*** kochen wir selbst.
nacheinander	In China serviert man alle Speisen gleichzeitig, in Europa ***nacheinander***.
nachträglich	Ich hatte nicht an Annas Geburtstag gedacht; ich habe ihr aber ***nachträglich*** Blumen geschickt.
nie	In Kuwait schneit es ***nie***.
oft/öfter(s)	Wir sehen nur selten fern, aber wir gehen ***oft/öfters*** ins Kino.
schließlich	Maria hat ihr Diplom gemacht, dann hat sie promoviert. ***Schließlich*** hat sie sich noch habilitiert.
seitdem/seither	Sie ist mit achtzehn Jahren nach Deutschland gekommen; ***seitdem/seither*** sind acht Jahre vergangen.
selten	Es regnet sehr ***selten*** in der Wüste.
(so)eben/gerade	Eva ist ***(so)eben/gerade*** weggegangen; sie will zum Bus. Vielleicht erreichst du sie noch an der Haltestelle!
sofort/gleich	Sie brauchte nicht lange zu warten; ihr Bus kam ***sofort/gleich***.
vorher	Das hättest du mir ***vorher*** sagen sollen, dass du nicht kommen konntest!
vorhin	Paul hat ***vorhin*** angerufen; du möchtest bitte zurückrufen.

unterdessen/ währenddessen	Ich bereite das Essen vor; ihr könnt ***unterdessen/währenddessen*** den Tisch decken.
zuerst	***Zuerst*** das Wasser zum Kochen bringen und dann die Nudeln hineingeben.
zugleich/ gleichzeitig	Ich kann nicht Auto fahren und ***zugleich/gleichzeitig*** telefonieren.
zuletzt	Sigmund Freud emigrierte 1938 nach England und lebte ***zuletzt*** in London.
zunächst	Ich wollte nicht von Anfang an Medizin studieren; ***zunächst*** hatte ich an Biologie gedacht.
zuvor	Nie ***zuvor*** hat es einen so trocknen Sommer gegeben wie in diesem Jahr!

28. Setzen Sie passende „Adverbien“ ein.

1. Heute telefoniert man, ______________ schrieb man Briefe.
2. Du musst diese Arbeit zuerst zu Ende bringen. ______________ kannst du dich ausruhen.
3. Am Wochenende herrscht wieder starker Ausflugsverkehr auf dieser Straße; ______________ müssen die Reparaturarbeiten abgeschlossen sein.
4. Das letzte Mal sind wir uns in Köln am Bahnhof begegnet. ______________ habe ich nichts mehr von ihm gehört.
5. Die Prüfung beginnt um 10 Uhr. Kommen Sie bitte schon um 9 Uhr 30, denn Sie bekommen ______________ eine kurze Einführung in den Ablauf der Prüfung.
6. Wenn Sie die Gasheizung reinigen wollen, müssen Sie ______________ den Gashahn zudrehen; ______________ dürfen Sie das Gerät öffnen.
7. Wir warteten seit Stunden auf unsere Freunde. ______________ ging das Telefon.
8. Ich bin zweimal durch die Fahrprüfung gefallen; jetzt habe ich sie ______________ geschafft.
9. Mit diesem Gerät kann man nicht ______________ scannen und drucken. Man muss eines nach dem anderen machen.
10. Alle Vorbereitungen für die Reise waren getroffen; ______________ konnte es losgehen.
11. Früher durften Frauen nicht wählen; ______________ dürfen sie es (fast überall).
12. Wir haben uns sehr lange nicht gesehen; hoffentlich besuchst du uns ______________ wieder einmal.
13. Ich kenne diesen Mann nicht! Ich bin ihm nie ______________ begegnet!
14. Ich habe meinen Bruder zuletzt auf der Buchmesse getroffen; ______________ sind schon wieder fünf Monate vergangen.
15. Zuerst hat er die Miete nicht bezahlt, dann hat er seinen Vermieter beschimpft, ______________ ist er ausgezogen.

16. Falls du jetzt ein paar Minuten Zeit hast, komme ich ____________ einmal zu dir rüber.
17. Als Kind habe ich sehr oft meine Großeltern besucht; ____________ wohnten wir in ihrer Nähe.
18. Ein Visum für die USA gibt es nicht bei der Einreise; man muss es sich ______ besorgen.
19. Dieser Roman liest sich sehr leicht. ____________ kann man sogar Musik hören.
20. Ein Wasserrohr war geplatzt, was erst einige Stunden später bemerkt wurde; ______________ stand schon der ganze Keller unter Wasser.
21. Eisenbahnen gibt es seit der Mitte des 19. Jahrhunderts. ____________ reiste man mit der Postkutsche.

(2) Besonderheiten bei einigen temporalen Adverbien

Die temporalen Adverbien ***heute, gestern (vorgestern), morgen (übermorgen), jetzt (nun)*** können nur mit Bezug auf den aktuellen Zeitpunkt der Äußerung benutzt werden.

Entsprechendes gilt für die lokalen Adverbien *hier, dort, hierher, dorthin* und einige andere; sie können ebenfalls nur mit Bezug auf die aktuelle Situation benutzt werden.

Wien, 3. März: „***Heute*** halte ich hier einen Vortrag,
gestern war ich in Bonn und
morgen will ich nach Jena zurückfahren."

Jena, 29. Mai: „***Am 3. März*** habe ich in Wien einen Vortrag gehalten,
am Vortag / am Tag zuvor / am 2. März war ich in Bonn und
am folgenden Tag / am nächsten Tag / am 4. März bin ich wieder *hierher* zurückgekommen."

16 Uhr: „***Jetzt*** gibt es Kaffee und Kuchen, und
heute Abend (um acht) essen wir warm."

20 Uhr: „***Heute Nachmittag (um vier)*** gab es Kaffee und Kuchen, und
jetzt essen wir warm."

Im Gegensatz dazu bezieht sich das temporale Adverb ***damals*** immer auf eine vorher genannte, relativ weit zurückliegende Zeit.

Europa, 21. Jh.: *Im 14. Jh.* hielten die Menschen die Pestepidemie für eine Strafe Gottes; ***damals*** waren Bakterien als Krankheitserreger ja noch unbekannt.

im Januar: Erinnerst du dich an Pauls Geburtstagsfeier *im letzten Sommer*? Wir hatten ***damals*** verabredet, uns nächstes Mal bei mir zu treffen.

* 29. *Übung*

Gustav Beilmann, Vertreter für Textilien, wird am Morgen des 8. Juni tot im Bett seines Hotelzimmers in Husum aufgefunden. Um ein Verbrechen auszuschließen, muss in solchen Fällen die Kriminalpolizei eingeschaltet werden. Auf dem Nachttisch finden die Polizeibeamten Herrn Beilmanns sorgfältig geführtes Tagebuch. Da der 8. Juni ein Freitag ist, nimmt der zuständige Staatsanwalt in Flensburg erst am 11. Juni die Ermittlungen auf. Er ruft die Kriminalpolizei in Husum an und lässt sich von dem mit der Sache befassten Kommissar berichten.

Hier die letzte Seite aus Gustav Beilmanns Tagebuch:

Husum, 7. Juni

Heute fünf Kunden besucht.
Heute Morgen noch einmal in Bredstedt, Kaufhaus Konrad, weil Geschäftsführer Petersen gestern nicht in seinem Büro und auch gestern Abend nicht telefonisch zu erreichen war.
Anschließend bei Hamkens in Leck.
Hier in Husum meine Kunden Schmidt, Topf und Mader besucht. (Gute Abschlüsse!)
Morgen will ich noch nach Schleswig fahren, übermorgen nach Hause.
Heutiges Wetter: drückend heiß.
Fühle mich heute Abend sehr schlapp; will früh schlafen gehen.

Der Husumer Kriminalkommissar gibt dem Staatsanwalt folgenden Bericht:
(Setzen Sie diesen Bericht fort.)

„Dem Tagebuch zufolge hat Beilmann am Donnerstag noch fünf Kunden besucht.

Am Donnerstagmorgen war er in Bredstedt im Kaufhaus Konrad, weil . . . .

. . . .

. . . .

. . . .

. . . .

. . . .

. . . .

. . . .

. . . .

. . . .

4.4 Nominale Kausal-Angaben ↔ Kausalsätze

Wegen *des Regens* blieben wir zu Hause.	↔	***Weil/Da*** *es regnete,* blieben wir zu Hause.
Aufgrund *einer Behinderung* zahlt Paul weniger Steuern.	↔	***Weil/Da*** *er behindert ist,* zahlt Paul weniger Steuern.
Infolge *eines Streiks* ruhte der Bahnverkehr.	↔	***Weil/Da*** *gestreikt wurde,* ruhte der Bahnverkehr.
Aus[1] *Furcht vor Haien* haben wir nicht im Meer gebadet.	↔	***Weil/Da*** *wir uns vor Haien fürchteten,* haben wir nicht im Meer gebadet.
Angesichts *der hohen Benzinpreise* wird weniger Auto gefahren.	↔	***Weil/Da*** *die Benzinpreise hoch sind,* wird weniger Auto gefahren.
Aus Gründen *der Übersichtlichkeit* stellt man die Ergebnisse am besten in einem Diagramm dar.	↔	***Weil/Da*** *es übersichtlich(er) ist,* stellt man die Ergebnisse am besten in einem Diagramm dar.

1 ***aus***: bewusste, willentliche Reaktion ***vor***: unbewusste, spontane Reaktion (*Vor Freude über den hohen Lottogewinn sprang sie in die Luft.*)

30. *Formen Sie um.*

1. Wegen des unerträglichen Straßenlärms wollen wir hier ausziehen.
   →
2. Aus Freude über die guten Prüfungsnoten veranstalteten die Studierenden eine Party.
   →
3. Sie bekam den Job aufgrund ihrer guten Zeugnisse.
   →
4. Angesichts der fallenden Aktienkurse wächst die Nervosität der Anleger.
   →
5. Wegen tagelanger Schneefälle hatten alle Züge Verspätung.
   →
6. Ein Lkw-Fahrer ist aus Übermüdung von der Straße abgekommen.
   →
7. Die Straße war infolge eines Unfalls für mehrere Stunden gesperrt.
   →
8. Aufgrund einer Verbesserung der Operationstechnik hat sich die Lebenserwartung nach Herztransplantationen mehr als verdoppelt.
   →
9. Wieder wurde ein Manager wegen Steuerhinterziehung verhaftet.
   →
10. Der Minister trat aus Krankheitsgründen zurück.
   →
11. Die Anlage muss aufgrund notwendiger Reparaturen kurz abgeschaltet werden.
   →

*** *31.* *Bilden Sie Kausalsätze mit den Subjunktionen „weil“ oder „da“.***

1. Aufgrund der sehr hohen Zahl der Opfer gilt „Mitch“ als der verheerendste Hurrikan des 20. Jahrhunderts.
   → *Weil die Zahl der Opfer sehr hoch war, gilt „Mitch“ als der verheerendste Hurrikan des 20. Jahrhunderts.*
2. Infolge ungewöhnlich heftiger Regenfälle wurden große Teile von Nicaragua und Honduras überschwemmt.

   →
3. Wegen der Zerstörung zahlreicher Straßen konnte man die Betroffenen nicht schnell erreichen.

   →
4. Aufgrund fehlender Transportkapazitäten war es zunächst unmöglich, die vom Wasser Eingeschlossenen mit Lebensmitteln zu versorgen.

   →
5. Viele Verletzte starben wegen ausbleibender ärztlicher Hilfe.

   →
6. Aus Verzweiflung über den Verlust ihrer Angehörigen begingen einige Dorfbewohner Selbstmord.

   →

32.* *Bilden Sie nominale Kausal-Angaben mit passenden Präpositionen.

1. Die Flutwelle war meterhoch; viele Menschen mussten sich deshalb auf die Dächer ihrer Häuser retten.
   → *Wegen der meterhohen Flutwelle mussten sich viele Menschen auf die Dächer ihrer Häuser retten.*
2. Das Wasser war mit Bakterien verseucht; es durfte daher nicht getrunken werden.

   →
3. Die Bevölkerung konnte nur langsam mit lebensnotwendigen Gütern versorgt werden, denn es gab eine zu geringe Zahl von Hubschraubern.

   →
4. Weil Landeplätze fehlten, mussten Lebensmittel aus der Luft abgeworfen werden.

   →
5. Die Rettungsmaßnahmen waren schlecht koordiniert; deshalb kam es zu zahlreichen Pannen.

   →
6. In Leon bewarfen Betroffene den nicaraguanischen Präsidenten mit Steinen, weil sie über das Verhalten der Regierung wütend waren.

   →

Weitere sprachliche Mittel zum Ausdruck der Kausalität

(1) ***denn*** und ***nämlich***

Wir stellen Mitarbeiter ein, ***denn*** *die Nachfrage nach unseren Produkten hat sich erhöht.*
Wir stellen Mitarbeiter ein; *die Nachfrage nach unseren Produkten hat sich* ***nämlich*** *erhöht.*

> ***denn*** steht auf Position 0 des Zweitsatzes.
> ***nämlich*** kann nicht vor der Personalform des Prädikats im Zweitsatz stehen.

33. Drücken Sie die Kausalität mit a) „denn" und b) „nämlich" aus.

1. Die Zeitschrift wurde eingestellt, weil es nicht mehr genug Abonnenten gab.
   a)
   b)
2. Herr Scholz hat im Lotto gewonnen. Er kauft sich einen Mercedes.
   a)
   b)
3. Lea hat seit Tagen hohes Fieber; ihre Eltern lassen deshalb einen Arzt kommen.
   a)
   b)
4. Im ganzen Hotel gab es infolge eines Rohrbruchs kein fließendes Wasser.
   a)
   b)

(2) ***deshalb, deswegen, daher, aus diesem Grund, infolgedessen***

Die Nachfrage nach unseren Produkten ist gestiegen; ***deshalb / deswegen*** *usw. stellen wir neue Mitarbeiter ein. ...; wir stellen* ***deshalb / deswegen*** *usw. neue Mitarbeiter ein.*

> ***deshalb, deswegen*** usw. stehen meistens auf Position I oder III im Zweitsatz.

34. Drücken Sie die Kausalbeziehung mit „deshalb" usw. aus.

1. Da Hepatitis B eine sehr gefährliche Krankheit ist, raten die Ärzte zur Impfung.
   →
2. Der Minister musste zurücktreten, weil er in eine Korruptionsaffäre verwickelt war.
   →
3. Aus Platzgründen musste ich die Hälfte meiner Bücher verkaufen.
   →
4. Ich bin zu Fuß gekommen; mein Fahrrad ist nämlich gestohlen worden.
   →
5. Aufgrund ihres Umzugs nach Ulm musste sie ihr Haus schnell verkaufen.
   →

*** 35. *Schreiben Sie den folgenden Text neu. Benutzen Sie jeweils die am Rand angegebenen Wörter.***

1. Wegen der Häufigkeit von Wirbelstürmen ist man in Mittelamerika an Katastrophen gewöhnt. .... ***denn***
   ....
   ....
2. So zerstörerisch wie „Mitch" sind aber nur wenige Wirbelstürme, weil die meisten über dem Meer bleiben und das Land nur am Rande streifen. ***nämlich***
   ....
   ....
   ....
3. Über der Wasseroberfläche entsteht kaum Reibung; infolgedessen ziehen die Wirbelstürme und die Regenwolken schneller fort. .... ***da***
   ....
   ....
4. Über dem Land kommen sie langsamer voran, weil die Erdoberfläche dem Wind mehr Widerstand entgegensetzt. .... ***deshalb***
   ....
   ....
5. „Mitch" wurde auf seinem Weg besonders stark gebremst, da Mittelamerika ein sehr gebirgiges Relief hat. .... ***wegen***
   ....
   ....
   ....
6. Der Wirbelsturm konnte auch nicht nach Norden weiterziehen, weil ihm eine Wetterfront über dem Golf von Mexiko den Weg versperrte. ***denn***
   ....
   ....
   ....
7. Über Honduras und Nicaragua lag „Mitch" ungewöhnlich lange. Deshalb konnten sich die Wolken völlig abregnen. .... ***weil***
   ....
   ....
8. Weil mehrere negative Faktoren zusammentrafen, kam es zu dieser Naturkatastrophe. .... ***infolge***
   ....

(3) Verben und verbale Ausdrücke

(3.1) Fokussierung von Grund / Ursache: GRUND / URSACHE → FOLGE / WIRKUNG

verursachen A*	Das Unwetter hat große Schäden verursacht.
hervorrufen A*	Salmonellen können gefährliche Darminfektionen hervorrufen.
bewirken A	Die Medikamente haben eine Besserung bewirkt.
führen zu	Regelmäßiger Alkoholkonsum kann zur Abhängigkeit führen.
mit sich bringen A	Der Verlust des Arbeitsplatzes bringt viele Probleme mit sich.
der Grund sein für	Materialfehler sind ein häufiger Grund für Reklamationen.
die Ursache sein für / G	Ein Bandscheibenschaden ist die Ursache für ihre Rückenschmerzen.
zur Folge haben A	Gehirnverletzungen haben oft Sprachstörungen zur Folge.
zur Konsequenz haben A	Die Studentendemonstrationen hatten zur Konsequenz, dass die Regierung zurücktrat.
der Anlass sein für	Der Überfall Iraks auf Kuwait war der Anlass für den 2. Golfkrieg.
auslösen A*	Eine weggeworfene Zigarettenkippe kann einen Waldbrand auslösen.
bedeuten A	Tiefer Luftdruck bedeutet meistens schlechtes Wetter.

* Diese Verben werden häufig im Passiv verwendet.

(3.2) Fokussierung von Folge / Wirkung: FOLGE / WIRKUNG ← GRUND / URSACHE

liegen an_D	Es lag an der schlechten Straße, dass wir so lange gebraucht haben.
kommen von	Meine Kopfschmerzen kommen von einer Erkältung.
folgen aus	Aus falschen Voraussetzungen können keine richtigen Ergebnisse folgen.
sich ergeben aus	Die Unschuld des Angeklagten ergab sich aus Zeugenaussagen.
die Folge sein G / von	Die neue Armut ist die Folge der Arbeitslosigkeit.
zurückgehen auf_A	Seine Blindheit geht auf eine Augenverletzung zurück.
bedingt sein durch	Die hohe Zahl der Verkehrsunfälle war durch Glatteis bedingt.
zusammenhängen mit	Der Wechsel der Jahreszeiten hängt mit der Stellung der Erdachse zusammen.

(3.3) Der Beobachter kommt mit ins Spiel!

In wiss. Texten oft als „modales Passiv" oder „*sich lassen* + Inf." (ohne „Täter"-Nennung!) realisiert:

erklären A mit	Man erklärt den Anstieg des Kaffeepreises mit einer Missernte.
	Der Anstieg des Kaffeepreises kann mit einer Missernte erklärt werden.
	Der Anstieg des Kaffeepreises lässt sich mit einer Missernte erklären.
zurückführen A auf_A	Psychotherapeuten führen seelische Störungen oft auf traumatische Erlebnisse in der Kindheit zurück.
	Seelische Störungen werden (von Psychotherapeuten) oft auf traumatische Erlebnisse in der Kindheit zurückgeführt.
	Seelische Störungen können oft auf ... zurückgeführt werden.
	Seelische Störungen lassen sich oft auf ... zurückführen.

Ausdrucksmöglichkeiten für die ***Kausalbeziehung „Rechenfehler → falsches Ergebnis"***:

1. Das falsche Ergebnis geht auf einen Rechenfehler zurück.
2. Das falsche Ergebnis ist auf einen Rechenfehler zurückzuführen.
3. Das falsche Ergebnis ist durch einen Rechenfehler verursacht (worden).
4. Das falsche Ergebnis beruht auf einem Rechenfehler.
5. Das falsche Ergebnis ist durch einen Rechenfehler zustande gekommen.
6. Dem falschen Ergebnis liegt ein Rechenfehler zugrunde.

36. *Beschreiben Sie die Kausalbeziehung mit dem vorgegebenen Verb.*
(Achten Sie auch auf eventuell notwendige Artikel!)

1. Erkrankung eines Lehrers ⇒ Ausfall des Unterrichts (bedingt sein)
→ *Der Ausfall des Unterrichts war durch die Erkrankung eines Lehrers bedingt.*
2. Hungerkatastrophe ⇒ Flucht in die Nachbarländer (führen)
→
3. Luftverschmutzung ⇒ Atembeschwerden bei Kleinkindern (zurückführen)
→
4. Verkehrsunfall ⇒ Gehbehinderung (die Folge sein)
→
5. Streiks ⇒ Produktionsausfall (bedeuten)
→
6. Industrialisierung ⇒ höherer Bedarf an Arbeitskräften (zur Folge haben)
→
7. Automatisierung ⇒ Wegfall von Arbeitsplätzen (der Grund sein)
→
8. plötzlicher Wetterwechsel ⇒ Schlafstörungen (verursachen)
→
9. Fortschritte in der Medizin ⇒ Bevölkerungszunahme (zusammenhängen)
→
10. Viren ⇒ Grippe und andere Krankheiten (hervorrufen)
→
11. Gartenarbeit ⇒ Pauls gesunde Gesichtsfarbe (kommen)
→
12. Überangebot ⇒ sinkende Preise (sich ergeben)
→
13. tagelange Regenfälle ⇒ Hochwasser in den Flüssen (erklären)
→
14. Rücktritt der Regierung ⇒ Kurssturz an der Börse (auslösen)
→
15. Trunkenheit am Steuer ⇒ schwerer Verkehrsunfall (die Ursache sein)
→
16. Covid-19-Pandemie ⇒ Wirtschaftskrise (zurückgehen)
→

4.5 Nominale Final-Angaben ↔ Finalsätze

Nominale Final-Angaben		Finalsätze
Sie geht nach Jena ***zum*** *Medizinstudium.*	↔	Sie geht nach Jena, ***um*** *(dort) Medizin* ***zu*** *studieren.* (1 Subjekt)
Ich bringe den Wagen ***zur*** *Reparatur* in die Werkstatt.	↔	Ich bringe den Wagen in die Werkstatt, ***damit*** er *repariert wird.* (2 Subjekte) ***um*** *ihn reparieren* ***zu*** *lassen.* (1 Subjekt)
Zwecks *Sicherung der Qualität unserer Produkte* wird eine Endkontrolle durchgeführt.	↔	***Um*** *die Qualität unserer Produkte* ***zu*** *sichern,* wird eine Endkontrolle durchgeführt.
Paul hat mein Auto ***für*** *den Transport seiner Bücherkartons* benutzt.	↔	Paul hat mein Auto benutzt, ***um*** *seine Bücherkartons* ***zu*** *transportieren.*
Das Rote Kreuz ist ***mit dem Ziel / zum Zweck*** *der Hilfe für die im Krieg Verwundeten* gegründet worden.	↔	Das Rote Kreuz ist gegründet worden, ***um*** *den im Krieg Verwundeten* ***zu*** *helfen.*

37. ***Formen Sie um. Bilden Sie Finalsätze.***

1. Zollbeamte haben mehrere Autos zur Kontrolle des Gepäcks angehalten.
   →
2. In Deutschland sparen viele Menschen für den Bau oder Kauf eines eigenen Hauses.
   →
3. Zur Energieeinsparung lassen wir Thermostatventile in die Heizkörper einbauen.
   →
4. Die Eltern schickten ihre Kinder zur Erholung an die See.
   →
5. Zwecks Vermeidung unnötiger Wartezeiten werden Nummern an die Patienten ausgegeben.
   →
6. Bodenproben vom Mond wurden zur Analyse an verschiedene Labors geschickt.
   →
7. Paul hat mir sein Manuskript zum Durchlesen gegeben.
   →
8. Zur Veranschaulichung ihrer Thesen zeigte die Referentin eine Power-Point-Präsentation.
   →
9. Man plant eine Umgehungsstraße mit dem Ziel der Verringerung des Verkehrs im Stadtzentrum.
   →
10. Zum Schutz vor Kopfverletzungen müssen Motorradfahrer einen Helm tragen.
    →
11. Zwecks besserer Ausnutzung des Parkplatzes müssen die Autos enger geparkt werden.
    →

Weitere sprachliche Mittel zum Ausdruck einer Finalbeziehung

(1) ***dafür*** bzw. ***wofür***

Elisabeth will ein Praktikum in Mexiko machen; ***dafür*** lernt sie Spanisch.
→ Elisabeth lernt Spanisch, *um ein Praktikum in Mexiko machen zu können.*

Paul will eine Partei gründen, ***wofür**** er 500 Unterschriften braucht.
→ Um eine Partei gründen zu können, braucht Paul 500 Unterschriften.
* Weiterführender Nebensatz, s. Nr. 5, S. 86

(2) ***wollen, mögen (möchte-), sollen***

Diese Modalverben kommen in finalen Nebensätzen (*damit; um … zu* + Inf.) nicht vor, *müssen* nur mit Negation.
Wenzel ist um elf gegangen, ***weil*** *er vor Mitternacht zu Hause sein wollte.*
→ …, **um** *vor Mitternacht* **zu** *Hause zu sein.*

Peter ***möchte*** *seinen Arbeitsplatz nicht verlieren;* ***deshalb*** macht er häufig Überstunden.
→ ***Um*** *seinen Arbeitsplatz nicht* ***zu*** *verlieren, …*

Man kocht Milch im Wasserbad, ***wenn*** *sie nicht überkochen* ***soll.***
→ …, ***damit*** *sie nicht überkocht.*

Die Eltern stellten das Radio leise; ***(denn)*** *die Kinder* ***sollten*** *nicht aufwachen.*
→ …, ***damit*** *die Kinder nicht aufwachten.*

(3) ***sonst / ander(e)nfalls*** *(Achten Sie auf die Negation!)*

Ich muss mich beeilen; ***sonst*** *verpasse ich den Zug.*
→ …, **um** *den Zug nicht* **zu** *verpassen.*

Du solltest dich bald für den Kurs anmelden, *da du* ***sonst*** *keinen Platz mehr bekommst.*
→ …, **um** *noch einen Platz* **zu** *bekommen.*

Er meldet sein Cabrio im Winter ab; ***andernfalls*** *müsste er das ganze Jahr Steuern zahlen.*
→ …, ***damit*** *er nicht das ganze Jahr Steuern zahlen muss.*
(s. auch Nr. 4.7, Ü 45, S. 69)

*** 38. *Formen Sie um. Bilden Sie Sätze mit „sonst“ oder „andernfalls“.***

1. Elvira singt abends für ihre Kinder, damit sie einschlafen.
   →
2. Man muss eine Lupe haben, um diese winzigen Buchstaben lesen zu können.
   →
3. Du musst dich wärmer anziehen, damit du dich nicht erkältest.
   →
4. Herr Noklek will Maschinenbau studieren; dafür muss er ein Praktikum machen.
   →
5. An Tankstellen darf nicht geraucht werden, damit es nicht zu einem Brand kommen kann.
   →

Robert Koch

Robert Koch ist einer der Väter der Bakteriologie; er lebte von 1843 bis 1910. Nach seinem Medizinstudium wurde er Landarzt. Gleichzeitig forschte er auf dem Gebiet der Krankheitsursachen. Koch behauptete, dass viele Krankheiten durch lebende Krankheitserreger verursacht werden, aber die meisten Medizinprofessoren seiner Zeit glaubten das nicht; sie lachten über diese Theorie.

Koch entwickelte neue wissenschaftliche Methoden, mit deren Hilfe er seine Theorie beweisen wollte. In den Körperzellen kranker Tiere und Menschen hatte er Bakterien gefunden; er kultivierte diese Bakterien in Glasgefäßen mit einer Nährflüssigkeit. Er experimentierte auch mit Farbstoffen, durch die die Bakterien gefärbt werden; so konnte er sie unter dem Mikroskop leichter erkennen.

Nach vielen Versuchen gelang ihm der Nachweis, dass Tuberkulose durch ein Bakterium verursacht wird. Mit Bakterien aus seinen Kulturen konnte er Mäuse infizieren; sie bekamen Tuberkulose und starben. Tuberkulose ist eine gefährliche Krankheit; sie trat damals häufig auf und endete in sehr vielen Fällen tödlich. Deshalb interessierten sich alle Leute für Kochs Entdeckung. Er wurde schnell in der ganzen Welt berühmt.

Außer dem Bakterium, das die Tuberkulose verursacht, hat Koch noch andere Krankheitserreger entdeckt. Seine wissenschaftlichen Methoden wurden die Grundlage für die Bekämpfung der Infektionskrankheiten. 1905 bekam Robert Koch den Nobelpreis für Medizin. Institute und Straßen tragen seinen Namen.

39. *Formen Sie die folgenden Sätze um. Bilden Sie Finalsätze.*

1. Für seine Experimente mit Bakterien richtete Koch ein Laboratorium in seinem Haus ein.
2. Er machte viele Experimente, weil er die Ursachen von Krankheiten finden wollte.
3. Für die Kultur seiner Bakterien musste Koch spezielle Nährlösungen herstellen.
4. Zur Identifizierung der verschiedenen Bakterien benutzte er Farbstoffe.
5. Koch entwickelte völlig neue Untersuchungsmethoden; sonst hätte er sein Ziel nicht erreicht.
6. Nicht weil er berühmt werden wollte, hat Koch jahrelang Tag und Nacht geforscht;
7. er brauchte unbedingt den Beweis, dass Tuberkulose durch ein Bakterium verursacht wird, sonst hätten ihm die Experten nicht geglaubt.
8. Man verwendete die Erkenntnisse Kochs für die Entwicklung von Medikamenten gegen Infektionskrankheiten.
9. Wenn man eine Infektionskrankheit gezielt behandeln will, muss man den Erreger kennen.
10. Auch einfache Leute lasen die Berichte über Kochs Entdeckung; sie wollten sich über die Heilungschancen bei Tuberkulose informieren.
11. Man hat Institute und Straßen nach Robert Koch benannt, weil der Name dieses bedeutenden Wissenschaftlers nicht vergessen werden soll.

1. Robert Koch richtete ein Laboratorium in seinem Haus ein, um …

4.6 Nominale Konzessiv-Angaben ↔ Konzessivsätze

Trotz *des Parkverbots* wird hier geparkt.
↔ ***Obwohl*** *das Parken verboten ist,* wird hier geparkt.

seltener:

Ungeachtet *aller Warnungen* } ist er allein getaucht. ↔ ***Obgleich*** } *ihn alle gewarnt hatten,*
Allen Warnungen ***zum Trotz*** } ist er allein getaucht. ↔ ***Obschon*** } ist er allein getaucht.

40. *Bilden Sie Konzessivsätze.*

1. Die Ärzte haben den Verletzten trotz einer sofortigen Operation nicht retten können.
   →
2. Trotz seiner Bemühungen macht er keine Fortschritte.
   →
3. Die Reisende wurde trotz ihrer Vorsicht bestohlen.
   →
4. Trotz langen Wartens bekam der Reporter kein Interview.
   →
5. Trotz der genauen Beschreibung des Weges fand sie das Hotel nicht.
   →
6. Trotz der hohen Arbeitslosenzahlen unternimmt die Regierung nichts.
   →
7. Die Straße ist trotz massiver Proteste der Geschäftsleute für den Autoverkehr gesperrt worden.
   →
8. Trotz vorsichtigen Fahrens hat er einen Unfall verursacht.
   →
9. Trotz der hohen Preise essen viele Leute in diesem Restaurant.
   →
10. Ungeachtet vieler Schwierigkeiten wurde das Projekt durchgeführt.
    →
11. Allen negativen Prognosen zum Trotz hat er die Wahl gewonnen.
    →
12. Trotz strenger Ausweiskontrollen sind Unbefugte in den Sicherheitsbereich gelangt.
    →

Weitere sprachliche Mittel zum Ausdruck der Konzessivbeziehung

trotzdem, dennoch, nichtsdestoweniger

Auf Bahnhöfen ist das Rauchen verboten; ***trotzdem*** sieht man Leute, die rauchen.

Der Arzt hat Eva vor dem Konsum von Drogen gewarnt; ***dennoch*** nimmt sie welche.

seltener:
Man hatte Schnee vorausgesagt; ***nichtsdestoweniger*** ist Peter auf den Berg gestiegen.

41.** **Formen Sie um. Bilden Sie Sätze mit „trotzdem“ oder „dennoch“.

1. Obwohl die Ampel Rot zeigte, fuhr das Taxi weiter.
   → *Die Ampel zeigte Rot; trotzdem fuhr das Taxi weiter.*
2. Maria hat die Prüfung nicht bestanden, obwohl sie sich gut vorbereitet hatte.

   →
3. Herr Lehmann ist trotz einer schweren Grippe zur Arbeit gegangen.

   →
4. Sie kann sich mit ihren drei Kindern keine Urlaubsreise leisten, auch wenn sie jetzt mehr verdient.

   →
5. Trotz der Gefährdung des Weltklimas werden immer noch Tropenwälder vernichtet.

   →
6. Obwohl die furchtbare Wirkung von Antipersonenminen bekannt ist, werden sie in einigen Ländern noch hergestellt.

   →

42.** **Formen Sie um. Bilden Sie nominale Konzessiv-Angaben mit „trotz“.

1. Das Wetter war sehr schlecht. Trotzdem fand die Freilichtaufführung statt.
   → *Trotz des sehr schlechten Wetters fand die Freilichtaufführung statt.*
2. Auf dieser kurvenreichen Straße wird immer wieder überholt, obwohl das Überholen verboten ist.

   →
3. Obgleich Lehmanns nur eine kleine Wohnung haben, laden sie immer viele Gäste ein.

   →
4. Unser Großvater ist sehr alt; dennoch macht er noch weite Reisen.

   →
5. Obwohl sich Paul sehr bemühte, hatte er keinen Erfolg bei seinen Bewerbungen.

   →
6. Das Dach wurde vor einem Jahr repariert; trotzdem ist der Dachboden nicht trocken geworden.

   →

*** 43. *Schreiben Sie den folgenden Text neu.***
Benutzen Sie jeweils die am Rande angegebenen Wörter.

Pech gehabt – Glück gehabt!

1. Obwohl ich spät schlafen gegangen war, stand ich am Morgen des Reisetages sehr früh auf. ***trotzdem***

. . . .

. . . .

2. Ich war rechtzeitig an der Bushaltestelle, aber es kam kein Bus. ***obgleich***

. . . .

3. Es hatte zwar einen Zeitungsbericht über einen bevorstehenden Streik der Busfahrer gegeben, aber ich hatte die Streikdrohungen nicht ernst genommen. ***trotz***

. . . .

. . . .

. . . .

4. Jetzt nahm ich ein Taxi zum Bahnhof. Obwohl der Taxifahrer mit halsbrecherischem Tempo durch die Stadt fuhr, war mein Zug schon weg. ***dennoch***

. . . .

. . . .

5. Ich musste einen anderen Zug nehmen. In den nächsten Intercity-Express stieg ich ungeachtet des hohen Zuschlags ein. ***obgleich***

. . . .

6. Der Zug kam erst drei Minuten vor Abflug meines Flugzeugs am Flughafen an; ich bin trotzdem noch zum Abfertigungsschalter gerannt. ***obwohl***

. . . .

. . . .

7. Obwohl der Schalter gerade geschlossen wurde, konnte ich noch einchecken. ***trotzdem***

. . . .

8. Meinen Koffer durfte ich trotz seiner Größe als Kabinengepäck bei mir behalten. ***obwohl***

. . . .

9. Trotz normalerweise strenger Kontrollen konnte ich unkontrolliert und ohne Zeitverlust zum Flugsteig gelangen. ***aber***

. . . .

. . . .

10. Dort stand mein Flugzeug noch mit geöffneten Türen! Es war zehn Minuten nach der Abflugzeit; trotzdem konnte ich noch einsteigen. ***obschon***

. . . .

. . . .

Und nach mir kam noch der Tourismusminister von Uranama! Auf ihn hatte das Flugzeug gewartet.

4.7 Nominale Konditional-Angaben ↔ Konditionalsätze

Bei *Regen* fahre ich morgen nicht mit dem Rad.	↔	***Wenn/Falls*** *es regnet*, fahre ich morgen nicht mit dem Rad. ***Regnet es****, *(dann)* fahre ich morgen nicht mit dem Rad.
Mit *etwas Glück* erreicht ihr den Zug noch.	↔	***Wenn*** *ihr etwas Glück habt*, erreicht ihr den Zug noch.
Nur mit *deiner Hilfe* können wir die Arbeit schaffen.	↔	***Nur wenn*** *du uns hilfst*, können wir die Arbeit schaffen. Wir können die Arbeit schaffen, ***sofern*** *du uns hilfst* ***vorausgesetzt, dass*** *du uns hilfst* ***vorausgesetzt,*** *du hilfst uns.*
Im Falle *einer Katastrophe* hilft das Rote Kreuz.	↔	***Ereignet sich*** *eine Katastrophe**, *(so)* hilft das Rote Kreuz.

negativ:

Ohne *die Unterschrift des Notars* ist der Vertrag ungültig.	↔	***Wenn*** *der Notar (den Vertrag)* ***nicht*** *unterschrieben hat*, ist der Vertrag ungültig. Der Vertrag ist ungültig, ***außer wenn*** *der Notar unterschrieben hat.* ***es sei denn,*** *dass der Notar unterschrieben hat.* ***es sei denn,*** *der Notar hat unterschrieben.*
Die Vereinigung von DDR und BRD *wäre* ***ohne*** *die Zustimmung Russlands* nicht möglich gewesen.	↔	Die Vereinigung von DDR und BRD wäre nicht möglich gewesen, ***wenn*** *Russland (ihr)* ***nicht*** *zugestimmt hätte.***

* uneingeleiteter Konditionalsatz (s. Clamer/Heilmann: Übungsgrammatik für die Grundstufe Nr. 9.5) Es gibt auch uneingeleitete Adversativsätze. (s. Nr. 4.11, S. 80)

** irrealer Konditionalsatz (s. Nr. 7.2.1, S. 103)

44. *Bilden Sie Konditionalsätze, auch in der uneingeleiteten Form.*

1. Teilen Sie uns bitte bei Umzug Ihre neue Adresse mit!

   →

2. Nur mit Zustimmung des Grundstücksnachbarn darf die Mauer gebaut werden.

   →

3. Ohne Benutzung eines Wörterbuchs können wir den Text nicht gut übersetzen.

   →

4. Im Falle einer Störung muss die Maschine sofort ausgeschaltet werden.

   →

5. Mit Ruhe und Geduld gelingt es einem manchmal, scheue Tiere zu beobachten.

   →

6. Wartungsarbeiten dürfen nur bei eingeschalteter Warnanlage durchgeführt werden.

   →

7. Bei extremer Hitze können sich Eisenbahnschienen verbiegen.

   →

8. In einem Gasthaus haben Kinder nur in Begleitung Erwachsener Zutritt.

   →

9. Bei Verwendung von Aluminium statt Stahl könnten die Autos um 40 % leichter werden.

   →

10. Ohne die finanzielle Unterstützung seiner Eltern kann er nicht im Ausland studieren.

   →

Weitere sprachliche Mittel zum Ausdruck der Konditionalbeziehung

(1) ***dann*** und – für den *negativen* Fall – ***sonst/ander(e)nfalls***

(Nur wenn du uns hilfst, schaffen wir die Arbeit.)
Du **musst** uns helfen; ***dann*** schaffen wir die Arbeit.
…; ***sonst*** schaffen wir die Arbeit *nicht*.

(Wenn ich mich beeile, erreiche ich den Zug noch.)
Ich **muss** mich beeilen, ***dann*** erreiche ich den Zug noch.
…; ***sonst*** erreiche ich den Zug *nicht mehr*.
…; ***andernfalls*** *verpasse* ich den Zug.

(***sonst/andernfalls*** s. auch Nr. 4.5, S. 63, und Übung 38)

45. ***Formen Sie um. Benutzen Sie a) „dann" und b) „sonst" bzw. „andernfalls".***

1. Man darf nur mit angelegtem Gurt losfahren.

   → a)

   → b)

2. Nur bei geöffneter Schranke darf man die Eisenbahngleise überqueren.

   → a)

   → b)

3. Ohne Reinigung der Abgase ist das Verbrennen von Müll problematisch.

   → a)

   → b)

4. Wenn man ohne Helm Motorrad fährt, riskiert man gefährliche Kopfverletzungen.

   → a)

   → b)
5. Wenn du dein Fahrrad abschließt, kann es nicht (so) leicht gestohlen werden.

   → a)

   → b)
6. Ohne schriftliche Anmeldung ist eine Teilnahme am Sprachkurs nicht möglich.

   → a)

   → b)
7. Nur bei Grün darf man über die Kreuzung fahren.

   → a)

   → b)

(2) ***sollte-***

(Wahrscheinlich habe ich morgen keine Zeit.)
Sollte *ich doch Zeit haben,* rufe ich dich an.
Wenn *ich doch Zeit haben* ***sollte***, …

(Sind die Teller schon abgewaschen?)
Sollten *die Teller noch nicht abgewaschen sein,* müssen wir uns sofort an die Arbeit machen.

*46. *Formen Sie um. Benutzen Sie „sollte-“.*

1. Falls Paul kommt, schickt ihn bitte zum Chef!

   →
2. Wenn das Wetter trocken bleibt, arbeite ich morgen im Garten.

   →
3. Kennt ihr ein Wort nicht, dürft ihr das Wörterbuch benutzen.

   →
4. Ohne Einverständnis des Vermieters dürfen Sie keine Satellitenantenne installieren.

   →
5. Wir müssen unseren Flug nach New York stornieren, es sei denn, wir bekommen morgen die Visa.

   →
6. Der Radschnellweg wird gebaut, sofern der Verkehrsminister das Geld dafür bewilligt.

   →

(3) **Feste Partizipial-Fügungen**

Ein Kriminalbeamter ist, ***anders ausgedrückt***, ein Polizist in Zivilkleidung.
→ Ein Kriminalbeamter ist, *wenn man es anders ausdrückt*, ein Polizist in Zivilkleidung.

Angenommen, *du verlierst im Ausland den Pass* – was machst du dann?
→ *Wenn man annimmt, dass du im Ausland den Pass verlierst* – was machst du dann?

Deutschland ist, ***verglichen mit*** *Russland*, ein kleines Land.
→ Deutschland ist ein kleines Land, *wenn man es mit Russland vergleicht*.

Gesetzt den Fall, *ich bekomme einen Job*, lasse ich mich nächstes Semester beurlauben.
→ *Falls ich einen Job bekomme*, lasse ich mich nächstes Semester beurlauben.

Andere Fügungen: *kurz gesagt; allgemein formuliert; genau genommen; so gesehen / betrachtet; grob geschätzt; rund gerechnet; bezogen auf; abgesehen von / abgesehen davon, dass; vorausgesetzt; kurz zusammengefasst*

*** 47.** ***Formen Sie um. Verwenden Sie feste Partizipial-Fügungen.***

1. Wenn man von den hohen Flugpreisen absieht, ist ein Urlaub in Australien nicht zu teuer.

   →
2. Im Vergleich zu Mitteleuropa ist Skandinavien sehr dünn besiedelt.

   →
3. Unter der Voraussetzung, dass die Hypothekenzinsen nicht steigen, ist unser Haus in fünf Jahren schuldenfrei.

   →
4. Die Werbeaktion unserer Firma war, wenn man es kurz zusammenfasst, ein voller Erfolg.

   →

48. ***Bilden Sie nominale Konditional-Angaben.***

1. Körper dehnen sich aus, wenn man sie erwärmt.

   →
2. Wenn man eine Seifenlösung schüttelt, bildet sich Schaum.

   →
3. Steigt der Kohlendioxidgehalt der Atmosphäre weiter an, so werden sich die mittleren Jahrestemperaturen deutlich erhöhen.

   →
4. Reparaturen dürfen nicht ausgeführt werden, wenn der Motor läuft.

   →

5. Beachtet man eine Verkehrsregel nicht*, dann muss man mit Bestrafung rechnen.

   →

6. Umbauten dürfen nur vorgenommen werden, sofern der Hausbesitzer dies erlaubt.

   →

7. Touristen dürfen die Höhle nur betreten, wenn ein Fremdenführer sie begleitet.

   →

8. Falls die Warnleuchte aufleuchtet, sofort die Heizung abstellen!

   →

9. Die Stadt Münster kann keinen Konzertsaal bauen, es sei denn, es gibt einen Zuschuss von der Landesregierung.

   →

10. Sollten die Arbeitslosenzahlen nicht deutlich zurückgehen, ist der soziale Friede in Gefahr.

    →

11. Wenn das Gepäck genauer kontrolliert worden wäre, hätte man die Drogen sicher entdeckt.

    →

* s. Nr. 11, Bsp. 3, S. 135

*** *49. Schreiben Sie den folgenden Text neu. Verwenden Sie die am Rand angegebenen sprachlichen Mittel, um die Konditionalbeziehung auszudrücken.***

1. Reines Wasser leitet den elektrischen Strom sehr schlecht. Wenn man das Wasser mit Schwefelsäure ansäuert, verbessert sich die Leitfähigkeit.	*uneingeleiteter Konditionalsatz*
2. Leitet man durch das angesäuerte Wasser elektrischen Strom, so entsteht an jeder der beiden Elektroden ein farbloses Gas.	*wenn*
3. Es kommt zu einer Verpuffung, wenn man das an der Kathode gebildete Gas, Wasserstoff, anzündet.	*uneingeleiteter Konditionalsatz*

4.	An der Anode wird Sauerstoff gebildet. Hält man einen glimmenden Holzspan in dieses Gas, so entzündet er sich.	*wenn*
5.	Bei der Verbrennung von Holz ist die Zufuhr von Sauerstoff nötig.	*wenn*
6.	Ohne Sauerstoffzufuhr erlischt die Flamme.	*müssen; sonst*
7.	Stellt man aus den bei der Elektrolyse entstandenen Gasen ein Gemisch her und entzündet es, so gibt es eine Explosion.	*wenn*
8.	Derselbe Vorgang läuft langsamer ab, wenn man Wasserstoff in Luftsauerstoff verbrennen lässt. Dabei wird Wasser gebildet.	*uneingeleiteter Konditionalsatz*
9.	Wird aus Wasserstoff und Sauerstoff Wasser gebildet, dann wird Energie frei.	*bei*
10.	Wenn Wasser elektrolytisch zerlegt wird, muss Energie zugeführt werden.	*bei*
11.	Will man zukünftig Autos mit Wasserstoff betreiben, muss Sonnenenergie für die Elektrolyse genutzt werden.	*falls*
12.	Sollte dieser Plan realisiert werden, würde die CO_2-Belastung der Atmosphäre stark verringert.	*bei*

4.8 Nominale Proportional-Angaben ↔ Proportionalsätze

(1) ***Je nach*** *Größe und Komfort* sind Wohnungen unterschiedlich teuer.	↔	*Je größer und komfortabler Wohnungen sind,* ***desto*****/*****umso*** *teurer* sind sie. Wohnungen sind ***umso*** *billiger,* ***je*** *kleiner und einfacher* sie sind.
Fachleute werden ***entsprechend*** *ihrer Qualifikation* bezahlt.	↔	***Je*** *qualifizierter* Fachleute sind, ***desto*****/** ***umso*** *besser* werden sie bezahlt.

(2) ***Je*** *größer und komfortabler* eine Wohnung ist, { ***desto*** *höher* ist die Miete, die man zahlen muss. / *eine* ***desto*** *höhere Miete* muss man zahlen.

Je *qualifizierter* jemand ist, { ***umso*** *höher* ist das Einkommen, mit dem er rechnen kann. / *mit einem* ***umso*** *höheren Einkommen* kann er rechnen.

- Im Proportionalsatz (= Nebensatz) steht ***je*** direkt vor dem Komparativ, im Hauptsatz steht ***desto*** oder ***umso*** direkt vor dem Komparativ.
- Normalerweise steht der Proportionalsatz vor dem Hauptsatz; im Hauptsatz steht dann die Personalform des Prädikats direkt hinter dem Proportionalglied.
- Wenn der Hauptsatz vor dem Proportionalsatz steht, benutzt man im Hauptsatz immer ***umso***.

50. *Bilden Sie Proportionalsätze.*

1. Die Autos fahren schnell; der Benzinverbrauch ist hoch.
   → *Je schneller die Autos fahren, desto höher ist der Benzinverbrauch.*
2. Die Berge sind hoch; die Temperaturen auf den Gipfeln sind niedrig.
   →
3. Die Lebensverhältnisse sind schlecht; die Lebenserwartung ist niedrig.
   →
4. Es gibt viele Hotels; man findet leicht ein Zimmer.
   →
5. Es kommen wenige Touristen; die Verdienstmöglichkeiten sind schlecht.
   →
6. Wenn ein Haus gut isoliert ist, ist der Energieverbrauch gering.
   →
7. Wenn die Sonne tief steht, sind die Schatten lang.
   →
8. Die Luft wird dünn, wenn man hoch steigt.
   →
9. Man muss viel trinken, wenn es heiß und trocken ist.
   →
10. Wenn man viele persönliche Probleme hat, ist der Studienerfolg gering.
   →

11. Es wird kalt; man muss warme Kleidung anziehen.
 →
12. Wenn eine Ausstellung interessant ist, wird sie von vielen Leuten besucht.
 →
13. Man baut viele Atomkraftwerke; man geht ein hohes Risiko ein.
 →
14. Wenn die Regenzeit lange dauert, kann man mit einer guten Ernte rechnen.
 →
15. Wenn ein Mensch alt wird, beschränkt er sich auf wenige Tätigkeiten.
 →
16. Wenn ein Quiz spannend ist, erweckt es ein großes Interesse bei den Zuschauern.
 →

*** *51.* *Beginnen Sie die Sätze aus Übung 50 jeweils mit dem Vordersatz „Es ist allgemein bekannt, dass ...“ .***

1. → *Es ist allgemein bekannt,* ***dass*** *der Benzinverbrauch* ***umso höher ist, je schneller*** *die Autos fahren.*
2. → ...

*** *52.* *Bilden Sie Proportionalsätze in verschiedenen Varianten.***

1. Energieverbrauch – Umweltprobleme
 → *Je höher der Energieverbrauch ist, umso mehr Umweltprobleme treten auf.*
 → *Je mehr Energie verbraucht wird, mit desto mehr Umweltproblemen muss man rechnen.*
 → *Es gibt umso mehr Umweltprobleme, je mehr Energie verbraucht wird.*
2. Verwendung von Energiesparlampen – Stromverbrauch
 →
 →
3. medizinische Versorgung – Kindersterblichkeit
 →
 →
4. Lebensverhältnisse – Lebenserwartung
 →
 →
5. Geschwindigkeit – Luftwiderstand
 →
 →
6. Kreditzinsen – Wohnungsbau
 →
 →

Weitere sprachliche Mittel zum Ausdruck einer proportionalen Beziehung

(1) ***abhängen von / sich richten nach / sich orientieren an*** (Abhängigkeit)

Die Höhe der Miete ***hängt*** *vom* Komfort der Wohnung ***ab***.
→ Je komfortabler eine Wohnung ist, desto höher ist die Miete.

Die Kraftfahrzeugsteuer ***richtet sich*** in Deutschland *nach* der Größe des Motors.
→ Die Kraftfahrzeugsteuer ist in Deutschland umso höher, je größer der Motor ist.

(2) ***steigen / zunehmen / wachsen / sich erhöhen – sinken / abnehmen / zurückgehen / sich verringern; sich verbessern – sich verschlechtern*** (Veränderung)

Wenn die Arbeitsbelastung ***zunimmt, erhöht sich*** die Fehlerhäufigkeit.
→ Je höher die Arbeitsbelastung ist, desto häufiger treten Fehler auf.

Mit ***zunehmender*** Umweltbelastung ***verringert sich*** die Lebensqualität.
→ Die Lebensqualität wird umso geringer, je mehr die Umweltbelastung zunimmt.

53. *Drücken Sie die Proportionalbeziehung mit den vorgegebenen Verben aus.*

1. Je höher Windräder sind, umso leistungsfähiger sind sie. (abhängen von)

   →

2. Viele Bürger fordern, die Kfz-Steuer solle umso niedriger sein, je geringer der Kraftstoffverbrauch des Fahrzeugs ist. (sich richten nach)

   →

3. Je größer und reiner ein Brillant ist, desto teurer ist er. (sich orientieren an)

   →

4. Das Arbeitslosengeld ist umso niedriger, je geringer der letzte Arbeitslohn war. (sich richten nach)

   →

5. Kinder haben umso bessere Bildungschancen, je höher der soziale Status ihrer Eltern ist. (abhängen von)

   →

6. Das Risiko eines Gendefekts bei einem Baby ist umso größer, je älter seine Eltern sind. (steigen)

   →

7. Je geringer das Steueraufkommen ist, desto weniger Mittel stehen für Investitionen zur Verfügung. (zurückgehen)

4.9 Nominale Modal-Angaben ↔ Modalsätze

Durch *zu scharfes Bremsen* verursachte er einen Auffahrunfall.	↔	***Dadurch, dass*** *er zu scharf bremste,* verursachte er einen Auffahrunfall.
Daten können ***durch*** *vorzeitiges Ausschalten des Computers* verloren gehen.	↔	Daten können ***dadurch*** verloren gehen, ***dass*** *man den Computer vorzeitig ausschaltet.*
Japaner begrüßen sich ***durch*** *Verbeugen.*	↔	Japaner begrüßen sich, ***indem*** *sie sich verbeugen.*

- Die Subjunktion ***dadurch, dass*** hat eine kausale Nebenbedeutung, und zwar meistens in Verbindung mit Vergangenheits-Tempora.
- Die Subjunktion ***indem*** hat eine instrumentale Nebenbedeutung, und zwar meistens in Verbindung mit Gegenwarts-Tempora.
- ***indem*** ist nur möglich, wenn in Haupt- und Nebensatz der „Täter" identisch ist.

54. ***Formen Sie die nominalen Modal-Angaben in Modalsätze um.***

1. Ich habe durch den Wechsel der Universität ein Semester gespart.

   →
2. Durch seinen Flug über den Atlantik 1927 wurde Charles Lindbergh berühmt.

   →
3. Verkehrsteilnehmer können das Unfallrisiko durch umsichtiges Verhalten verringern.

   →
4. Tag und Nacht kommen durch die Drehung der Erde um sich selbst zustande.

   →
5. Der Kaufhauskonzern will den Umsatz durch Erweiterung der Verkaufsfläche steigern.

   →
6. Durch den Einbau von Alarmanlagen ging die Zahl der Banküberfälle deutlich zurück.

   →
7. Durch Ihre Unterschrift haben Sie unsere Geschäftsbedingungen anerkannt.

   →
8. Der Konzern will die Mittel für die nötigen Investitionen durch die Ausgabe neuer Aktien beschaffen.

   →
9. Die Leitfähigkeit von Wasser erhöht sich durch die Zugabe von Säure.

   →
10. Mit (!) friedlichen Demonstrationen für größere Freiheit haben die Menschen in Ostdeutschland das Ende der Teilung Deutschlands bewirkt.

    →

4.10 Nominale Konsekutiv-Angaben ↔ Konsekutivsätze

Nominale Konsekutiv-Angaben sind selten; es sind fast ausschließlich formelhafte Äußerungen über Emotionen: Freude, Überraschung, Enttäuschung etc.

Nominale Konsekutiv-Angaben		Konsekutivsätze
Zur *Enttäuschung seiner Eltern* hat Emil die Prüfung nicht bestanden.	↔	Emil hat die Prüfung nicht bestanden, ***sodass*** *seine Eltern enttäuscht sind.*
Zu *Inas Überraschung* brachte ihr Mann Blumen mit.	↔	Inas Mann brachte Blumen mit, ***sodass*** *sie überrascht war.*
(keine nominale Entsprechung)		Susanne hat jetzt ein Notebook, ***sodass*** *sie ihren alten Computer nicht mehr braucht.*

Weitere sprachliche Mittel zum Ausdruck einer Konsekutivbeziehung

(1) ***so …, dass …; solch- …, dass …; dermaßen / derart …, dass …***

Es hat ***so/dermaßen*** *stark* geschneit, ***dass*** viele Straßen gesperrt werden müssen.
In den Bergen sind ***solche*** *Massen von Schnee* gefallen, ***dass*** Lawinengefahr besteht.
Die Situation auf den Straßen *ist **so** schlecht*, ***dass*** man vom Autofahren abraten muss.

(2) ***infolgedessen; folglich; also***

Tankwagen gelangen nicht mehr zu den Tankstellen; ***infolgedessen*** wird das Benzin knapp.
Die Eisenbahnschienen sind verschneit, die Oberleitungen vereist; ***folglich*** fahren auch keine Züge.
Der Verkehr ist völlig zusammengebrochen; ***also*** bleibt man am besten zu Hause.

(3) **„Negative" Konsekutivsätze: *zu …, um … zu + Inf. / zu …, als dass + Konj. II*** *

Paul sieht ***zu*** schlecht, ***um*** *Auto fahren **zu** können.* Paul sieht ***zu*** schlecht, ***als dass*** er Auto fahren ***könnte***.	↔	Paul sieht sehr schlecht, ***sodass*** *er nicht Auto fahren kann.* Paul sieht **so** schlecht, ***dass*** *er nicht Auto fahren kann.*
Diese Sache ist ***zu*** wichtig, ***als dass*** *man sie vergessen **dürfte**.* Diese Sache ist ***zu*** wichtig, ***um*** *vergessen **zu** werden.*	↔	Diese Sache ist außerordentlich wichtig, ***sodass*** *man sie keinesfalls vergessen darf.*
Das Wort „Tenne" ist ***zu*** ungebräuchlich, ***als dass*** *ein Ausländer es kennen **müsste**.*	↔	Das Wort „Tenne" ist ***so*** ungebräuchlich, ***dass*** *ein Ausländer es nicht kennen muss.*

*Zur Verwendung des Konjunktivs II s. Nr. 7.2, Seite 102

55. ***Formen Sie um. Bilden Sie Konsekutivsätze.***

1. Im Tal lag dicker Nebel; infolgedessen konnte man nur etwa zehn Meter weit sehen.
   →
2. Der Zug hatte Verspätung; so bekamen wir keinen Anschluss mehr nach Jena.
   →
3. Die Kleine hatte drei Stück Torte gegessen; folglich wurde ihr schlecht.
   →
4. Infolge familiärer Probleme musste sie ihr Studium unterbrechen.
   →
5. Morgen fallen alle Vorlesungen aus; da könnt ihr ausschlafen.
   →
6. Wir bekamen drei verschiedene Wegbeschreibungen – mit dem Ergebnis totaler Verwirrung!
   →
7. Herr Svenson hat ein lückenloses Alibi; also kommt er als Täter nicht in Frage.
   →

* **56.** ***Formen Sie um. Bilden Sie „negative" Konsekutivsätze mit „zu …, um … zu" / „zu …, als dass".***

1. Wir haben uns so sehr an die Smartphones gewöhnt, dass wir nicht mehr darauf verzichten können.
   →
2. Das Schachproblem ist so schwierig, dass ich es nicht lösen kann.
   →
3. Die Sätze sind so lang, dass man sie nicht behalten kann.
   →

* **57.** ***Formen Sie um. Bilden Sie Konsekutivsätze mit „so …, dass".***

1. Das Eis ist zu dünn, um darauf Schlittschuh laufen zu können.
   →
2. Dieser Politiker hat zu oft gelogen, als dass ich ihm noch glauben würde.
   →
3. Du bist noch nicht zu alt, um eine neue Sprache lernen zu können.
   →
4. Radikale politische Gruppen sind zu gefährlich, als dass man sie ignorieren dürfte.
   →
5. Die Gewinnung von Gold aus dem Meerwasser ist zu teuer, um praktisch genutzt werden zu können.
   →

4.11 Nominale Adversativ-Angaben ↔ Adversativsätze

Nominale Adversativ-Angaben		Adversativsätze
Im Vergleich zum *trockenen Sommer 2018* hatte es im Sommer 2017 viel geregnet.	↔	***Während*** *der Sommer 2018 trocken war,* hatte es im Sommer 2017 viel geregnet. *Hatte es im Sommer 2017 viel geregnet*,* ***so*** war der Sommer 2018 trocken.
In Großbritannien, Irland und Malta *wird* ***im Gegensatz zum*** *übrigen Europa* links gefahren.	↔	In Großbritannien, Irland und Malta wird links gefahren, ***während*** *man im übrigen Europa rechts fährt.*
Im Unterschied zu *der schwierigen französischen Orthographie* ist die spanische leicht.	↔	***Während*** *die französische Orthographie schwierig ist,* ist die spanische leicht.

* uneingeleiteter Adversativsatz s. 4.7 Anm., (S. 68)

* 58. *Formen Sie die Sätze um. Bilden Sie Adversativsätze.*

1. Im Unterschied zum französischsprachigen Québec spricht man im übrigen Kanada englisch.

   →
2. Im Gegensatz zu früher wird heute fast nur noch digital fotografiert.

   →
3. Im Vergleich zum Physikunterricht fand ich den Chemieunterricht immer interessant.

   →
4. Die Bundesregierung hält neue Autobahnen für nötig; die Umweltschutzverbände halten sie für überflüssig.

   →

Weitere sprachliche Mittel zum Ausdruck eines Gegensatzes

(1) ***aber, sondern, doch, jedoch, dagegen, demgegenüber, …***

Sabine ist Vegetarierin, ***aber/doch*** ihr Mann isst gern Fleisch.

Eine Regierungspartei hat viele Möglichkeiten, ihr Programm öffentlich darzustellen; eine Oppositionspartei hat ***dagegen/demgegenüber*** nur wenige.

59. *Bilden Sie a) nominale Adversativ-Angaben und b) Adversativsätze.*

1. In Südeuropa sind die Winter mild; in Osteuropa sind sie jedoch kalt.

   a) →

   b) →
2. Auf der Erde gibt es Leben; auf anderen Planeten scheint es kein(e)s zu geben.

   a) →

   b) →
3. Die Schweiz ist mehrsprachig: in Basel spricht man deutsch, in Genf französisch und in Lugano italienisch.

   b) →

(2) **„Negative" Adversativsätze: *anstatt … zu + Inf. / anstatt dass***

Anstatt *in den Ferien zu verreisen,* werden wir unsere Wohnung renovieren.	↔	*Wir werden in den Ferien* <u>*nicht*</u> *verreisen, sondern* unsere Wohnung renovieren.
Anstatt dass *die Lebensbedingungen in den Herkunftsländern der Flüchtlinge verbessert werden,* streiten die EU-Länder um Aufnahmequoten.	↔	*Die Lebensbedingungen in den Herkunftsländern werden* <u>*nicht*</u> *verbessert; stattdessen* streiten die EU-Länder um Aufnahmequoten.

60. Bilden Sie adversative Infinitivsätze mit „anstatt … zu".

1. Peter sitzt vor dem Fernseher. Er müsste eigentlich arbeiten.
   → *Peter sitzt vor dem Fernseher, anstatt zu arbeiten.*
2. Das Taxi ist weitergefahren. Es hätte eigentlich sofort anhalten müssen.
   →
3. Warum seid ihr nicht mit der U-Bahn gefahren? Warum habt ihr ein Taxi genommen?
   →
4. Ali müsste eigentlich zum Arzt gehen. Stattdessen nimmt er seit Tagen schmerzstillende Mittel.
   →
5. Du solltest die Hilfe unentgeltlich leisten. Du solltest dich nicht bezahlen lassen.
   →
6. Ich hätte mir eigentlich einen neuen Computer kaufen müssen. Ich habe das Geld (aber) für meine Ferienreise ausgegeben.
   →

4.12 Nominale Komitativ-Angaben ↔ Komitativsätze

Unter *lautem Protest* verließ die Opposition den Sitzungssaal.	↔	Die Opposition verließ den Sitzungssaal, ***wobei*** *sie laut protestierte.*
Erhitztes Kupferoxid reagiert mit Wasserstoff ***unter*** *Bildung von Wasser und elementarem Kupfer.* ($CuO + H_2 = Cu + H_2O$)	↔	Erhitztes Kupferoxid reagiert mit Wasserstoff, ***wobei*** *sich Wasser und elementares Kupfer bilden.*

- Komitativ-Angaben nennen die Begleitumstände einer Handlung bzw. eines Vorgangs.
- Komitativsätze stehen immer hinter dem Hauptsatz.
- Sie haben die Form von weiterführenden Nebensätzen. (s. Nr. 5, S. 86)

*** *61. Bilden Sie Komitativsätze.***

1. Unter dem Applaus der Zuschauer führte der Zauberer seine Kunststücke vor.
   →
2. Sondermüll muss unter Beachtung strenger Sicherheitsvorschriften auf speziellen Deponien gelagert werden. →

3. Die Gerichtsverhandlung hat gestern unter Ausschluss der Öffentlichkeit stattgefunden.

   →

4. Im Verlauf einer HIV-Erkrankung zerfallen T-Zellen unter Freisetzung neuer Viren.

   →

5. Bei schwachen Basen wie Ammoniak reagiert nur ein sehr kleiner Teil mit Wasser unter Bildung von Ionen.

   →

6. Die Synthese körpereigener Proteine findet in den Zellen unter Energieverbrauch statt.

   →

7. Unter Verzicht auf weitere Diskussionen wurde das Gesetz in 3. Lesung verabschiedet.

   →

8. Die Asylbewerber protestierten unter Berufung auf das Grundgesetz gegen ihre geplante Abschiebung.

   →

Weitere sprachliche Mittel zur Darstellung einer Komitativbeziehung

(1) **Partizipialkonstruktionen**

Die Opposition verließ ***protestierend*** den Sitzungssaal.

Nervös in seinen Unterlagen ***blätternd***, wartete der Angeklagte auf den Beginn der Verhandlung.

Die Hände tief in den Taschen ***vergraben***, wanderte Michael durch den verschneiten Wald.
(satzwertige Partizipialkonstruktionen, s. Nr. 17.3.2, S. 163)

(2) **„Negative" Komitativbeziehung: *ohne* ... *zu* + *Inf.* / *ohne dass***

Ich habe den Mietvertrag unterschrieben, ***ohne*** *lange* ***zu*** überlegen.	↔	Ich habe den Mietvertrag unterschrieben; ich habe <u>nicht</u> lange überlegt. (1 Subjekt)
Zwei Personen verließen den Raum, ***ohne dass*** *es bemerkt wurde/worden wäre.*	↔	Zwei Personen verließen den Raum; es wurde <u>nicht</u> bemerkt. (2 Subjekte)

62. Formen Sie um. Bilden Sie Nebensätze mit „ohne ... zu" bzw. „ohne dass".

1. Der Arzt hat mich am Zeh operiert; ich musste dafür nicht ins Krankenhaus.

   →

2. Paul hat mein Fahrrad benutzt; gefragt hat er mich nicht!

   →

3. Jan hat ein Päckchen für Mario mitgenommen; er wusste nicht, dass Heroin drin war.

   →

4. Du musst lernen zu verlieren; du darfst dich nicht ärgern!

   →

5. Plötzlich war die Straße zu Ende; kein Schild hatte darauf hingewiesen.

   →

4.13 Nominale Referenz-Angaben ↔ Referenzsätze

Nach *Meinung/Ansicht der Steuerzahler* verschwendet die Regierung jährlich viele Milliarden.	↔	***Wie*** *die Steuerzahler meinen,* verschwendet die Regierung jährlich viele Milliarden.
Das Gebäude wurde ***entsprechend*** *den ursprünglichen Plänen restauriert.*	↔	Das Gebäude wurde (so) restauriert, ***wie*** *es den ursprünglichen Plänen entsprach.*
Laut *ärztlichem Attest* leidet Frau Li an Hepatitis A.	↔	***Wie*** *das ärztliche Attest besagt,* ***Wie*** *aus dem ärztlichen Attest hervorgeht,* ***Wie*** *aus dem ärztlichen Attest ersichtlich ist,* leidet Frau Li an Hepatitis A.
Gemäß *dem ElektroG* dürfen Elektrokleingeräte nicht über den Hausmüll entsorgt werden.	↔	***Wie*** *das ElektroG (Elektrogesetz) besagt,* dürfen Elektrokleingeräte nicht über den Hausmüll entsorgt werden.
Einer Pressemeldung ***zufolge*** will der Innenminister zurücktreten.	↔	***Wie*** *es in einer Pressemeldung heißt/hieß,* will der Innenminister zurücktreten.

63. Formen Sie die Sätze um. Bilden Sie Referenzsätze.

1. Männer und Frauen sind in Deutschland laut Artikel 3 des Grundgesetzes gleichberechtigt.

   →

2. Den Zahlen des Statistischen Bundesamtes zufolge beträgt in Deutschland die mittlere Lebenserwartung bei Frauen 83,2 Jahre, bei Männern 78,4 Jahre.

   →

3. Nach Mitteilung des Außenministeriums befinden sich unter den Opfern des Flugzeugabsturzes keine Deutschen.

   →

4. Gemäß § 1 StVO hat sich jeder Verkehrsteilnehmer rücksichtsvoll zu verhalten.

   →

** 64. Bilden Sie nominale Referenz-Angaben.*

1. Wie eine Umfrage ergeben hat, gehört für zwei Drittel der Deutschen ein Tannenbaum zum Weihnachtsfest.

   →

2. Wie mehrere Zeugen in der Gerichtsverhandlung aussagten, hat der Angeklagte kein Messer in der Hand gehabt.

   →

3. Wie aus dem Wetterbericht hervorgeht, werden in der kommenden Nacht die Temperaturen unter den Gefrierpunkt sinken.

   →

4. Der Staatspräsident soll an Krebs erkrankt sein, wie unbestätigte Berichte besagen.
   →
5. Die Inflationsrate betrug im Juli 1,2%; so eine Mitteilung des Statistischen Bundesamtes.
   →

65. *Formen Sie den Text um. Verwenden Sie statt nominaler Angaben die entsprechenden Angabesätze.*

Ausländische Studienbewerber*innen, die zur Aufnahme eines Studiums nach Deutschland kommen wollen, haben vor ihrer Einreise in die Bundesrepublik und vor dem Beginn ihres Studiums mehrere Dinge zu beachten. Nur bei Vorliegen einer Studienberechtigung in ihrem Heimatland können sie mit einer Zulassung an einer deutschen Hochschule rechnen. Sie müssen als ersten Schritt einen Zulassungsantrag an die gewünschte Hochschule bzw. die Servicestelle *uni-assist* in Berlin richten. Der Antrag erfolgt auf einem besonderen Formblatt und kann i. d. R. auch online gestellt werden. Er muss vor Ablauf der Zulassungsfristen (unterschiedlich; oft am 15. Januar bzw. 15. Juli) im Rektorat eingehen. Bei fehlenden oder unvollständigen Angaben wird der Antrag nicht bearbeitet. Sind die Angaben vollständig, wird die Bewerberin / der Bewerber nach der Bearbeitung des Antrags durch die Zulassungsbehörde über die Zulassung bzw. Ablehnung informiert. Studienbewerber*innen, die aufgrund des unterschiedlichen Ausbildungssystems im Herkunftsland ein Vorstudium zu absolvieren haben, müssen zunächst ein Studienkolleg besuchen. Während des Besuchs des Studienkollegs haben sie den Status einer/eines Studierenden.

*Ausländische Studienbewerber*innen, die nach Deutschland kommen wollen, um ...*

66. *Formen Sie die Angabesätze in nominale Angaben um.*

1. Nachdem Kolumbus Amerika „entdeckt" hatte, ging die Bedeutung Venedigs zurück.
   → *Nach der „Entdeckung" Amerikas durch Kolumbus ging die Bedeutung Venedigs zurück.*
2. Seitdem eine Klimaanlage eingebaut worden ist, sind die Temperaturen auch im Hochsommer erträglich.
   →
3. Weil es unterschiedliche Zulassungsbedingungen gibt, studieren einige meiner Freunde an der Fachhochschule, andere an der Universität.
   →
4. Sobald die Eingangstore geöffnet wurden, strömten die Fußball-Fans in das Stadion.
   →
5. Obgleich seine Lage aussichtslos war, kämpfte Paul um die Revision seines Prozesses.
   →
6. Der Asylbewerber musste das Land verlassen, nachdem sein Antrag endgültig abgelehnt worden war.
   →
7. Dadurch, dass man auf aufwendige Verpackung verzichtet, kann die Müllmenge reduziert werden. →

8. Als ihr erstes Kind geboren wurde, waren sie noch sehr jung.

   →

9. Wir waren nach Paris gefahren, um an der Eröffnung des neuen Picasso-Museums teilzunehmen.

   →

10. Die Straße kann nicht befahren werden, bis die Bauarbeiten beendet sind.

    →

11. Die Straße bleibt vorläufig gesperrt, damit weitere Unfälle vermieden werden.

    →

12. Dadurch, dass Roboter der neuesten Generation eingesetzt werden, konnten die Produktionskosten weiter gesenkt werden.

    →

13. Während die Lastwagenfahrer streikten, ruhte der gesamte Fernverkehr.

    →

14. Weil Schwierigkeiten zu erwarten sind, sollten Sie sehr früh am Flughafen sein!

    →

15. Ein Fahrgast verhinderte das Unglück, indem er die Notbremse betätigte.

    →

* 67. *Wandeln Sie um.*

1. Wenn man eine Fertigpackung kauft, weiß man nie, ob das tatsächliche Gewicht dem angegebenen Füllgewicht entspricht.

   →

2. Trotz Überprüfung durch verschiedene Ämter versuchen einige Hersteller zu mogeln.

   →

3. Über 15 % der offenen Verpackungen mit Obst, Gemüse und Kartoffeln wurden wegen deutlicher Unterschreitung des angegebenen Gewichts beanstandet.

   →

4. Bei diesen Verpackungen ist die Kontrolle für den Verbraucher durch Nachwiegen der Ware im Laden leicht möglich.

   →

5. Um das genaue Gewicht einer Ware zu ermitteln, muss man außerdem nach dem Wiegen noch das Gewicht der Verpackung berücksichtigen.

→

6. Verbraucherverbände protestieren dagegen, dass zur Einsparung von Kosten die Zahl der Kontrollen herabgesetzt wurde.

→

7. Nach Ansicht vieler Verbraucher würden die Hersteller bei höheren Strafen für Verstöße sorgfältiger arbeiten. →

5 Weiterführende Nebensätze

(1) Elvira singt laut. **Das** (= ihr lautes Singen) stört manchmal die anderen Hausbewohner.
→ Elvira singt laut, ***was*** manchmal die anderen Hausbewohner stört.

Paul hilft den Nachbarn. **Das** (= seine Hilfe für die Nachbarn) finde ich gut.
→ Paul hilft den Nachbarn, ***was*** ich gut finde.

(2) Man muss die Miete im Voraus zahlen. **Damit** (= mit der Vorauszahlung der Miete) hatte ich nicht gerechnet.
→ Man muss die Miete im Voraus zahlen, ***womit*** ich nicht gerechnet hatte.

Elvira will Paul heiraten. Alle wundern sich **darüber** (= über diese Heiratsabsicht).
→ Elvira will Paul heiraten, ***worüber*** sich alle wundern.

(3) Er erzählte mir seine Lebensgeschichte. **Dabei** (= beim Erzählen seiner Lebensgeschichte) sah er mich ernst an.
→ Er erzählte mir seine Lebensgeschichte, ***wobei*** er mich ernst ansah.

Wir haben mit ihm zu Mittag gegessen. **Danach** (= nach dem gemeinsamen Mittagessen) verabschiedete er sich von uns.
→ Wir haben mit ihm zu Mittag gegessen, ***wonach*** er sich von uns verabschiedete.

Herr Schleyer ist Diabetiker: **Deswegen** hat er auf den Kuchen verzichtet.
→ Herr Schleyer ist Diabetiker, ***weswegen*** er auf den Kuchen verzichtet hat.

- Weiterführende Nebensätze sind eine besondere Gruppe von Nebensätzen. Sie beziehen sich nicht auf eine einzelne Information, sondern auf den gesamten Inhalt des Hauptsatzes, der immer vor dem Nebensatz steht.
- Die inhaltliche Beziehung zwischen Nebensatz und Hauptsatz ist sehr locker. Bei der entsprechenden Konstruktion mit zwei Hauptsätzen könnte man diese mit *und* bzw. *aber* verbinden:
Elvira singt laut, und das stört manchmal die anderen Hausbewohner.
- Im weiterführenden Nebensatz erhält das Wort, das die Beziehung zum Hauptsatz herstellt, die *w*-Form: **das** → ***was***, **da**mit → ***wo****mit*, **des**halb → ***wes****halb* usw.
- Innerhalb des Nebensatzes sind diese Wörter entweder Ergänzungen [Nominativ-Ergänzung = *Subj*, *AkkErg* (1) bzw. *PräpErg* (2)] oder Angaben [*TempA*, *KausA*, *ModA* usw. (3)].

68. *Setzen Sie passende w-Pronomen ein.*

1. Peter hat mir beim Aufräumen geholfen, ______________ ich ihm dankbar bin.
2. Im Mai fliegt Sally zu ihren Eltern nach Texas, ______________ sie sich schon lange freut.
3. Die Universität beantwortet meine Briefe nicht, ______________ ich überhaupt nicht verstehe.
4. Die Miete ist um 20% erhöht worden, ______________ ich mich sehr ärgere.
5. Als Sekretärin muss man fehlerfreie Briefe schreiben können, ______________ Anna nur selten gelingt.
6. Tim wollte die Erbschaft nicht mit seiner Schwester teilen, ______________ diese natürlich nicht einverstanden war.
7. Die Gefangenen waren drei Wochen im Hungerstreik, ______________ sie noch sehr geschwächt sind.
8. Jens spendet regelmäßig Blut, ______________ er sich immer eine Stunde ausruhen muss.
9. Abends korrigiert Frau Knöf die Hefte ihrer Schüler, ______________ sie meistens Jazzmusik hört.
10. Alexander sagt, dass er sich intensiv auf seine Mathematikklausur vorbereitet, ______________ er das Auswendiglernen von Formeln versteht.
11. In der Werkstatt hat man uns fest versprochen, der Wagen sei morgen fertig, ______________ man sich aber nicht verlassen kann.
12. Ständig kritisiert Stefan die Arbeit der Kollegen, ______________ er sich selber schadet.
13. Ihre guten Tipps haben mir sehr geholfen, ______________ ich Ihnen herzlich danken möchte.
14. Gewissenlose Händler haben mit Mineralöl verunreinigtes Olivenöl verkauft, ______________ sie hoffentlich streng bestraft werden.
15. Gestern wurde in der Konzerthalle BEETHOVENS 9. Sinfonie aufgeführt, __________ ich leider erst heute Morgen erfahren habe.

* 69. *Bilden Sie aus den Hauptsatz-Nebensatz-Konstruktionen der Übung 68 nun jeweils zwei Hauptsätze.*

1. Peter hat mir beim Aufräumen sehr geholfen. ***Deshalb*** *bin ich ihm dankbar.*
2. Im Mai fliegt Sally …
3. …

6 Attribute

6.1 Übersicht

(1) **Vorangestellte Attribute („Linksattribute")**

Adjektivattribut	die *vorige* Woche
Partizipialattribut	
Partizip I	die *kommende* Woche
Partizip II	die *vergangene* Woche
modales Partizip	die *zu lösende* Aufgabe
Genitivattribut*	*Peters* Eltern; *Evas* Freund

*nur bei Namen!

(2) **Nachgestellte Attribute („Rechtsattribute")**

Genitivattribut	das Haus *meines Vaters*; die Hauptstadt *Österreichs*
Präpositionalattribut	das Haus *an der Ecke*
Adverbialattribut	das Haus *dort drüben*
Apposition	auf dem Eiffelturm, *dem Wahrzeichen von Paris*, …
Nebensätze	
Relativsatz	Die Frage, *die du mir gestellt hast*, …
Infinitivsatz	Die Chance, *einen Arbeitsplatz zu finden*, …
dass-Satz	Die Tatsache, *dass die Preise steigen*, …
indirekter Fragesatz	Die Frage, *ob so etwas sinnvoll ist*, …
	Die Überlegung, *wie man den Park neu gestalten könnte*, …

70. Bestimmen Sie die Attribute.

1. Ich suche ein ruhiges Zimmer. (*Adjektivattribut*)
2. Gestern kam der Brief, auf den ich so lange gewartet hatte.
3. Durch die Bewässerung der Felder erhöhte sich der Ernteertrag.
4. Er ist in Bogotá, der Hauptstadt Kolumbiens, geboren.
5. Für unverlangt eingesandte Manuskripte wird keine Gewähr übernommen.
6. Ich habe GOETHES Romane noch nicht gelesen.
7. Dieses Buch hier gehört mir nicht.
8. Die Unsicherheit, wie sich die wirtschaftliche Lage entwickeln wird, ist groß.
9. Der Bedarf an Energie wird vermutlich weiter zunehmen.
10. Euro-Scheine gelten als schwer zu fälschende Banknoten.
11. Die Sorge, dass ihr etwas zugestoßen sein könnte, hat mich nicht schlafen lassen.
12. Wir kommen mit dem uns zur Verfügung stehenden Geld nicht aus.
13. Unsere Bemühungen, eine Wohnung zu finden, sind bis jetzt erfolglos geblieben.

6.2 Linksattribute → Relativsätze

An einem während der Semesterferien in Greifswald veranstalteten Kongress nahmen über 400 aus aller Welt angereiste Herzchirurg*innen teil. Zu Beginn des Kongresses hielt Prof. Korda in der voll besetzten Aula der Universität einen für alle Teilnehmer*innen sehr informativen Vortrag. Er berichtete über die auf dem Gebiet der Herztransplantation weiterhin bestehenden Schwierigkeiten.

In der sich an den Vortrag anschließenden Diskussion konnte der Referent auf einige an ihn gestellte Fragen nur sehr allgemein antworten. Er erklärte sich aber bereit, diese ohne gründliche Recherchen nicht zu beantwortenden Fragen in einer Stellungnahme am Ende des Kongresses zu behandeln.

71. ***a) Unterstreichen Sie alle Linksattribute und benennen Sie sie.***
b) Versuchen Sie, diese Attribute in Relativsätze umzuformen.

An einem Kongress, der ...

Linksattribute → Relativsätze

(1) Der Chirurg hielt einen *für alle Teilnehmer*innen sehr* ***informativen*** Vortrag.
→ Der Chirurg hielt einen Vortrag, *der für alle Teilnehmer*innen sehr* ***informativ war***.

(2) a) Er berichtete über die *auf dem Gebiet der Herztransplantation weiterhin* ***bestehenden*** Schwierigkeiten.
→ Er berichtete über die Schwierigkeiten, *die auf dem Gebiet der Herztransplantation weiterhin* ***bestehen***.

b) In der ***sich*** *daran* ***anschließenden*** Diskussion wurden viele Fragen gestellt.
→ In der Diskussion, *die* ***sich*** *daran* ***anschloss***, wurden viele Fragen gestellt.

(3) a) 1. Der Redner beantwortete nicht alle *an ihn* ***gestellten*** Fragen sofort.
→ Der Redner beantwortete nicht alle Fragen, *die an ihn* ***gestellt wurden***, sofort.

2. Er hielt seinen Vortrag in der *voll* ***besetzten*** Aula.
→ Er hielt seinen Vortrag in der Aula, die *voll* ***besetzt war***.

b) Es waren über 400 *aus aller Welt* ***angereiste*** Herzchirurg*innen anwesend.
→ Es waren über 400 Herzchirurg*innen anwesend, *die aus aller Welt* ***angereist waren***.

(4) Auf *nicht einfach* ***zu beantwortende*** Fragen wollte er später schriftlich eingehen.
→ Auf Fragen, *die nicht einfach* ***zu beantworten waren***, wollte er später schriftlich eingehen.

im Linksattribut: → **im Relativsatz:**
(1) Adjektiv → *sein* + Adjektiv
(2) Partizip I → Verb im Aktiv < a) Präsens / b) Gleichzeitigkeit
(3) Partizip II < a) Verb im Passiv < 1. *werden*-Passiv / 2. *sein*-Passiv } (nur Verben mit *AkkErg* !)
b) Verb im Aktiv: Vorzeitigkeit (Verben mit *sein*-Perfekt!)
(4) modales Partizip → *sein* + *zu* + Infinitiv
– die übrigen Teile des Attributs werden nicht verändert!

6.2.1 *werden*-Passiv oder *sein*-Passiv?

(1) Warum öffnest du die *eben von mir geschlossene* Tür wieder?
→ Warum öffnest du die Tür wieder, *die eben von mir* ***geschlossen wurde***?

Hast du die *durch das letzte Erdbeben zerstörte* Stadt gesehen?
→ Hast du die Stadt gesehen, *die durch das letzte Erdbeben* ***zerstört worden ist***?

***werden*-Passiv:** Die Handlung bzw. der Vorgang ist wichtig („Vorgangspassiv"). Oft werden Modalitäten (Umstände) genannt, die mit „wann?" / „von wem?" / „wie?" etc. erfragt werden können.

(2) Er steht vor einer *geschlossenen* Tür.
→ Er steht vor einer Tür, *die* ***geschlossen ist***.

Wir fuhren durch eine *seit langer Zeit zerstörte* Stadt.
→ Wir fuhren durch eine Stadt, *die seit langer Zeit* ***zerstört ist/zerstört war***.

***sein*-Passiv:** Das Resultat des Vorgangs, der Zustand ist wichtig („Zustandspassiv"). „Täter" und Modalitäten spielen keine Rolle. Das Partizip II hat häufig den Charakter eines Adjektivs. Oft kann man die Frage „seit wann?" stellen. (*sein*-Passiv s. 10.2, S. 131)

72. *Formen Sie um. Bilden Sie Relativsätze im Passiv.*

1. Den von Ihnen verfassten Text habe ich noch nicht gelesen.

   →

2. Nur langsam kamen die Rettungsfahrzeuge auf den mit Vulkanasche bedeckten Straßen voran.

   →

3. Im Versandhandel kann man auch für den Betrieb in Deutschland nicht zugelassene Funkgeräte bestellen.

   →

4. Sie hielten sich in dem für Nichtschwimmer gesperrten Teil des Schwimmbads auf.

   →

5. Die für die Stahlproduktion verwendete Kohle muss importiert werden.

   →

6. In dem Ende letzten Jahres veröffentlichten Bericht wurde auf die steigende Lebenserwartung hingewiesen.

   →

7. Legen Sie bitte nur die alphabetisch geordneten Anträge auf meinen Schreibtisch – nicht die anderen!

   →

8. Im Hochwassergebiet hat sich die Lage in den seit mehr als zwei Wochen überschwemmten Dörfern weiter verschlechtert.

   →

9. Die Nahrungsmittelversorgung der völlig von der Außenwelt abgeschnittenen Bevölkerung ist sehr schwierig.

   →

10. Die per Bahn oder Lkw bis in die Nähe des Katastrophengebiets beförderten Güter müssen mit dem Hubschrauber weiter verteilt werden.

   →

6.2.2 Modales Partizip (*zu* + Partizip I) → Relativsatz

Dies ist eine *noch zu klärende Frage.*

→ Dies ist eine Frage,
a) *die noch **zu** klären **ist.***
b) *die noch geklärt werden **muss.***

Kennen Sie das hier einzusetzende Wort?

→ Kennen Sie das Wort,
a) *das hier ein**zu**setzen **ist?***
b) *das hier eingesetzt werden **soll?***

Dies war ein kaum zu lösendes Problem.

Dies war ein Problem,
a) *das kaum **zu** lösen **war.***
b) *das kaum gelöst werden **konnte.***

> Das modale Partizip entspricht dem Passiv mit Modalverb.
> (Weitere Umschreibungsmöglichkeiten s. Ü 105, S. 130)

73. *Formen Sie um.*

1. Ich habe mir vorhin das nur an Nichtraucher zu vermietende WG-Zimmer angesehen.
   → a) *Ich habe mir vorhin das WG-Zimmer angesehen, das nur an Nichtraucher zu vermieten ist.*
   → b) *Ich habe mir vorhin das WG-Zimmer angesehen, das nur an Nichtraucher vermietet werden soll.*
2. Nennen Sie mir bitte die zu unterstreichenden Wörter!
   → a)
   → b)
3. Die schon seit längerem zu befürchtende Verschlechterung ihres Gesundheitszustandes ist leider eingetreten.
   → a)
   → b)
4. Die nicht mehr zu verlängernden Leasingverträge für unsere Firmenfahrzeuge laufen Ende des Jahres aus.
   → a)
   → b)
5. Er hat mir ein nicht misszuverstehendes Zeichen gegeben.
   → a)
   → b)
6. Die bei der Tour de France zurückzulegende Gesamtstrecke beträgt rund 4000 km.
   → a)
   → b)
7. Ich habe die an die Versicherung zu zahlenden Beiträge bereits überwiesen.
   → a)
   → b)
8. Die etwa 20 noch zu korrigierenden Tests lege ich Ihnen später auf den Schreibtisch.
   → a)
   → b)
9. Nicht mehr zu reparierende Computer müssen als Elektronikschrott entsorgt werden.
   → a)
   → b)
10. Die Sperrung betrifft einen wegen seiner Unübersichtlichkeit nur schwer zu schützenden Bereich des Flughafens.
    → a)
    → b)

74. *Formen Sie die markierten Linksattribute in Relativsätze um.*

1. Viele an einer Spezialausbildung interessierte Wissenschaftler müssen für einige Zeit ins Ausland gehen.

   →

2. Wegen der starken, oft das Angebot übersteigenden Nachfrage nach Studienplätzen können nicht alle, die sich bewerben, einen Studienplatz erhalten.

   →

3. Die Studienbewerber*innen sollten sich bemühen, nur vollständig und richtig ausgefüllte Anträge auf Zulassung an die sie interessierende Universität zu schicken.

   →

4. Alle rechtzeitig eingereichten Anträge werden von den Sachbearbeitern überprüft.

   →

5. Zu spät eingegangene Anträge können nicht mehr berücksichtigt werden.

   →

6. Einige Universitäten versuchen, die zwar seit langem bestehenden, den Studienbeginn aber oftmals verzögernden festen Bewerbungstermine flexibler zu gestalten.

   →

7. Trotz der im Ausland zu erwartenden Schwierigkeiten verlassen viele Menschen aus Not ihre Heimat.

   →

8. So muss die unter den Kämpfen leidende Zivilbevölkerung aus Kriegs- und Bürgerkriegsgebieten fliehen.

   →

9. Auch von der Geheimpolizei verfolgte Menschen gehen oft in die Emigration.

   →

10. Die in der vergangenen Woche nach Deutschland eingereisten Pakistaner haben
    a) um politisches Asyl gebeten.

       →

    b) Deutschland bereits wieder verlassen.

       →

11. Die bis auf wenige Ausnahmen mittellosen Flüchtlinge bekommen Sozialhilfe.

    →

12. Wegen der in den letzten Jahren stark angestiegenen Zahl von Sozialhilfeempfänger*innen wird die finanzielle Situation der Kommunen immer schwieriger.

    →

*** 75. *Formen Sie um.***

1. Auf einer kurzfristig einberufenen und daher nur von wenigen Journalisten besuchten Pressekonferenz wurde gestern der erste Teil einer Studie zur Veränderung des Kauf- und Freizeitverhaltens vorgestellt.
→

2. Die bereits seit zwei Jahren laufenden, interdisziplinär durchgeführten Untersuchungen sind außerordentlich umfangreich.
→

3. Von den Vertretern der an der Durchführung des Projekts beteiligten Forschungseinrichtungen wurde besonders die gute Zusammenarbeit hervorgehoben.
→

4. Das von der Wirtschaft angeregte und finanziell unterstützte Forschungsvorhaben soll Ende nächsten Jahres abgeschlossen werden.
→

5. Von der Studie erhoffen sich Handel und Tourismusindustrie genaue Aussagen über die für die nähere Zukunft zu erwartenden Trends und Entwicklungen im Konsumverhalten.
→

---

6. Leider muss die für den nächsten Dienstag angekündigte und bereits mehrfach verschobene Informationsveranstaltung endgültig abgesagt werden.
→

7. Grund dafür sind nicht zu behebende Terminschwierigkeiten der Referenten.
→

8. Die für die Studienplanung wichtigsten Informationen können aber ab sofort im Internet abgefragt werden.
→

9. Sie sind auch in einer ab Semesterbeginn im Sekretariat kostenlos erhältlichen Broschüre zusammengestellt.
→

10. Außerdem wird auf die in den einzelnen Instituten aushängenden Informationen zu Sprechstunden bzw. zu Studienberatungsterminen hingewiesen.
→

Exkurs: Klammerbildung

Ein typisches Merkmal des Deutschen ist die Klammerbildung: Teile, die eigentlich zusammengehören, werden (im Satz) weit voneinander getrennt wie z. B. die Prädikatsteile im Aussagesatz (Pos. 2 und Satzende, s. Nr. 14 Satzgliedgestellung, S. 153). Die gleiche Erscheinung finden wir auch bei umfangreichen Linksattributen.

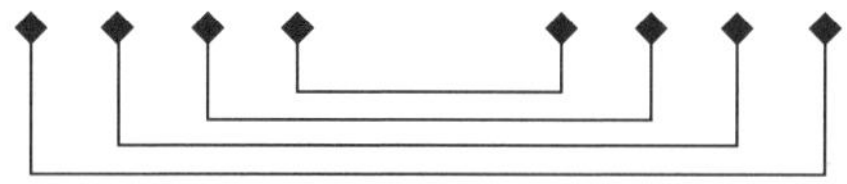

Wir messen die Stärke des durch den Widerstand fließenden Stroms.

Wir messen die Stärke **des** *durch den Widerstand* ***fließenden*** **Stroms.**

Man misst die an dem in die Schaltung eingesetzten Widerstand anliegende Spannung.

Man misst **die** **an dem** *in die Schaltung* ***eingesetzten*** **Widerstand** ***anliegende*** **Spannung.**

Die aus mehreren Wörtern bestehenden und in der deutschen Sprache sehr verbreiteten Komposita bereiten vielen Lernenden große Schwierigkeiten.

Die *aus mehreren Wörtern* ***bestehenden*** *und in der deutschen Sprache sehr* ***verbreiteten*** **Komposita** bereiten vielen Lernenden große Schwierigkeiten.

Für den Raumflug sind wirksame Strahlenabschirmung und geringes Gewicht miteinander verbindende Messgeräte erforderlich.

Für den Raumflug sind **Ø** *wirksame Strahlenabschirmung und geringes Gewicht miteinander* ***verbindende*** **Messgeräte** erforderlich.

Die bei der Untersuchung der zwischen einem künstlichen Satelliten und der Erde hergestellten Funkverbindung gesammelten Erfahrungen waren von größter Bedeutung.

Die *bei der Untersuchung* **der** *zwischen einem künstlichen Satelliten und der Erde* ***hergestellten*** **Funkverbindung** ***gesammelten*** **Erfahrungen** waren von größter Bedeutung.

Partizipialattribute können ziemlich umfangreich sein. Sie werden immer nach links erweitert: die Reihenfolge der Glieder entspricht der Reihenfolge im entsprechenden Relativsatz.

76. Formen Sie die Relativsätze in Partizipialattribute um. (Partizip I)

1. Der Zug, der in wenigen Minuten nach München weiterfährt, hat heute ausnahmsweise keinen Speisewagen.
   → *Der in wenigen Minuten nach München* ____________________ *Zug hat heute ausnahmsweise keinen Speisewagen.*
2. Kongressteilnehmer, die nach 22 Uhr eintreffen, haben keinen Anspruch mehr auf ein Einzelzimmer.
   →
3. Diese Zeitschrift, die vierteljährlich erscheint, hat eine Auflage von 8000 Exemplaren.
   →
4. Die Gebrauchsanweisung, die dem Produkt beiliegt, muss unbedingt beachtet werden.
   →

77. Formen Sie die Relativsätze in Partizipialattribute um. (Partizip II)

1. Der Zug, der soeben auf Gleis 3 eingefahren ist, fährt 17:38 nach München weiter.
   → *Der soeben auf Gleis 3* ______________ *Zug fährt 17:38 nach München weiter.*
2. Bei Urteilen, die vom Bundesgerichtshof gefällt werden, ist eine Revision nicht möglich.
   →
3. Das Konzert, das wegen Erkrankung der Künstlerin ausgefallen ist, wird zu einem späteren Zeitpunkt nachgeholt.
   →
4. Die Gebrauchsanweisung, die dem Produkt beigelegt ist, muss unbedingt beachtet werden.
   →

78. Formen Sie die Relativsätze in Partizipialattribute um. (modales Partizip)

1. Bei dem Experiment traten Schwierigkeiten auf, die nicht zu beheben waren.
   → *Bei dem Experiment traten nicht* ____________________ *Schwierigkeiten auf.*
2. Auf der Versammlung wurden Vorbehalte gegen das Projekt geäußert, die sehr ernst genommen werden müssen.
   →
3. Die Reihenfolge der Fragen, die auf jeden Fall besprochen werden sollten, kann noch abgeändert werden.
   →
4. Alle Stoffe, die nicht sofort gefahrlos entsorgt werden können, müssen zwischengelagert werden.
   →

79. Formen Sie die Relativsätze in Linksattribute um.

Hinweis: Die Umwandlung von Relativsätzen in Linksattribute ist nur möglich, wenn das Relativpronomen Subjekt ist! Ggf. muss zuerst der Relativsatz entsprechend umgewandelt werden (Aktiv → Passiv!)

Beispiel: Ein Baum, ***den*** *der Sturm umgeworfen hatte,* versperrte die Zufahrt zur Tankstelle.
→ Ein Baum, ***der*** *vom Sturm umgeworfen worden war,* versperrte die Zufahrt zur Tankstelle.
→ Ein *vom Sturm umgeworfener Baum* versperrte die Zufahrt zur Tankstelle.

1. Ich habe mich mit einem Mann unterhalten, der mir seit vielen Jahren bekannt ist.

   →

2. Die Liste der Gebühren, die die Studierenden zahlen mussten, war sehr lang.

   →

3. Bücher, die ausgeliehen sind, können vorbestellt werden.

   →

4. Jeder Wagen, den ein Autohändler anbietet, muss verkehrssicher sein.

   →

5. Der Meinung, die Sie vertreten, kann ich wirklich nicht zustimmen.

   →

6. Es mussten mehrere Teile ausgewechselt werden, die nicht mehr funktionierten.

   →

7. Die Höhe der Investitionen, die mit dem Ausbau von Wind- und Solarenergie verbunden sind, ist erheblich.

   →

8. Mit dem Geld, das die Regierung beim Verkauf von Staatseigentum einnimmt, sollen alte Schulden bezahlt werden.

   →

9. Es gibt kritische Zeitungskommentare über die Zuverlässigkeit der Daten zur wirtschaftlichen Entwicklung, die die Bundesregierung gestern vorgelegt hat.

   →

10. Ein U-Boot, das nach einer Explosion schwer beschädigt auf den Meeresgrund gesunken ist, soll von einer Spezialfirma gehoben werden.

    →

11. Eine Radfahrerin, die den Radweg in der falschen Richtung befuhr, wurde von einem Auto erfasst, das nach rechts abbog.

    →

12. Die Tarifverhandlungen, die gestern abgebrochen worden sind, sollen zunächst nicht fortgesetzt werden.

    →

13. Das ist der letzte der dreizehn Sätze dieser Übung, die Sie umwandeln sollen.

    →

6.3 Verstehensschwierigkeiten bei der Häufung von Rechtsattributen

Typisch für die deutsche Sprache ist die (fast unbegrenzte) Möglichkeit, Nomen durch Attribute genauer zu determinieren. Wenn mehrere Rechtsattribute vorkommen, ist die Entscheidung, zu welchem Nomen ein bestimmtes Attribut gehört, manchmal schwierig, da Präpositionalattribute nicht immer direkt hinter ihrem Bezugswort stehen:

1. ... die Höhe der Kosten für die Restaurierung des Schlosses von Sanssouci ...
2. ... eine Mail aus Quito an die Exportabteilung der Firma ...
3. ... die Eroberung der Hauptstadt des Byzantinischen Reiches durch die Truppen des osmanischen Sultans nach einer Belagerung von mehreren Jahren ...

Eine graphische Darstellung der Abhängigkeitsverhältnisse kann die Beziehungen verdeutlichen (*Kaskade (1) vs. Baumwurzel (2 / 3)*):

1. die Höhe
   | der Kosten
   | für die Restaurierung
   | des Schlosses
   | von Sanssouci

2. eine Mail
   – aus Quito
   – an die Exportabteilung
     | der Firma

3. die Eroberung
   – der Hauptstadt
     | des Byzantinischen Reiches
   – durch die Truppen
     | des osmanischen Sultans
   – nach einer Belagerung
     | von mehreren Jahren

*** 80. *Stellen Sie die Abhängigkeitsverhältnisse zwischen Bezugswörtern und Rechtsattributen graphisch dar.***

1. Das Jugendamt ordnete die Aufnahme von Pauls Geschwistern in ein Heim für Kinder aus zerrütteten Familien an der Peripherie der Stadt an.
2. Schon im Jahr 1483 war der Erdumfang durch astronomische Messungen portugiesischer Wissenschaftler an der Westküste Afrikas in der Nähe des Äquators in Lissabon ziemlich genau bekannt.
3. Oft sind die Ansichten von Großeltern, Freunden oder Nachbarn über die Erziehung der Kinder zu angepassten Mitgliedern der Gesellschaft bestimmend für das Verhalten der Eltern gegenüber ihrem Nachwuchs.

6.4 Infinitivsätze, *dass*-Sätze und indirekte Fragesätze als Attribute

(Solche Attribute sind nur möglich nach abstrakten Nomen des Denkens, Wissens, Befürchtens, Vermutens ...)

(1) Er hatte auf das Bestehen der Prüfung gehofft; diese Hoffnung wurde enttäuscht.
→ Seine Hoffnung, *die Prüfung zu bestehen*, wurde enttäuscht.

(2) Die Bürger ärgern sich über das Steigen der Preise. Dieser Ärger ist begreiflich.
→ Der Ärger der Bürger *(darüber), dass die Preise steigen*, ist begreiflich.

(3.1) Oft wird nach dem Nutzen eines Auslandsstudiums gefragt. Diese Frage kann man nicht generell beantworten.
→ Die Frage, *ob ein Auslandsstudium nützlich ist*, kann man nicht generell beantworten.

(3.2) Es gibt verschiedene Theorien über den Beginn des Lebens auf der Erde.
→ Es gibt verschiedene Theorien *(darüber), wie/wann das Leben auf der Erde begonnen hat.*

81. Bilden Sie Attributsätze.

1. Du willst mit dem Rauchen aufhören? Diese Absicht finde ich gut!
→ *Deine Absicht,* ________________________, *finde ich gut!*
2. Tuberkulose wird durch Bakterien hervorgerufen.
Der Beweis dafür ist von Robert Koch erbracht worden.
→ *Der Beweis dafür, ...*
3. Der Ausgang der Friedensverhandlungen ist noch ungewiss.
Diese Ungewissheit beunruhigt alle.
→ *Die Ungewissheit, ...*
4. Sie möchte ein Geschäft eröffnen. – Dieser Wunsch hat uns sehr überrascht.
→ *Ihr Wunsch, ...*
5. Wir planen den Umbau unseres Hauses.
Mit diesem Plan beschäftigen wir uns schon lange.
→ *Mit dem Plan, ...*
6. In China werden auch Turksprachen gesprochen.
Diese Tatsache ist bei uns nur wenigen bekannt.
→ *Die Tatsache, ...*
7. Ich zweifle an der Richtigkeit meiner Entscheidung.
Diese Zweifel lassen mich nicht mehr los.
→ *Die Zweifel, ...*
8. Wo soll radioaktiver Müll gelagert werden?
Dieses Problem ist noch ungelöst.
→ *Das Problem, ...*
9. Die Bankangestellten fordern eine Verkürzung der Arbeitszeit.
Ihre Forderung wird von der Gewerkschaft unterstützt.
→ *Die Forderung der Bankangestellten, ...*

*** 82. *Verbinden Sie die Satzpaare.***

(Der Satz in der linken Spalte wird ein Attribut des unterstrichenen Nomens.)

1. Bei steigenden Benzinpreisen fahren die Leute zunächst weniger Auto. | Diese Erfahrung hat man schon früher gemacht.
   → *Man hat die Erfahrung, dass bei steigenden Benzinpreisen die Leute zunächst weniger Auto fahren, schon früher gemacht.*
2. Wie gefährlich sind Atomkraftwerke? | Viele Menschen stellen sich diese Frage.
   →
3. Der Energiebedarf der deutschen Wirtschaft verdoppelt sich alle 10 Jahre. | Noch 1985 ging man von dieser Annahme aus.
   →
4. Wie viel Energie brauchen wir in den nächsten Jahren wirklich? | Diese Ungewissheit besteht weiterhin.
   →
5. Die Weltbevölkerung wächst weiter. | Diese Tatsache muss man berücksichtigen.
   →
6. Wirtschaftliches Wachstum ist die Bedingung für Wohlstand. | Diese Behauptung ist von den Wirtschaftswissenschaftlern aufgestellt worden.
   →
7. Wie kann man Arbeit und Einkommen gerechter verteilen? | Das Problem ist noch ungelöst.
   →
8. Wollen Sie mehr Geld oder mehr Freizeit? | Sie müssen die Entscheidung treffen.
   →
9. Durch staatliche Lenkung können Wirtschaftskrisen verhindert werden. | Diese Erwartung hat sich nicht bestätigt.
   →
10. Wir haben von der Gefährdung der Umwelt durch die Industrie nichts geahnt. | Diese Ausrede gilt schon lange nicht mehr.
    →
11. Alle Bewerber bekommen im Sommersemester einen Studienplatz. | Leider ist diese Hoffnung unberechtigt.
    →
12. Es wird noch lange keinen dauerhaften Frieden im Nahen Osten geben. | Diese Befürchtung haben viele Leute.
    →

7 Konjunktiv II

7.1 Formen

7.1.1 Konjunktiv II der Gegenwart

	einfache Form			*zusammengesetzte Form* (*würde- + Infinitiv*)
	(Präteritum)			
lernen	ich lernte	ich lernte	**-e**	ich würde lernen
	du lerntest	du lerntest	**-est**	du würdest lernen
	man lernte	man lernte	**-e**	man würde lernen
	wir lernten	wir lernten	**-en**	wir würden lernen
	ihr lerntet	ihr lerntet	**-et**	ihr würdet lernen
	sie lernten	sie lernten	**-en**	sie würden lernen

bei regelmäßigen Verben identische Form

kommen	ich kam	ich käme *	ich würde kommen
	du kamst	du kämest	du würdest kommen
	man kam	man käme	man würde kommen
	wir kamen	wir kämen	wir würden kommen
	ihr kamt	ihr kämet	ihr würdet kommen
	sie kamen	sie kämen	sie würden kommen

* bei starken Verben Umlaut

haben	ich hatte	ich hätte	
sein	ich war	ich wäre	
werden	ich wurde	ich würde	
können	ich konnte	ich könnte	*zusammengesetzte Formen unüblich!*
dürfen	ich durfte	ich dürfte	
müssen	ich musste	ich müsste	
sollen	ich sollte	ich sollte	
wollen	ich wollte	ich wollte	
wissen	ich wusste	ich wüsste	

Bei vielen starken Verben sind die einfachen Formen des Konjunktivs II heute unüblich; daher werden meistens die zusammengesetzten Formen verwendet:

helfen	ich half	(~~ich hülfe~~)	→ ich würde helfen
verstehen	ich verstand	(~~ich verstünde / verstände~~)	→ ich würde verstehen
gewinnen	ich gewann	(~~ich gewönne~~)	→ ich würde gewinnen

7.1.2 Konjunktiv II der Vergangenheit

lernen	ich hätte gelernt du hättest gelernt usw.	kommen	ich wäre gekommen du wärest gekommen usw.

mit Modalverb:

lernen	ich hätte lernen müssen du hättest lernen müssen usw.	kommen	ich hätte kommen können du hättest kommen können usw.

7.1.3 Passiv-Formen im Konjunktiv II

		ohne Modalverb	mit Modalverb
Gegenwart:	*werden*-Passiv	es würde gelesen	es müsste gelesen werden
	sein-Passiv	es wäre geöffnet	es müsste geöffnet sein
Vergangenheit:	*werden*-Passiv	es wäre gelesen worden	es hätte gelesen werden müssen
	sein-Passiv	es wäre geöffnet gewesen	es hätte geöffnet sein müssen

7.2 Verwendung des Konjunktivs II

Den Konjunktiv II verwendet man

1. bei höflichen Anfragen oder Bitten:
   Könnte ich bitte noch einen Kaffee haben? (s. Nr. 7.2.2, S. 108)
2. bei (meist irrealen) Wünschen:
   Hätte ich doch mehr Grammatik gelernt! (s. Nr. 7.2.2, S. 107)
3. bei Vermutungen:
   Vera dürfte inzwischen mit dem Studium fertig sein. (s. Nr. 9.2.1, S. 120)
4. in hypothetischen bzw. irrealen Konditionalsätzen:
   Er wäre rechtzeitig gekommen, wenn er ein Taxi genommen hätte. (s. Nr. 7.2.1, S. 103)
5. in irrealen Vergleichssätzen:
   Er fährt, als ob er ein Rennfahrer wäre! (s. Nr. 7.2.2, S. 108)
6. in „negativen“ Konsekutivsätzen:
   Die Fenster sind noch zu sauber, als dass du sie schon wieder putzen müsstest.
   (s. Nr. 4.10, S. 78)
7. in der indirekten Rede neben dem Konjunktiv I:
   Sie sagten, dass sie abends nie spazieren gingen und dass sie auch keinen Hund hätten.
   (s. Nr. 8.2.1, S. 111)

7.2.1 Der Konjunktiv II im Konditionalsatz

(1) Wenn ich reich ***wäre,*** { ***würde*** ich eine Weltreise *machen.* / ***machte*** ich eine Weltreise. }

Wenn wir Zeit ***hätten****, { ***würden*** wir Fußball *spielen.* / ***spielten*** wir Fußball. }

Wenn ich ***könnte, wäre*** ich jetzt zu Hause.

Wenn er jetzt ***käme, könnten*** wir den Zug noch *erreichen.*
Käme er jetzt**, *(dann)* ***könnten*** wir den Zug noch *erreichen.*

- Wenn man für die Gegenwart bzw. Zukunft eine Bedingung nennt, die wahrscheinlich nicht Wirklichkeit wird, benutzt man den *Konjunktiv II der Gegenwart* (hypothetischer Konditionalsatz).
- Die einfachen Formen des Konjunktivs II werden in der Umgangssprache immer mehr durch die zusammengesetzten Formen (*würde-* + Infinitiv) ersetzt.
- Bei häufig gebrauchten Verben (z. B. *haben, sein, werden*; Modalverben; *kommen, gehen, bleiben, wissen* etc.) benutzt man aber die einfache Form.

(2.1) Wenn er mich *besucht* **hätte, hätte** ich mich *gefreut.*

Wenn wir mit dem Zug *gefahren* **wären, wären** wir pünktlich *angekommen.*

Wenn ich die Prüfung *bestanden* **hätte, wäre** ich sehr glücklich *gewesen.*
Hätte ich die Prüfung *bestanden***, *(dann)* ***wäre*** ich sehr glücklich *gewesen.*

(2.2) Wenn du mich morgen *besucht* **hättest** (statt heute), ***hätte*** ich mehr Zeit für dich *gehabt.*
Hättest du mich morgen *besucht*** (statt heute), ***hätte*** ich mehr Zeit für dich *gehabt.*

- Wenn man eine Bedingung nennt, die niemals Wirklichkeit werden kann, benutzt man den *Konjunktiv II der Vergangenheit.*
- Das gilt immer für die Vergangenheit (2.1), kann aber in seltenen Fällen auch für die Zukunft gelten (2.2) (irrealer Konditionalsatz).

(3) Wenn er nicht ***hätte*** *arbeiten müssen, wäre* er sicher *gekommen.*

Wenn im Nebensatz das Prädikat aus der Personalform und **zwei** Infinitiven besteht, steht die Personalform **vor** den Infinitiven.

* vgl.: Wenn wir Zeit **hatten**, spielten wir Fußball. (temporal, s. Nr. 4.3 (2.2))

** uneingeleiteter Konditionalsatz (s. Nr. 4.7 und Clamer / Heilmann: Grundstufengrammatik, Nr. 9.5)

Konditionalsätze mit Konjunktiv II: Überblick / Bildungsweise

Aktiv

Sie besucht ihre Familie.
→ *Wenn sie ihre Familie nicht besuchen würde, …*

Sie besuchte ihre Familie.
Sie hat ihre Familie besucht.
Sie hatte ihre Familie besucht.
→ *Wenn sie ihre Familie nicht besucht hätte, …*

Sie geht ins Kino.
→ *Wenn sie nicht ins Kino ginge/gehen würde, …*

Sie ging ins Kino.
Sie ist ins Kino gegangen.
Sie war ins Kino gegangen.
→ *Wenn sie nicht ins Kino gegangen wäre, …*

Er muss nach Köln fahren.
→ *Wenn er nicht nach Köln fahren müsste, …*

Er musste nach Köln fahren.
Er hat nach Köln fahren müssen.
Er hatte nach Köln fahren müssen.
→ *Wenn er nicht* ***hätte*** *nach Köln fahren müssen, …*

Passiv

Das Kino wird eröffnet.
→ *Wenn das Kino nicht eröffnet würde, …*

Das Kino wurde eröffnet.
Das Kino ist eröffnet worden.
Das Kino war eröffnet worden.
→ *Wenn das Kino nicht eröffnet worden wäre, …*

Die Rechnung muss bezahlt werden.
→ *Wenn die Rechnung nicht bezahlt werden müsste, …*

Die Rechnung musste bezahlt werden.
Die Rechnung hat bezahlt werden müssen.
Die Rechnung hatte bezahlt werden müssen.
→ *Wenn die Rechnung nicht* ***hätte*** *bezahlt werden müssen, …*

83. *Bilden Sie Konditionalsätze mit dem Konjunktiv II der Gegenwart.*
(Stellen Sie sich das Gegenteil vor!)

1. Zum Glück bist du wieder gesund; du kannst Sport treiben.
   → *Wenn du noch krank wärest, könntest du keinen Sport treiben.*
2. Leider ist der Laden schon zu; ich kann kein Brot mehr kaufen.
   →
3. Sie hat keine Zeit und kann nicht zu meinem Geburtstag kommen.
   →
4. Ich muss einen Spanisch-Kurs besuchen, denn ich kann kein Spanisch.
   →
5. Ich darf das Wörterbuch nicht benutzen, daher kann ich den Text nicht gut übersetzen.
   →
6. Hier werden regelmäßig Radarkontrollen durchgeführt; darum fahren die Autos nicht zu schnell.
   →

84. *Bilden Sie Konditionalsätze mit dem Konjunktiv II der Vergangenheit.*
(Stellen Sie sich das Gegenteil vor!)

1. Die Prüfung war zu schwer; ich habe sie nicht bestanden.
   → *Wenn die Prüfung nicht so schwer gewesen wäre, hätte ich sie bestanden.*
2. Er hat den Bewerbungstermin verpasst, denn er wurde nicht rechtzeitig informiert.
   →
3. Wir haben den Schlüssel nicht wiedergefunden; also musste das Türschloss ausgetauscht werden.
   →
4. Der Patient ist nicht sofort operiert worden; er konnte nicht mehr gerettet werden.
   →
5. Mein Bruder hat die Schule noch nicht beendet; so ist er nicht mit mir ins Ausland gegangen.
   →
6. Die Presse konnte nicht anschaulich berichten, denn es durften keine Fotos gemacht werden.
   →
7. Ich hatte kein Netz und so konnte ich dich nicht rechtzeitig benachrichtigen.
   →

85. Bilden Sie Konditionalsätze mit Passiv-Formen im Konjunktiv II.

1. Es wird kein Tempolimit auf Autobahnen eingeführt.
   → *Es wäre besser, wenn ein Tempolimit auf Autobahnen eingeführt würde.*
2. Das Konzert wird nicht wiederholt.
   → *Es wäre schön, wenn …*
3. Die Bauarbeiten sind noch nicht beendet.
   → *Es wäre hier ruhiger, wenn …*
4. Die Produktion kann nicht mehr gesteigert werden.
   → *Es wäre vorteilhaft, wenn …*
5. Bei Autos braucht das Fahrlicht tagsüber nicht eingeschaltet zu sein.
   → *Ich würde es für richtig halten, wenn …*
6. Die Brücke wurde nicht gesperrt.
   → *Es wäre besser gewesen, wenn …*
7. Das Telefonieren im Flugzeug war erlaubt.
   → *Es wäre angenehmer gewesen, wenn …*
8. Die Produktionskosten konnten nicht weiter gesenkt werden.
   → Es wäre von Vorteil gewesen, wenn …
9. Taxis mussten früher nicht mit Sicherheitsgurten ausgerüstet sein.
   → *Es wäre besser gewesen, wenn …*
10. Die Warnanlage durfte am Tag nicht eingeschaltet bleiben.
   → *Es wäre besser gewesen, wenn …*

86. Bilden Sie Konditionalsätze mit dem Konjunktiv II.
(Stellen Sie sich das Gegenteil vor!)

1. Ich habe die Sprachprüfung nicht bestanden; ich bin jetzt noch nicht im Fachstudium.
   →
2. Sie konnten nicht einreisen, weil sie kein Visum hatten.
   →
3. Seine Aufenthaltserlaubnis wurde nicht verlängert; er muss das Land verlassen.
   →
4. Das Computerprogramm läuft nicht einwandfrei, denn beim Programmieren wurden Fehler gemacht.
   →
5. Der Rhein wurde im 19. Jh. begradigt; seitdem kommt es zu schweren Überschwemmungen.
   →
6. Glücklicherweise herrscht auf dem Telekommunikations-Sektor eine starke Konkurrenz; daher sind die Telefongebühren gesenkt worden.
   →

87. ***Formen Sie die Konditional-Angaben in Konditionalsätze um.***
Achten Sie auf den Modus (nicht nur Konjunktiv II!) und das Tempus!

1. Bei frühzeitiger Buchung des Fluges können wir Ihnen einen Preisnachlass von 15 % gewähren.
   →
2. Im Falle Ihrer Verhinderung bitten wir Sie, uns rechtzeitig zu informieren.
   →
3. Bei genauer Beachtung der Gebrauchsanweisung wäre diese Panne nicht passiert.
   →
4. Unter günstigeren Bedingungen gäbe es mehr Interessenten.
   →
5. Bei einer Verkürzung der Wochenarbeitszeit um zwei Stunden könnten viele neue Arbeitsplätze geschaffen werden.
   →
6. Ohne regelmäßige Teilnahme an Fortbildungsveranstaltungen hätte sie die neue Stelle nicht bekommen.
   →
7. Bei einem plötzlichen Temperaturanstieg um über 100 Kelvin muss man mit einem Defekt in der Anlage rechnen.
   →
8. Bei etwas mehr Unterstützung durch seine Familie wäre Peter nicht in diese schwierige Lage geraten.
   →
9. Bei häufigerer Verwendung von Naturheilmitteln könnten die Kosten im Gesundheitswesen sinken.
   →
10. Ohne ausreichende Deutschkenntnisse kann man weder in Deutschland noch in Österreich studieren.
   →

7.2.2 Weiterer Gebrauch des Konjunktivs II

(1) Wunsch:

Wenn ich doch schon zu Hause *wäre!*
Wäre ich doch schon zu Hause!

Wenn ich doch nur dieses teure Notebook nicht *gekauft hätte!*

Wäre ich nur zu Hause *geblieben!*

(2) Höfliche Anfrage bzw. Bitte:

Käme dieser Termin für Sie *infrage?*

Könnten Sie am Dienstag *kommen?*

Würden Sie bitte hier *unterschreiben?*

(3) Vergleich (irreal):

Sie spricht so deutlich, als ob sie Sprachlehrerin *wäre.*
Sie spricht so deutlich, als *wäre* sie Sprachlehrerin.

Sie tut so, als ob sie uns nicht *gesehen hätte.*
Sie tut so, als *hätte* sie uns nicht *gesehen.*

* 88. *Benutzen Sie den Konjunktiv II.*

(1) Er ist leider nicht gesund.
→ *Wenn er doch gesund wäre! / Wäre er doch gesund!*
Ich habe den Geburtstag meiner Freundin leider vergessen.

→

Leider habe ich meinem alten Grammatiklehrer nicht geglaubt.

→

Sie kann leider nicht gut Deutsch.

→

(2) Darf ich Sie um einen Gefallen bitten?
→ *Dürfte ich Sie um einen Gefallen bitten?*
Können Sie mir das Buch bis Mittwoch leihen?

→

Ist Ihnen ein Termin am Dienstag recht?

→

Bringen Sie mir das neue Vorlesungsverzeichnis mit?

→

(3) Ist er der Chef?
→ *Nein. Er tut nur so, als ob er der Chef wäre. / Er tut nur so, als wäre er der Chef.*

Weiß man wirklich alles über die Entwicklung der Lebewesen?
→ *Nein, aber einige Professoren reden so, als ob sie …*

Gehört Herr Neuß zu den Beratern des Präsidenten?
→ *Nein, aber er benimmt sich so, …*

Im Traum konnte ich fliegen.
→ *Kam es dir wirklich so vor, …?*

Hatten sie Streit miteinander?
→ *Nein, aber sie verhalten sich so, …*

8 Konjunktiv I

8.1 Formen

8.1.1 Konjunktiv I der Gegenwart			Konjunktiv II als Ersatz für die Formen, die mit dem Präsens identisch sind (nur indirekte Rede)
lernen	(ich lerne)	**-e**	→ ich lernte / ich würde lernen
	du lernest	**-est**	
	man lerne	**-e**	
	(wir lernen)	**-en**	→ wir lernten / wir würden lernen
	ihr lernet	**-et**	
	(sie lernen)	**-en**	→ sie lernten / sie würden lernen
kommen	(ich komme)		→ ich käme / ich würde kommen
	du kommest		
	man komme		
	(wir kommen)		→ wir kämen / wir würden kommen
	ihr kommet		
	(sie kommen)		→ sie kämen / sie würden kommen
haben	(ich habe)		→ ich hätte
	du habest		
	man habe		
	(wir haben)		→ wir hätten
	ihr habet		
	(sie haben)		→ sie hätten
sein	ich sei		
	du seiest		
	man sei		
	wir seien		
	ihr seiet		
	sie seien		
werden	(ich werde)		→ ich würde
	du werdest		
	man werde		
	(wir werden)		→ wir würden
	(ihr werdet)		→ ihr würdet
	(sie werden)		→ sie würden
können	ich könne		
	du könnest		
	man könne		
	(wir können)		→ wir könnten
	ihr könnet		
	(sie können)		→ sie könnten

8.1.2 Konjunktiv I der Vergangenheit

Konjunktiv II als Ersatz für die Formen, die mit dem Perfekt identisch sind
(nur indirekte Rede)

lernen	(ich habe gelernt)	→	ich hätte gelernt
	du habest gelernt		
	man habe gelernt		
	(wir haben gelernt)	→	wir hätten gelernt
	ihr habet gelernt		
	(sie haben gelernt)	→	sie hätten gelernt
kommen	ich sei gekommen		
	du seiest gekommen		
	man sei gekommen		
	wir ...		
mit Modalverb:			
	(ich habe lernen müssen)	→	ich hätte lernen müssen
	du habest lernen müssen		
	man habe lernen müssen		
	(wir haben lernen müssen)	→	wir hätten lernen müssen
	ihr habet lernen müssen		
	(sie haben lernen müssen)	→	sie hätten lernen müssen

8.1.3 Passiv-Formen im Konjunktiv I

		ohne Modalverb	mit Modalverb
Gegenwart:	*werden*-Passiv	es werde gelesen	es müsse gelesen werden
	sein-Passiv	es sei geöffnet	es müsse geöffnet sein
Vergangenheit:	*werden*-Passiv	es sei gelesen worden	es habe gelesen werden müssen
	sein-Passiv	es sei geöffnet gewesen	es habe geöffnet sein müssen

8.2 Verwendung des Konjunktivs I

8.2.1 Der Konjunktiv in der indirekten Rede

Aus der Rede eines Regierungschefs vor dem Parlament (wörtliche Übersetzung):

Direkte Rede

„Eine vertragliche Einigung mit dem Nachbarstaat ist unerlässlich.
Die Völker haben lange genug unter den Auseinandersetzungen gelitten.
Ich frage mich:
War die jahrelange Bedrohung durch Bomben- und Raketenangriffe für uns nicht eine ebenso große Belastung wie für unsere Gegner?
Ich rechne mit der Vernunft der Menschen.
Mit dem Hass auf beiden Seiten muss endlich Schluss sein.

Der zur Abstimmung vorgelegte Vertrag wird helfen, den Frieden zu sichern.
Dieser Ansicht ist nicht nur meine eigene Partei.
Wenn das Regierungslager nicht gespalten gewesen wäre, hätte schon mein Amtsvorgänger diesen Schritt getan.
Noch gestern hat mir der UN-Generalsekretär versichert, dass dies der richtige Weg ist.
Zwar konnte nicht auf alle Einwände der Opposition Rücksicht genommen werden,
aber da ich mich früher in wichtigen Fragen auf eine breite Mehrheit stützen konnte, erwarte ich auch diesmal ein positives Ergebnis.
Unterstützen Sie meine Friedenspolitik, indem Sie dem Vertrag zustimmen!“

Über diese Rede steht am nächsten Tag folgender Bericht in einer deutschen Zeitung:

Indirekte Rede

Der Regierungschef sagte,
eine vertragliche Einigung mit dem Nachbarstaat *sei unerlässlich.*
Die Völker *hätten* lange genug unter den Auseinandersetzungen *gelitten.*
Er frage sich,
ob die jahrelange Bedrohung durch Bomben- und Raketenangriffe für sie nicht eine ebenso große Belastung wie für ihre Gegner *gewesen sei.*
Er *rechne* mit der Vernunft der Menschen.

Mit dem Hass auf beiden Seiten *müsse* endlich Schluss *sein.*
Er fuhr fort,
dass der zur Abstimmung vorgelegte Vertrag *helfen werde*, den Frieden zu sichern.

Dieser Ansicht *sei* nicht nur seine eigene Partei.
Wenn das Regierungslager nicht gespalten gewesen wäre, hätte schon sein Amtsvorgänger diesen Schritt getan.

Noch am Vortag *habe* ihm der UN-Generalsekretär *versichert*, dass dies der richtige Weg *sei.*
Zwar *habe* nicht auf alle Einwände der Opposition Rücksicht *genommen werden können,*
aber da er sich früher in wichtigen Fragen auf eine breite Mehrheit *habe* stützen können, erwarte* er auch diesmal ein positives Ergebnis.
Der Politiker forderte die Abgeordneten auf, sie *sollten* seine Friedenspolitik *unterstützen*, indem sie dem Vertrag *zustimmten.*

* In Nebensätzen mit **zwei** Infinitiven steht die Personalform **davor.**

- Man benutzt die indirekte Rede im Konjunktiv, wenn man das, was ein anderer gesagt oder geschrieben hat, möglichst genau wiedergeben will und wenn man dabei gleichzeitig ausdrücken will, dass man für die Richtigkeit der Aussage nicht garantieren kann.
- Die indirekte Rede findet man häufig in wissenschaftlichen Texten, in denen der Verfasser die Meinung anderer Wissenschaftler wiedergibt, in Zeitungen und in Nachrichtensendungen. Weil meistens Äußerungen dritter Personen referiert werden, kommen fast ausschließlich Formen der 3. Pers. Sg. bzw. Pl. vor.
- Bei unbezweifelbaren Tatsachen sowie häufig auch in der Umgangssprache benutzt man für die indirekte Rede den Indikativ.
- In der indirekten Rede benutzt man in der Regel den Konjunktiv I. Wenn Konjunktiv-I-Form und Präsensform bzw. Perfektform gleich sind, benutzt man den Konjunktiv II, vorzugsweise die einfache Form.
- Für die Vergangenheit benutzt man die mit *haben* und *sein* gebildeten Formen: *habe-/hätte-* oder *sei-* + Partizip II.
- Die Pronomen und Possessivartikel sowie die Hinweise auf Ort und Zeit* müssen zum Teil verändert werden.
- Fragen werden durch indirekte Fragesätze wiedergegeben.
- Aufforderungen werden mit *sollen* wiedergegeben, Bitten mit *mögen*.
- Der Konjunktiv II bleibt in der indirekten Rede unverändert: Konjunktiv II wird nie zu Konjunktiv I.
- Der Konjunktiv I wird in der indirekten Rede zunehmend durch den Konjunktiv II ersetzt.

* s. „temp. Adverbien" (2), S. 54

89. ***Bilden Sie die indirekte bzw. direkte Rede.***

Frau von Berneburg berichtet:

direkte Rede →	indirekte Rede
„Ich war am Sonntag bei meiner Freundin in Hamburg.	*Sie sei ...*
Meine Freundin wohnt dort seit drei Jahren.	
Ich bin mit dem Zug gefahren, weil ich kein Auto habe.	
Am Sonntagnachmittag sind meine Freundin und ich ins Museum gegangen.	
Wir haben uns eine Picasso-Ausstellung angesehen.	
Nach einer Stunde waren wir müde.	
Wir wollten einen Kaffee trinken.	
Aber leider war das Café des Museums geschlossen.	

direkte Rede ⟵	indirekte Rede
„Wir …	Sie hätten die Besichtigung noch eine Stunde fortgesetzt und seien dann wieder zur Wohnung ihrer Freundin gefahren.
	Dort habe sie noch etwa zwei Stunden bleiben können.
	Zum Glück sei es vom Haus ihrer Freundin zum Bahnhof nicht weit, sodass sie erst 20 Minuten vor Abfahrt des Zuges habe aufbrechen müssen.
	Ihre Freundin habe sie zum Bahnhof begleitet und ihr beim Abschied gesagt, dass sie bald einmal wiederkommen solle.

90. *Bilden Sie die indirekte Rede.*

Ein politischer Flüchtling sprach mit einem Pastor über seine Probleme:

„Ich gehöre einer religiösen Minderheit an, die den Wehrdienst ablehnt. Ich musste mein Heimatland verlassen, weil ich von der Geheimpolizei verfolgt wurde. Ich und meine ganze Familie wurden Tag und Nacht observiert; wir konnten keine privaten Telefongespräche mehr führen, weil wir wussten, dass unser Telefon abgehört wurde. Ich bin mehrere Male verhaftet, verhört und auch gefoltert worden. Jetzt bin ich zwar vor direkter Gewalt geschützt, aber ich habe immer noch große Probleme. Ich kann z. B. kaum schlafen, weil ich immer an meine Familie denken muss. Sie wird natürlich weiter überwacht; sogar meine Eltern werden beobachtet. Bitte helfen Sie mir, auch meine Familie hierherzuholen!“

Der politische Flüchtling sagte, er gehöre …

*** 91. *Bilden Sie die indirekte Rede.***

Wegen der starken Regenfälle trat der Rhein wieder einmal über seine Ufer. Die Bewohner der Häuser in Flussnähe wurden aufgefordert, die nötigen Sicherheitsmaßnahmen zu treffen. Ihnen wurde geraten, die Haustüren und Kellerfenster mit Sandsäcken zu sichern. Die Polizei sperrte das gefährdete Gebiet für den Verkehr. Niemand durfte mit dem Auto hineinfahren. Wer seinen Verwandten zu Hilfe kommen wollte, musste zu Fuß gehen. Dadurch sollten unnötige Risiken vermieden werden.

Leider kommt es immer wieder zu solchen Überschwemmungen. Die Bewohner der gefährdeten Gebiete kennen die Gefahren und wissen, was sie zu tun haben, wenn der Rhein die Hochwassermarke überschreitet. Wenn aber im Fernsehen über das Hochwasser berichtet wird, fahren viele Neugierige in die Notstandsgebiete. Diese „Katastrophen-Touristen“ stellen ein besonderes Risiko dar, weil sie Rettungsmaßnahmen, die im Notfall durchgeführt werden müssen, behindern können.

Ein Reporter des RHEIN-KURIERS berichtete, wegen der starken Regenfälle sei …

92. *Bilden Sie die direkte Rede.*

Ein Fußgänger, der von einem Motorradfahrer angefahren worden war, gab der Polizei eine Schilderung seines Unfalls. So wurde sie protokolliert:

Er habe die Straße auf einem Zebrastreifen überqueren wollen. Ein Lastwagen habe vor dem Zebrastreifen gehalten, um ihn hinübergehen zu lassen. Da sei plötzlich hinter dem Lastwagen ein Motorrad aufgetaucht, das den Lastwagen links habe überholen wollen. Der Motorradfahrer habe ihn zunächst wohl nicht gesehen, und als er dann gebremst habe, sei es ihm aber nicht mehr gelungen, das Motorrad vor dem Zebrastreifen zum Halten zu bringen.

Vor Schreck sei er stehen geblieben, anstatt schnell vorwärts- oder zurückzuspringen. Da sei es auch schon passiert: das Motorrad habe ihn angefahren, und er sei gestürzt. Die Verletzungen, die er erlitten habe, seien zum Glück nicht schlimm. Aber er habe leichte Schmerzen im Rücken. Er hoffe, dass sie bald vorbeigingen und dass sich keine weiteren Komplikationen einstellten.

Der Fußgänger hatte wörtlich gesagt: „Ich wollte die Straße auf einem Zebrastreifen überqueren. Ein Lastwagen ...

8.2.2. Weiterer Gebrauch des Konjunktivs I

(1) Feierliche oder religiös motivierte Redewendungen

Hoch *lebe* das Brautpaar!
Mögest du dich noch lange guter Gesundheit *erfreuen!*
Gott *behüte* dich! – Gott *sei* Dank!

In festlichen Ansprachen, in formelhaften Wendungen religiösen Ursprungs und Gebeten werden Glückwunsch, Hoffnung, Dankbarkeit etc. oft mit dem Konjunktiv I ausgedrückt.

(2) Handlungsanweisungen

Nach der Montage des Getriebes *führe* man einen Probelauf mit halber Motornenndrehzahl durch.

Früher wurden in Gebrauchsanleitungen die Handlungsanweisungen oft mit dem Konjunktiv I ausgedrückt. In modernen Texten dieser Art steht der formelle Imperativ* oder der Infinitiv.

*s. Clamer / Heilmann: Übungsgrammatik für die Grundstufe, Nr. 1.3

(3) Formelhafte Hinweise

Dass Leonardo da Vinci Linkshänder war, *sei* nur am Rande *erwähnt*.

Es *sei* hier noch einmal auf die vielen Möglichkeiten *hingewiesen*, die das Internet bei der Suche nach einschlägiger Literatur bietet.

> In Vorträgen und Sachtexten wird oft für Hinweise der Konjunktiv I des *sein*-Passivs* verwendet.

* *sein*-Passiv s. Nr. 10.2, S. 131

(4) Annahmen und Voraussetzungen („thetischer Konjunktiv")

Gegeben sei ein gleichseitiges Dreieck mit der Seitenlänge $a = 7$ cm.

Zwei Orte A und B *seien* genau 12 Straßenkilometer voneinander *entfernt*. Ein Auto *fahre* um acht Uhr von A in Richtung B *ab*; es *habe* die konstante Geschwindigkeit 50 km/h. – Zur selben Zeit *verlasse* ein Mopedfahrer B in Richtung A; er *habe* die konstante Geschwindigkeit 25 km/h.
– Wann und wo begegnen sich die Fahrzeuge?

Die Fahrzeuge *sollen* ihre Geschwindigkeit bis zu den Zielorten *beibehalten*.
– Wann erreichen sie die Zielorte?

> - In älteren wissenschaftlichen Texten, besonders bei Aufgaben in mathematischen und naturwissenschaftlichen Lehrbüchern, werden Annahmen oder theoretische Voraussetzungen oft mit dem Konjunktiv I ausgedrückt.
> - Den *thetischen Konjunktiv* gibt es nur im Singular. (Ausnahme: *seien*)
>   Für den Plural – in modernen Texten zunehmend auch für den Singular – benutzt man den Indikativ.
> - Die Annahme bzw. Voraussetzung kann auch mithilfe des Modalverbs *sollen* ausgedrückt werden.

9 Modalverben

9.1 Objektiver Gebrauch der Modalverben

Modalverb	Bedeutung und Beispielsatz	andere Ausdrücke
können	Fähigkeit *Ich kann schwimmen.*	die Fähigkeit haben fähig sein / imstande sein in der Lage sein vermögen
	Möglichkeit *Sie konnte keinen Parkplatz finden.*	die Möglichkeit haben sein + zu + Inf. (≙ Passiv!) (s. 9.3) es ist möglich sich lassen + Inf. (≙ Passiv!)
	Erlaubnis *Du kannst hereinkommen!*	dürfen die Erlaubnis haben
dürfen	Erlaubnis *Das Kind darf schwimmen gehen.*	können es ist gestattet / es ist erlaubt die Erlaubnis haben die Zustimmung erhalten die Genehmigung bekommen
	nicht dürfen = Verbot	**neg.:** es ist verboten
wollen	Wille, Absicht, Bereitschaft *Sie will dir helfen.*	die Absicht / Intention haben beabsichtigen bereit sein die Bereitschaft zeigen vorhaben bestrebt sein
mögen (möchte-)	Wunsch, Lust *Ich möchte zum Baden gehen.*	den Wunsch haben / wünschen Lust haben würde- gern + Inf.
müssen	Notwendigkeit, Zwang, Pflicht *Ich muss für die Prüfung arbeiten, weil ich sie diesmal bestehen will.* (nicht müssen / nicht brauchen = keine Notwendigkeit)	gezwungen sein verpflichtet sein / die Pflicht haben es ist nötig / es ist notwendig es ist erforderlich es ist unumgänglich haben + zu + Inf. (≙ Aktiv!) sein + zu + Inf. (≙ Passiv!) (s. 9.3) **neg.:** brauchen (+ zu) + nicht / kaum / kein- / nur
sollen	Auftrag (fremder Wille) / Erwartung *Ich soll dir von Max sagen, dass er kommt.*	beauftragt sein den Auftrag haben
	Soll ich dir helfen? ≙ *Willst du, dass ich dir helfe?*	es wird erwartet
	Empfehlung (Konjunktiv II!) *Du solltest nicht so viel rauchen!*	es ist ratsam / empfehlenswert es wäre besser, wenn …

93. ***Ersetzen Sie die unterstrichenen Ausdrücke durch Modalverben.***

1. Sie beabsichtigen, ein Haus zu kaufen. → *Sie wollen ein Haus kaufen.*
2. Ich hatte nicht vor, euch bei der Arbeit zu stören.
   →
3. Ich empfehle Ihnen, mehr Obst zu essen.
   →
4. Haben Sie die Erlaubnis, das Labor zu betreten?
   →
5. Es ist erforderlich, jedes Jahr einen neuen Antrag zu stellen.
   →
6. Mit diesem Gerät sind die meisten Satelliten-Programme zu empfangen.
   →
7. Die Kommunen haben für eine ausreichende Zahl von Kindergartenplätzen zu sorgen.
   →
8. Wer ist heute noch fähig, Mathematikaufgaben ohne Taschenrechner zu lösen?
   →
9. Ich vermag nicht zu sagen, ob sie Erfolg gehabt hat.
   →
10. Nur Kindern unter 14 Jahren ist das Betreten des Spielplatzes erlaubt.
    →
11. Ursprünglich hatte sie vor, im Ausland zu studieren.
    →
12. Es ist nicht verboten, ein Wörterbuch zu benutzen.
    →
13. Ich habe nicht die Absicht, mein Studienfach zu wechseln.
    →
14. Wenn sich sonst niemand meldet, bin ich bereit, diese Aufgabe zu übernehmen.
    →
15. Der Staatssekretär hatte den Auftrag, Verhandlungen mit dem Ausland zu führen.
    →
16. Es liegt noch keine Genehmigung zur Veröffentlichung der Fotos vor.
    →
17. Es ist unsere Pflicht, anderen zu helfen.
    →
18. Für Schüler unter 18 Jahren besteht Rauchverbot.
    →
19. In einer so kurzen Zeit lässt sich eine endgültige Lösung sicher nicht finden.
    →
20. Der Safe ist nur mit Hilfe zweier Spezialschlüssel zu öffnen. →

94. ***Ersetzen Sie die „modalen Ausdrücke" durch äquivalente Modalverben.***

1. Wer von euch <u>ist imstande</u>, diese alte Handschrift <u>zu</u> entziffern?
   →
2. Bist du wirklich nicht in der Lage, deinen Bruder finanziell zu unterstützen?
   →
3. Sebastian hat den Wunsch, in Paderborn zu studieren.
   →
4. Herr Wong beabsichtigt, in Augsburg ein Restaurant zu eröffnen.
   →
5. Viele Studierende sind gezwungen, während ihres Studiums zu arbeiten.
   →
6. Die Kursteilnehmer sind verpflichtet, regelmäßig am Unterricht teilzunehmen.
   →
7. An einer Tankstelle zu rauchen ist nicht erlaubt.
   →
8. Man ist nicht verpflichtet zu kaufen, was einem nicht gefällt.
   →
9. Die Zuschauer wurden aufgefordert, den Saal zu verlassen, aber die meisten blieben einfach sitzen.
   →
10. Es war ihr kaum möglich, ihren schweren Koffer die Treppe hinaufzutragen.
    →
11. Es ist unmöglich, das Wetter über einen längeren Zeitraum exakt vorherzusagen.
    →
12. Er hat den Auftrag bekommen, die Papiere alphabetisch zu ordnen.
    →
13. Wir sind zurzeit leider nicht in der Lage, Ihnen ein Zimmer zu besorgen.
    →
14. Für Studierende besteht die Möglichkeit, einen Antrag auf einen Wohnheimplatz zu stellen.
    →
15. Die Vereinten Nationen waren weder fähig noch in der Lage, die militärischen Auseinandersetzungen im Nahen Osten dauerhaft zu beenden.
    →
16. Sie hatten damals den Wunsch gehabt, wieder einmal im Mittelmeer zu segeln.
    →
17. Den Besuchern der Ausstellung ist es gestattet, vor dem Museum zwei Stunden lang mit Parkscheibe zu parken.
    →
18. Tauben sind fähig, bis acht zu zählen.
    →

* 95. *Übung zu den Modalverben*

Niemand ist verpflichtet, in seinem Urlaub große Entfernungen zurückzulegen, aber offenbar haben die meisten Menschen das Bedürfnis, weite Reisen zu unternehmen; sie scheinen anzunehmen, dass es nicht möglich sei, sich in der näheren Umgebung richtig zu erholen. So setzen sich zum Beispiel viele Familien am ersten Tag der Schulferien ins Auto, setzen sich in Richtung auf das ferne Urlaubsziel in Bewegung und setzen sich dabei dem Risiko aus, dass sie schon nach wenigen Kilometern Fahrt auf der Autobahn in einen Stau geraten. Für manche wäre es aber gar nicht notwendig, am ersten Ferientag zu starten; sie hätten auch die Möglichkeit, zwei oder drei Tage später aufzubrechen.

Familien mit Kindern, die beabsichtigen, vier oder fünf Wochen Urlaub zu machen, sind oft nicht in der Lage, eine feste Ferienunterkunft zu bezahlen. Darum fahren sie mit einem Wohnanhänger auf einen Campingplatz. Besonders die Kinder fühlen sich dort wohl, weil sie nicht dauernd gezwungen sind, sich ruhig zu verhalten, sondern Gelegenheit haben, ungestört mit anderen Kindern zu spielen.

Viele Campingplätze, vor allem die im Süden am Meer, sind aber schon Monate vor Saisonbeginn ausgebucht. Wenn man vorhat, die Ferien auf einem bestimmten Platz zu verbringen, ist es also ratsam, sich mindestens ein halbes Jahr im Voraus dort anzumelden. Auf manchen Campingplätzen ist es möglich, einen großen, komfortablen Wohnwagen, ein sogenanntes Mobile Home, zu mieten; das bietet den Vorteil, dass es nicht erforderlich ist, zu Hause einen Parkplatz für einen Campinganhänger zu haben. Vor allem hat man es dann auch nicht nötig, ihn mit dem Pkw viele Kilometer weit zu schleppen. Nicht jeder Autofahrer ist nämlich imstande, ein solches Gespann sicher über die Alpen bis ans Mittelmeer zu steuern. Abgesehen davon ist es auf bestimmten Straßen in den Bergen gar nicht erlaubt, mit Campinganhängern zu fahren; es empfiehlt sich also, vorher im Internet genau zu recherchieren, denn auch im Navi ist das Kartenmaterial nicht immer ganz aktuell.

Campinganhänger sind deutlich billiger zu mieten als Ferienappartements, obwohl es nach Auskunft der vermietenden Herstellerfirmen unumgänglich ist, dass sie nach durchschnittlich drei Jahren durch neue ersetzt werden, und zwar vor allem, weil die Firma die Verkehrssicherheit der Mietanhänger zu garantieren hat. Bei diesem Geschäft ist also auf den ersten Blick nicht viel zu verdienen. Da aber viele der Mieter – man sagt, dass es über 20 % sind! – später den Wunsch haben, einen eigenen Wohnwagen zu besitzen, und ihn kaufen, kommen die Hersteller schließlich doch auf ihre Kosten.

a) Unterstreichen Sie im Text alle Ausdrücke, die man durch ein Modalverb ersetzen kann.

b) Schreiben Sie den Text um, indem Sie die unterstrichenen Ausdrücke durch die entsprechenden Modalverben ersetzen.

Niemand muss in seinem Urlaub große Entfernungen zurücklegen, aber ...

9.2 Subjektiver Gebrauch der Modalverben

Den Unterschied zwischen dem objektiven und subjektiven Gebrauch der Modalverben verdeutlichen die beiden folgenden Beispielsätze:

Müllers haben ihr Haus verkaufen ***müssen****.*
(Der Grund war, dass sie den Kredit nicht zurückzahlen konnten.)

Das Modalverb ***müssen*** bedeutet in diesem Satz NOTWENDIGKEIT / ZWANG: **objektiver Gebrauch.**

Müllers ***müssen*** *ihr Haus verkauft haben.*
(Ich vermute das, weil dort jetzt andere Leute wohnen.)

Das Modalverb ***müssen*** bedeutet in diesem Satz VERMUTUNG: **subjektiver Gebrauch.**

> Beim subjektiven Gebrauch der Modalverben drückt der Sprecher seine persönliche (= subjektive) Meinung aus.

9.2.1 Äußerung einer Vermutung

- **über Gegenwärtiges:** ***Modalverb + Infinitiv I****

Was macht eigentlich Manuela? Ich habe sie lange nicht gesehen. – Ich auch nicht, aber (ich meine),

Modalverben		andere Ausdrücke
sie { ***muss / wird / müsste / dürfte / kann / könnte*** } im Examen ***sein***.	HOHE WAHRSCHEINLICHKEIT ↕ GERINGE WAHRSCHEINLICHKEIT	sie ist { ganz sicher / sicher / zweifellos / gewiss / bestimmt / wahrscheinlich / vermutlich / möglicherweise / vielleicht } im Examen.

Diese Rangfolge ist nicht eindeutig und gilt nicht für die negative Verwendung; ***müsste*** kann überhaupt nicht negativ verwendet werden.

- **über Vergangenes:** ***Modalverb + Infinitiv II****

Was hat Maria wohl am Wochenende gemacht?
Sie ***dürfte*** wieder bei ihrer Schwester ***gewesen sein***.
Sie und ihre Schwester ***werden*** gemeinsam Freunde ***besucht haben;***
sie ***können*** aber auch einfach ***spazieren gegangen sein***.

Andere Möglichkeiten zum Ausdruck von Vermutungen:
Es ist sicher / ich bin sicher / Ich halte es für sicher (wahrscheinlich / möglich) / ich vermute / ich denke …

* Näheres zu den Infinitiven s. Nr. 16, S. 159

9.2.2 Wiedergabe einer nicht überprüften Information bzw. eines Gerüchts

- **über Gegenwärtiges:** ***sollen + Infinitiv I***

  Was erzählt man sich über Frau Meier?

  Frau Meier ***soll*** einen Konzertflügel ***besitzen;***
  sie ***soll*** aber gar nicht Klavier ***spielen können.***

  Am 30. Mai ***soll*** die Welt ***untergehen.*** Jedenfalls behauptet das ein Sektenguru. (Zukunft!)

- ***über Vergangenes:*** ***sollen + Infinitiv II***

  Man hört viel Negatives über den zurückgetretenen Minister!

  Er ***soll*** Geld von der Rüstungsindustrie ***bekommen haben;***
  auch von Baufirmen ***soll*** er ***bestochen worden sein.***
  Auch seine Mitarbeiter ***sollen*** korrupt ***gewesen sein.***

<u>Andere Möglichkeiten, eine nicht überprüfte Information weiterzugeben</u>:
Man erzählt sich / sagt / behauptet / hört, dass ...; es heißt / wird behauptet / gesagt, dass ...; angeblich ...

9.2.3 Wiedergabe einer (angezweifelten) Behauptung, die jemand über sich selbst aufstellt.

- **über Gegenwärtiges:** ***wollen + Infinitiv I***

  Vieles von dem, was Kostas von sich behauptet, stimmt nicht.

  Kostas ***will*** krank ***sein***, aber er spielt den ganzen Tag Tennis.
  Er ***will*** Deutsch perfekt ***können***, versteht aber nicht einmal den Wetterbericht.

- **über Vergangenes:** ***wollen + Infinitiv II***

  Was die Taxifahrerin in der Gerichtsverhandlung behauptet, ist wenig glaubhaft!

  Die Taxifahrerin ***will*** die Ampel an der Kreuzung nicht ***gesehen haben;***
  sie ***will*** wegen des niedrigen Stands der Sonne ***geblendet gewesen sein.***
  Außerdem ***will*** sie durch Fragen des Fahrgasts ***abgelenkt worden sein***.

<u>Andere Möglichkeiten, eine von anderen angezweifelte Behauptung über sich selbst wiederzugeben</u>:
Jemand behauptet / sagt (von sich selbst) / gibt vor, dass ...

96. *Formulieren Sie um.*

Der koreanische Austauschstudent Moonho Kim stellt an einem Montag gegen neun Uhr in Münster Vermutungen darüber an, was gerade jetzt an seiner Heimatuniversität in Seoul los ist. Er könnte diese Vermutungen auch mit Hilfe eines Modalverbs äußern.

1. Ich bin sicher, dass auf dem Uni-Campus noch viel Betrieb ist.
   → *Auf dem Uni-Campus wird noch viel Betrieb sein.*
2. Ich vermute, dass einige meiner Freunde Fußball spielen.
   →
3. Die fleißige Sunkyung Lee arbeitet sehr wahrscheinlich noch in der Bibliothek.
   →
4. Die Big-Band-Mitglieder üben möglicherweise für das Abschlusskonzert.
   →

Andere Vermutungen:

5. Ich halte es für unmöglich, dass Jochen gestern Abend hier angerufen hat.
   → *Jochen ...*
6. Der Dieb ist sehr wahrscheinlich durch die Balkontür ins Haus gekommen.
   → *Der Dieb ...*
7. Ich bin sicher, dass die Balkontür nicht abgeschlossen war.
   → *Die Balkontür ...*
8. Ich halte es für möglich, dass der Brand durch einen Kurzschluss verursacht wurde.
   → *Der Brand ...*

97. *Formulieren Sie um.*

Über einen Mann, der im Nachbarhaus wohnt, gehen Gerüchte um. Es wird viel Abenteuerliches erzählt. Das meiste stimmt hoffentlich nicht. Ich habe schon folgende Aussagen gehört:

1. „Er hat zwei Frauen."
   → *Er soll zwei Frauen haben.*
2. „Er verdient viel Geld durch Betrügereien."
   →
3. „Er wird von der Polizei observiert."
   →
4. „Er war früher Mitglied einer Geldfälscher-Bande."
   →
5. „Damals hatte er immer eine Waffe bei sich."
   →
6. „Er wurde bei einer Schießerei am Kopf verletzt."
   →
7. „Nach der Verletzung war er längere Zeit arbeitsunfähig." →

98. *Formulieren Sie um.*

Unser neuer Kollege ist ein großer Angeber. Fast alles, was er von sich erzählt, ist frei erfunden. Ich glaube ihm nichts. So behauptet er z. B.:

1. „Ich kann fließend Japanisch."
   → *Er will fließend Japanisch können.*
2. „Ich habe an der besten japanischen Universität studiert."
   →
3. „Ich bin vom japanischen Kaiser zum Tee eingeladen worden."
   →
4. „Ich habe einmal mit der Tochter des Präsidenten getanzt."
   →
5. „Ich bin der beste Schachspieler in unserer Stadt."
   →
6. „Ich kann gleichzeitig gegen zehn Gegner spielen und alle Partien gewinnen."
   →

99. *Sagen Sie dasselbe noch einmal und benutzen Sie dabei ein Modalverb.*

1. Ich bin ganz sicher, dass mein Bruder jetzt schon in München ist.
   → *Mein Bruder …*
2. Ich habe gehört, dass Meiers in den Ferien in Schweden waren.
   → *Meiers …*
3. Ich nehme an, dass Maria die Prüfung bestanden hat.
   →
4. Der Angeklagte gibt vor, dass er gar nicht Auto fahren kann.
   →
5. Ich vermute, dass die Ampel inzwischen repariert wurde.
   →
6. Es heißt, dass Peter sehr krank ist.
   →
7. Unser Hausmeister behauptet, dass er gestern Abend nicht zu Hause war.
   →
8. Ich halte es für ausgeschlossen, dass Miriams neues Auto ein Neuwagen ist.
   →
9. Ich bin sicher, dass unsere Kinder den Film sehen wollen.
   →
10. Es heißt, dass bei der Notlandung alle Passagiere unverletzt geblieben sind.
    →
11. Vielleicht hat Eva ihren Mann während des Studiums kennengelernt.
    →

12. Er behauptet, dass er benachteiligt wurde.

→

13. Ich nehme an, dass Evas Eltern über ihre Pläne informiert waren.

→

14. Angeblich waren mehrere Minister des Kabinetts Marinelli Mitglieder der Mafia.

→

15. Man sagt, dass die Journalistin von der Mafia erpresst wurde.

→

16. Die Studentin behauptet, dass sie den Prüfungstermin vergessen hat.

→

17. Viele befürchten, dass der Krieg noch lange dauert.

→

18. Möglicherweise war das Fenster heute Nacht offen.

→

100. ***Schreiben Sie den nach einem Erdbeben in Uranama erschienenen Zeitungskommentar um und ersetzen Sie die unterstrichenen Modalverben durch gleichbedeutende Ausdrücke.***

Wenn nach den Gründen für den Tod so vieler Menschen gefragt wird, dürfte man sich auch für die Rolle der Bauunternehmer in dieser Tragödie interessieren. Es muss Fahrlässigkeit oder sogar kriminelles Verhalten gegeben haben, denn sonst würden nicht im gleichen Ort zusammengestürzte neben unbeschädigten Häusern stehen. Mancher Bauunternehmer wird aus Profitgier allzu billig und schlecht gebaut haben.

Man hört die unterschiedlichsten Vorwürfe: Die Bauunternehmer sollen sich nicht an die Bauvorschriften gehalten haben. Die Einhaltung der Bauvorschriften soll auch nicht streng genug kontrolliert worden sein. Viele Häuser sollen sogar ohne Genehmigung gebaut worden sein.

Die beschuldigten Bauunternehmer weisen die Schuld natürlich von sich. Sie wollen sich an die Baunormen gehalten haben. Sie wollen nicht aus Profitgier am Material gespart haben. Manchmal nehmen die Entschuldigungsversuche komische Formen an: Ein landesweit bekannter Baulöwe will von niemandem darüber informiert worden sein, dass man für Beton keinen Meeressand verwenden darf; er will auch gar kein Bauunternehmer sein, sondern Schriftsteller, woraufhin der Schriftstellerverband von Uranama erklärt, dass ein solcher Betrüger unmöglich ein Literat sein könne.

Die Sünden der Bauunternehmer und das Versagen der Baubehörden müssten offen gelegt werden. Dann dürfte sich einiges ändern, und die Zahl der Erdbebenopfer könnte in der Zukunft etwas geringer sein.

Wenn nach den Gründen für den Tod so vieler Menschen gefragt wird, ist es sehr wahrscheinlich, dass …

9.3 Modalitätsverben

Die Soldaten ***haben*** pünktlich um 22 Uhr in der Kaserne ***zu*** sein.
Die erste Auflage des Buches ***ist*** nicht mehr ***zu*** *bekommen*.
Franzosen und Engländer ***pflegen*** abends warm ***zu*** *essen*.
Er saß mit geschlossenen Augen da; er ***schien zu*** *schlafen*.
Ich ***weigere mich***, früh um fünf Uhr *auf**zu**stehen*.
Die diplomatischen Beziehungen zwischen A-Land und B-Land ***drohen*** *ab**zu**brechen*.

> Die Verben ***haben, sein, pflegen, scheinen, sich weigern, drohen*** und einige andere in Verbindung mit ***zu*** + *Infinitiv* „modifizieren" (= verändern) die Bedeutung des Hauptverbs, d. h. des Infinitivs, in ähnlicher Weise wie die Modalverben.

101. Ersetzen Sie die Modalitätsverben „haben" und „sein" durch Modalverben.

1. Er sprach so leise, dass er kaum zu verstehen war.
   → *Er sprach so leise, dass er kaum verstanden werden konnte.*
   …, dass man ihn kaum verstehen konnte.
2. Bis wann haben sich die Kandidaten beim Prüfungsamt zu melden?
   →
3. Die hohen Produktionskosten sind offensichtlich nicht nur auf die steigenden Ölpreise zurückzuführen.
   →
4. Er hat außer seinen Kindern aus erster Ehe auch die aus der zweiten zu versorgen.
   →
5. Sein seltsames Verhalten ist durch nichts zu erklären.
   →
6. Alle Beschäftigten haben die Sicherheitsvorschriften genauestens einzuhalten.
   →
7. Es war leider nicht zu vermeiden, dass elf Pakete beim Transport beschädigt wurden.
   →
8. Im Brandfall sind die Feuerschutztüren sofort zu schließen.
   →
9. Die ausgeliehenen Bücher sind innerhalb einer Woche zurückzugeben.
   →
10. Bei diesem Thema wären noch viele andere Gesichtspunkte zu berücksichtigen.
   →
11. Die Grenze zwischen den beiden Ländern ist nur schwer zu überwachen.
   →

Häufig gebrauchte Wendungen mit *haben* und *sein* als Modalitätsverben:

Ich habe nichts mehr zu sagen.
Er hat zu Hause nichts zu sagen.
Sie haben hier nichts zu suchen!
Das hat nichts zu sagen / zu bedeuten.

Es ist (nicht) zu hoffen, dass …
Es ist (nicht) zu befürchten, dass …
Es ist (nicht) anzunehmen, dass …
Das ist ja nicht zu fassen! / Das ist doch nicht zu glauben!

10 Passiv

Es gibt im Deutschen zwei verschiedene Formen von Passivprädikaten: *werden*-Passiv (oder *Vorgangs*passiv) und *sein*-Passiv (oder *Zustands*passiv).

10.1 *werden*-Passiv

10.1.1 Formen

Ein neues Kino	*wird*	*eröffnet*		PRÄSENS
	wurde	*eröffnet*		PRÄTERITUM
	ist	*eröffnet*	*worden*	PERFEKT
	war	*eröffnet*	*worden*	PLUSQUAMPERFEKT
	wird	*eröffnet*	*werden*	FUTUR I
	wird	*eröffnet*	*worden sein*	FUTUR II

Der Text	*muss*	*geändert werden*		PRÄSENS
	musste	*geändert werden*		PRÄTERITUM
	hat	*geändert werden*	*müssen*	PERFEKT
	hatte	*geändert werden*	*müssen*	PLUSQUAMPERFEKT
	wird	*geändert werden*	*müssen*	FUTUR I
		(ungebräuchlich)		FUTUR II

10.1.2 Verwendung

In einem Passivsatz sind **Subjekt** und Täter verschieden:	Im entsprechenden Aktivsatz sind **Subjekt** und Täter identisch:
Der Motor *wird von einem Mechaniker repariert.*	***Ein Mechaniker*** *repariert den Motor.*

Passivsätze ohne Nennung des Täters

Amerika ist 1492 (~~von Kolumbus~~) entdeckt worden.

In einem Passivsatz ist die Nennung des Täters grammatisch nicht notwendig. Daher verwendet man das Passiv vor allem dann,

1. wenn der Täter nicht bekannt ist: *Das Auto ist gestohlen worden.*
2. wenn man den Täter nicht nennen will: *Ihr Antrag wurde abgelehnt.*
3. wenn es keine Rolle spielt, wer der Täter ist: *Im Labor darf nicht geraucht werden.*

Passivsätze ohne Subjekt

Wenn es im Aktivsatz keine Akkusativ-Ergänzung gibt, hat der entsprechende Passivsatz kein Subjekt. Das Prädikat steht in der 3. Pers. Sg. (subjektloses Passiv)
(s. Clamer / Heilmann: Übungsgrammatik für die Grundstufe, Nr. 1.8.3)

Wir diskutierten lange darüber.
→ *Lange wurde (von uns) darüber diskutiert.* → *Es* wurde lange darüber diskutiert.*

* zu „Es" s. Nr. 18.6, S. 166 (Erststellen-*es*)

Einschränkungen bei der Bildung des *werden*-Passivs

Man kann **keinen** Passivsatz bilden,

(1) wenn das Verb das Perfekt mit *sein* bildet.*

(2) wenn das Verb reflexiv gebraucht wird.

(3) wenn das Subjekt im Aktivsatz die einzige Ergänzung ist.**

(4) wenn das Subjekt im entsprechenden Aktivsatz nicht „Täter" ist, d. h. nicht aktiv Handelnder.

(5) wenn die Akkusativ-Ergänzung im Aktivsatz einen Körperteil des Subjekts bezeichnet.

Die folgenden Sätze können daher **nicht** in Passivsätze umgeformt werden:

Heute Morgen bin ich um 7 Uhr aufgewacht. (1), (4)
Kaum hatte ich die Augen aufgemacht (5), *da bekam ich einen Anruf.* (4)
Ich habe schnell gefrühstückt. (3)
Dann habe ich mir noch die Zähne geputzt. (2), (5)
Ich kam zu spät zur Bushaltestelle. (1)
Das Taxi hat 16 Euro gekostet. (4)
Ich habe mich natürlich geärgert. (2)

* Wenige Ausnahmen, z. B.: *In Japan wird links gefahren.*
So auch bestimmte Präfixverben zu *gehen*: *Auf dieses Problem wird später eingegangen. Der Frage wurde nachgegangen. Gegen die Mafia wurde vorgegangen.*

** Ausnahme: Wenn das Subjekt *man* im Aktivsatz die einzige Ergänzung ist, kann ein Passivsatz gebildet werden:
Früher arbeitete man bis zu 16 Stunden täglich. → *Früher wurde bis zu 16 Stunden täglich gearbeitet.*
Im Flugzeug darf man nicht rauchen. → *Im Flugzeug darf nicht geraucht werden.*

102. Bilden Sie Passivsätze.

1. Gesetzlich geschützte Tiere dürfen Touristen nicht importieren.
   →
2. In der Konferenz hatte man lange über diesen Zeitungsartikel diskutiert.
   →
3. Dieses Wörterbuch werden sie sicher niemals benutzen.
   →
4. Der Staat muss den Arbeitslosen helfen.
   →
5. Jeder hat die Prüfung machen müssen.
   →
6. Hatte die Presse auf diese Veranstaltung hingewiesen?
   →
7. Die Einschreibfristen an den Universitäten müssen alle beachten.
   →

8. Er hätte den großen Lastwagen nicht fahren dürfen.

   →

9. Mein Vermieter hat mich auf die Kündigungsfrist aufmerksam gemacht.

   →

10. Auf der Straße muss man rechts fahren.

    →

11. Man muss Fehler erkennen, bevor man sie korrigieren kann.

    →

12. Das Wetter kann man immer noch nicht exakt vorhersagen.

    →

13. Diese wichtigen Probleme hat man noch nicht lösen können.

    →

14. Mit den Vorbereitungen zum Fest begann man schon frühzeitig.

    →

103. ***Formen Sie die Sätze ins Aktiv bzw. ins Passiv um, wenn es möglich ist.***

1. Seit einer Woche hat ihn niemand gesehen.

   →

2. Die Preisdifferenz betrug 8 %.

   →

3. Die ausländischen Studierenden werden von den Mitarbeiter*innen des International Office beraten.

   →

4. Mäntel und Taschen haben an der Garderobe abgegeben werden müssen.

   →

5. Bei plötzlichem Wetterwechsel bekomme ich Kopfschmerzen.

   →

6. Den Bauern muss wegen der extremen Trockenheit finanziell geholfen werden.

   →

7. Man weiß nicht genau, wer das Papier erfunden hat.

   →

8. Der Regierung ist mit diesem Bericht geschadet worden.

   →

9. Falls der Verlag eine Neuauflage des Buches plant, sollten vorher die Druckfehler korrigiert werden!

   →

10. Darf man hier rauchen?

    →

11. Dem Minister ist von niemandem widersprochen worden.
    →
12. Das Dokument konnte nicht wiedergefunden werden.
    →
13. Hätte man die Studierenden nicht besser informieren müssen?
    →
14. Diese Übungen enthalten viele Schwierigkeiten.
    →
15. Haben die Leute auf dem Marktplatz vom Kirchturm durch das Fernrohr deutlich erkannt werden können?
    →

104. ***Formen Sie den folgenden Text um, indem Sie Passivsätze bilden, wo es möglich ist.***

Durch die Umformung ergibt sich eine sprachliche Form, die besser zum Inhalt des Textes passt, denn in Beschreibungen technischer Vorgänge, in naturwissenschaftlichen Protokollen und ähnlichen Textsorten stehen die Prädikate meistens im Passiv.

Abwasserreinigung

Man leitet die Abwässer einer Stadt in eine Kläranlage, wo die Reinigung in drei Stufen erfolgt. In der ersten, der mechanischen Reinigungsstufe, säubern Gitterstäbe und Siebe das Abwasser von gröberen Verunreinigungen. Tuben, Dosen und Kunststoffabfälle fischt man hier heraus und lagert sie später auf einer Mülldeponie.

In einem Abscheider trennt man Benzin, Öle und Fette ab, damit nicht ein Film dieser Stoffe auf der Wasseroberfläche die Sauerstoffaufnahme behindert. Danach leitet man das Wasser in Absetzbecken, wo man die noch übrig gebliebenen schwimmenden Substanzen abschöpft und schwere Stoffe sich absetzen. Diesen Bodensatz bezeichnet man als Faulschlamm.

Nun ist die mechanische Reinigung abgeschlossen. Zum biologischen Abbau der organischen Anteile des Faulschlamms pumpt man ihn in einen Faulturm, wo eine bakterielle Methan-Gärung stattfindet. Dabei erhitzt sich der Faulschlamm bis auf 70 °C. Auf diese Weise tötet man Krankheitserreger ab. Das Methan kann man zu Heizzwecken, den bei der Gärung anfallenden Klärschlamm als Düngemittel in der Landwirtschaft verwenden. Wenn er jedoch mit Schwermetallen belastet ist, muss man ihn einer Sondermülldeponie zuführen.

Bis hierher hat man dem Abwasser schon die meisten Verunreinigungen entzogen. In modernen Anlagen schließt man an die mechanische und die biologische Klärstufe noch eine chemische an. Dabei fällt man unter anderem aus Waschmitteln stammende Phosphate aus, die sonst das gereinigte Abwasser überdüngen und das „Umkippen“ von Flüssen und Seen verursachen würden. In einer zusätzlichen Reinigungsstufe will man dann noch Medikamentenrückstände aus dem Abwasser entfernen.

Die Abwässer einer Stadt werden in eine Kläranlage geleitet, wo …

105. *Finden Sie gleichbedeutende Umschreibungen für modale Passiv-Formen.*

1. Dieser Text kann leicht übersetzt werden.
   → *Diesen Text kann man leicht übersetzen.*
   → *Dieser Text ist leicht zu übersetzen.*
   → *Dieser Text lässt sich leicht übersetzen.*
   → *Dieser Text ist leicht übersetzbar.* (Vorsicht: Adjektive auf „-bar" können nicht von jedem Verb gebildet werden!)
2. Die Aufgabe konnte nicht gelöst werden.
   →
   →
   →
   →
3. Die Richtigkeit seiner Angaben könnte mühelos überprüft werden.
   →
   →
   →
   →
4. Autos mit Lackschäden können nur schwer verkauft werden.
   →
   →
   →
   → (*verkäuflich!*)
5. Viele Unfälle können auf überhöhte Geschwindigkeit zurückgeführt werden.
   →
   →
   →
   →
6. Diese Forderung kann politisch nicht durchgesetzt werden.
   →
   →
   →
   →
7. Farbloses Glas kann problemlos recycelt werden.
   →
   →
   →
   →

10.2 *sein*-Passiv

10.2.1 Formen

Die Tür	*ist*	*geschlossen*		PRÄSENS	
	war	*geschlossen*		PRÄTERITUM	
	ist	*geschlossen*	*gewesen*	PERFEKT	
	war	*geschlossen*	*gewesen*	PLUSQUAMPERFEKT	Diese Tempusformen sind selten.
	wird	*geschlossen*	*sein*	FUTUR I	
	wird	*geschlossen*	*gewesen sein*	FUTUR II	
Die Tür	*muss*	*geschlossen*	*sein*	PRÄSENS	
	musste	*geschlossen*	*sein*	PRÄTERITUM	

Andere Tempusformen sind ungebräuchlich

10.2.2 Verwendung

Die Tür ist geschlossen. ← Die Tür ist geschlossen worden.
Jemand hat die Tür geschlossen.

Die Tür war geschlossen. ← Die Tür war geschlossen worden.
Jemand hatte die Tür geschlossen.

- Das *sein*-Passiv beschreibt im Gegensatz zum *werden*-Passiv einen Zustand, der das Resultat eines abgeschlossenen Vorgangs oder einer abgeschlossenen Handlung ist. Darum gilt meistens:
  sein-Passiv im Präsens ← *werden*-Passiv bzw. Aktiv im Präteritum / Perfekt
  sein-Passiv im Präteritum ← *werden*-Passiv bzw. Aktiv im Plusquamperfekt
- Das *sein*-Passiv gibt es nur bei Verben, die auch das *werden*-Passiv bilden können und perfektive Bedeutung haben.
- Nur in Ausnahmefällen wird ein Täter erwähnt.
- Das Partizip II hat oft den Charakter eines Adjektivs (*geöffnet* = offen; *beschädigt* = kaputt; usw.).

106. Übung zum „sein"-Passiv

Das Haus der Familie Hoppenstedt ist 30 Jahre alt. Es wird zurzeit renoviert. Ein Kollege fragt Herrn Hoppenstedt nach dem Fortgang der Arbeiten. Dieser antwortet im *sein*-Passiv.

1. Müssen die Außenwände noch gestrichen werden?
   → *Nein, die sind schon gestrichen.*
2. Müssen die losen Dachpfannen noch befestigt werden?
   → *Nein, …*
3. Muss der Schornstein noch verkleidet werden?
   → *Nein, …*
4. Müssen Sie die Alarmanlage noch montieren?
   → *Nein, …*

5. Haben Sie die Haustür schon ausgewechselt?

   → *Nein, …*
6. Haben Sie die Fenster schon erneuert?

   → *Ja, …*
7. Muss der Bodenbelag noch ausgetauscht werden?

   → *Ja, leider …*
8. Werden Sie die Wände noch tapezieren müssen?

   → *Ja leider, …*

107. Beschreiben Sie den neu eingetretenen Zustand mit dem „sein"-Passiv.

1. Der Sturm hat viele Zweige abgebrochen.
   → *Viele Zweige sind abgebrochen.*
2. Der Direktor hat mein Zeugnis unterschrieben.

   →
3. Nina hat ihren karierten Rock gebügelt.

   →
4. Ich habe unseren Wagen noch nicht waschen lassen.

   →
5. Das Parlament hat die neuen Steuergesetze beschlossen.

   →
6. Die medizinisch-technische Assistentin (MTA) hat die Blutproben untersucht.

   →
7. Ich habe den neuen WLAN-Router gestern nicht installiert.

   →
8. Jemand hat die Dokumente bereits kopiert.

   →
9. Die Kundin hatte die Waren noch nicht bezahlt.

   →
10. Nach dem 2. Weltkrieg hatten die Siegermächte Deutschland geteilt.

    →
11. Die Polizei hatte die Bergstraße wegen Lawinengefahr tagelang gesperrt.

    →
12. Die Parteivorsitzenden haben den Koalitionsvertrag noch nicht unterzeichnet.

    →

108. ***„werden"-Passiv? „sein"-Passiv? Adjektivprädikat? Setzen Sie die passenden Verbformen ein.***

1. Von einem jungen Paar *wird* eine Dreizimmerwohnung gesucht.
2. Sie kommen zu spät! Die Wohnung ______________ schon vermietet.
3. Ich hoffe, dass die Wohnung über uns nicht wieder an Leute mit Hunden vermietet ______________.
4. Die Straße kann wieder zweispurig befahren ____________, weil die Bauarbeiten seit dem letzten Montag abgeschlossen ______________.
5. Mit einer Rakete, die von Baikonur aus startete, ______________ mehrere Satelliten in die Erdumlaufbahn gebracht.
6. Eine Kollegin, die bei allen sehr beliebt _________, ist in den Ruhestand getreten.
7. Unsere Großmutter, die von allen Enkeln sehr geliebt ______________, weiß gar nicht, welchem Enkel sie sich als nächstem widmen soll.
8. Wegen des Fluglotsenstreiks ______________ alle Flüge nach Nizza gestrichen.
9. Warum hast du direkt vor der Feuerwehr geparkt, obwohl du doch weißt, dass das streng verboten ______________?
10. Als die Besatzung der BOUNTY die Insel Pitcairn fand, _________ sie noch unbewohnt.
11. Dieses kleine Haus ____________ von vier Familien bewohnt.
12. Wo ___________ die BILD-Zeitung gedruckt?
13. Holen Sie mich hier raus! Ich ____________ im Aufzug eingeschlossen!
14. Für die Neuauflage des Buches musste ein Kapitel neu geschrieben __________.
15. Wir sind früh schlafen gegangen, weil wir von der langen Reise sehr erschöpft ___________.

Exkurs: Zustandsreflexiv vs. Zustandspassiv

Neben dem Zustandspassiv (*sein*-Passiv) gibt es ein Zustandsreflexiv, das genauso aussieht, aber von bestimmten reflexiven Verben gebildet werden kann. Dabei unterscheidet man, abhängig von den Verben, zwischen Gleichzeitigkeit (1) und Vorzeitigkeit (2).

(1)	Ich bin interessiert (an ...).	↔	Ich interessiere mich (für ...).
	Ich bin bemüht (um ...).	↔	Ich bemühe mich (um ...).
	Ich bin beschäftigt (mit ...).	↔	Ich beschäftige mich (mit ...).
(2)	Ich bin ausgeruht.	←	Ich habe mich ausgeruht.
	Ich bin verliebt.	←	Ich habe mich verliebt.
	Ich bin erkältet.	←	Ich habe mich erkältet.

Aber:
Bei Verben, die sowohl reflexiv als auch passiv verwendet werden können, entscheidet die inhaltliche Logik bzw. der Kontext, welche Verwendungsweise jeweils zugrunde liegt.

Ich bin informiert.	←	Ich habe mich (selbst) informiert.
	←	Ich bin von jemandem informiert worden.
Das Kind ist gewaschen.	←	Das Kind hat sich selbst gewaschen.
	←	Jemand hat das Kind gewaschen; das Kind ist gewaschen worden.
Das Auto ist gewaschen.	←	*(nur Zustandspassiv möglich!)*

Zu einigen reflexiven Verben existieren auch Sonderformen, wie z. B.:

Ich bin verärgert (über ...).	↔	Ich ärgere mich (über ...).
Ich bin erfreut (über ...).	↔	Ich freue mich (über ...).
Ich bin besorgt (um ...).	↔	Ich sorge mich (um ...).

***109. Benutzen Sie die entsprechenden reflexiven Verben im richtigen Tempus.**

1. An den offiziellen Gesprächen war sie aus persönlichen Gründen nicht beteiligt.

   →

2. Das ehemalige Industriegelände ist für eine Wohnbebauung nicht geeignet.

   →

3. Sie sind entschlossen, nach Kanada auszuwandern.

   →

4. Viele Ausländer sind darüber verwundert, dass in Deutschland die Geschäfte sonntags geschlossen sind.

   →

11. Nominalisierung von Verbalformen

Verbalstil	→	Nominalstil
Es ist riskant, *die Verkehrsregeln zu übertreten.*	→	*Die Übertretung der Verkehrsregeln* ist riskant.
Paul hatte geplant, *mit seiner Freundin an die Ostsee zu fahren.*	→	Paul hatte *eine Fahrt mit seiner Freundin an die Ostsee* geplant.
An der ersten Kreuzung bog er ab, *ohne ein Stoppschild zu beachten.*	→	An der ersten Kreuzung bog er *unter Nichtbeachtung eines Stoppschilds* ab.
Obwohl er sehr langsam gefahren war, hielt ihn eine Polizeistreife an.	→	*Trotz seines sehr langsamen Fahrens* hielt ihn eine Polizeistreife an.
Er ist sicher, *dass er ein hohes Bußgeld zahlen muss.*	→	(Eine akzeptable Nominalisierung ist hier nicht möglich.)

Bei der Nominalisierung eines Nebensatzes kommt es zunächst darauf an, ein Nomen zu finden, das der Bedeutung des Prädikatsverbs bzw. -adjektivs entspricht.

11.1 Formen der Nominalisierung:

(1) Nominalisierung von Verben

a)	suchen	→	*die Suche*	**lexikalisierte Nomen**
	besuchen	→	*der Besuch*	
	studieren	→	*das Studium*	
b)	durchsuchen	→	*die Durchsuchung*	**Nomen auf *-ung***
	sich beschäftigen	→	*die Beschäftigung*	
	entwickeln	→	*die Entwicklung*	
c)	essen	→	*das Essen*	**nominalisierte Infinitive**
	sich ausruhen	→	*das Ausruhen*	
	ausfüllen	→	*das Ausfüllen*	

(2) Nominalisierung von Adjektivprädikaten

stolz sein	→	*der Stolz*
hart sein	→	*die Härte*
betrunken sein	→	*die Trunkenheit*

(3) Nominalisierung von Funktionsverbgefügen

Abschied nehmen	→	*der Abschied*
Stellung nehmen	→	*die Stellungnahme*
in Frage stellen	→	*das Infragestellen / die Infragestellung*

Bei der Nominalisierung von Prädikat + Ergänzungen bzw. Angaben ist zu beachten:
- Verben ohne Akkusativ-Ergänzung: Subjekt → Genitivattribut
- Akkusativ-Ergänzung (bzw. Subjekt im entsprechenden Passivsatz) → Genitivattribut (Ausnahme s. Nr. 12, Anm. S. 141)
- Übrige Ergänzungen (z. B. *DatErg*) und Angaben → Präpositionalattribut

In vielen Fällen ist aber eine Nominalisierung kaum möglich, z. B. wenn es eine zu große Zahl von Satzgliedern oder ein Modalverb* gibt.

* aber oft ersetzbar durch andere Ausdrücke (vgl. Nr. 9.1, S. 116):
Jeder ***muss*** den Pass vorzeigen. → ***der Zwang*** zum Vorzeigen des Passes

110. Formen Sie um.

(Er / Sie / Man) repariert das Fahrrad. → *die Reparatur des Fahrrads*
nahm an der Tagung teil. → *die Teilnahme an der Tagung*

1. verfilmte den Roman. →
2. übersetzte den Text. →
3. arbeitet in der Fabrik. →
4. besuchte einen Sprachkurs. →
5. half seiner Freundin. →
6. studiert Medizin. →
7. erforschte die Antarktis. →
8. reiste nach Japan. →
9. hat ihre Gäste begrüßt. →
10. unterhielt sich mit ihren Freunden. →
11. ist bereit zu zahlen. →
12. wird dem Gesetz zustimmen. →
13. erfand die Dampfmaschine. →
14. arbeitet mit seinen Kollegen zusammen. →
15. experimentiert mit Bakterien. →
16. stellt teure Uhren her. →
17. fuhr nach Australien. →
18. freute sich über das Geschenk. →
19. beschäftigte sich mit Astrologie. →
20. traf Vorbereitungen für die Party. →
21. schadete seiner Gesundheit. →
22. ist misstrauisch gegenüber Männern. →
23. verbesserte das Resultat. →
24. ist abhängig von Drogen. →
25. behandelte den Tagesordnungspunkt. →
26. hatte ein neues Konzept entwickelt. →
27. kämpfte mit dem Drachen. →
28. war neugierig auf die Fortsetzung. →
29. ist sehr alt. →
30. ist berechtigt, den Doktortitel zu führen. →

11.2 Komplexe Nominalisierungen

(1) Man untersucht das kranke Kind.
Das kranke Kind wird untersucht. → *die Untersuchung des kranken Kindes*

Man untersucht das kranke Kind von Frau Dr. phil. Müller.
Das kranke Kind von Frau Dr. phil. Müller wird untersucht. → *die Untersuchung des kranken Kindes von Frau Dr. phil. Müller*

Frau Dr. med. Müller untersucht das kranke Kind.
Das kranke Kind wird **von** Frau Dr. med. Müller untersucht. → *die Untersuchung des kranken Kindes* ***durch*** *Frau Dr. med. Müller*

(2) Alle Schüler nahmen an der Prüfung teil. → *die Teilnahme aller Schüler* ***an*** *der Prüfung*

(3) Man schadet **der** Gesundheit.
Der Gesundheit wird geschadet. → *der Schaden* ***für*** *die Gesundheit*

(4) Man produziert moderne Autos. → *die Produktion moderner Autos*

Man produziert Autos.
Autos werden produziert. → *die Produktion* ***von*** *Autos*

(1) Die „Täter"-Nennung geschieht bei der Verbalform meistens mit der Präposition ***von***, bei der Nominalform mit der Präposition ***durch***.

(2) Zuerst kommt das Genitivattribut, dann das Präpositionalattribut (und danach ggf. Attributsätze).

(3) Der Dativ-Ergänzung bei der Verbalform entspricht bei der Nominalform ein Präpositionalattribut (***für***, ***zu***, u. a.).

(4) Wenn ein Genitiv ohne Artikel vorliegt und dieser Genitiv weder an der Endung des Nomens noch an der Endung des Attributs zu erkennen ist, benutzt man die Ersatzform ***von + D***.

(1) / (4) vergl.: Die Produktion **durch** Roboter (1): Roboter produzieren etwas.
Die Produktion **von** Robotern (4): Roboter werden produziert.

111. Formen Sie um.

1. Die Glühbirne wurde erfunden.
   → *Die Erfindung der Glühbirne …*
2. Edison erfand die Glühbirne.

   →
3. Die Ingenieure von Ford entwickeln ein neues Modell.

   →
4. Die UNESCO kämpft gegen den Analphabetismus.

   →

5. Die moderne Medizin bekämpft die Infektionskrankheiten.

→

6. Probleme sind aufgetreten.

→

7. Die Probleme wurden von dem Techniker gelöst.

→

8. Über die Konferenz ist ausführlich berichtet worden.

→

9. Man bearbeitet eine Aufgabe.

→

10. Der AStA hilft deutschen und ausländischen Studierenden.

→

11. Man nutzt alternative Energiequellen.

→

12. Es werden energiesparende Geräte produziert.

→

13. Der Referent erklärt den Sachverhalt genau.

→

14. Diese Fragen sind geklärt worden.

→

15. Es kommen häufig Erdbeben vor.

→

16. Alle Funktionen wurden überprüft.

→

17. Pestizide werden übermäßig eingesetzt.

→

18. Der Grundwasserspiegel sinkt kontinuierlich.

→

19. Man beachtet die ökologischen Folgen zu wenig.

→

20. Von Fachleuten werden umweltfreundlichere Produktionsverfahren entwickelt.

→

21. Die Wetterdaten werden halbstündlich aktualisiert.

→

22. Die Behörde hat den Antrag erneut abgelehnt.

→

23. Der Antragsteller erhob Einspruch gegen die Ablehnung.

→

24. Die Gebühr wurde auf 20 € festgesetzt.

→

12 Rektion der Nomen

an$_D$

Angebot*	Das Angebot an Dienstleistungen hat deutlich zugenommen.
Anteil	Der Anteil der Ausländer an der Gesamtbevölkerung beträgt 12,5 %.
Arbeit	Die Arbeit an dem neuen Roman macht keine Fortschritte.
Bedarf	Mit wachsendem Lebensstandard nimmt der Bedarf an Energie zu.
Freude (→ über)	Ihre Freude am Musizieren ist offensichtlich.
Interesse	Das Interesse an religiösen Fragen ist in Europa zurückgegangen.
Kritik*	Die Kritik an meinen Ausführungen muss ich zurückweisen.
Mangel	Der Mangel an Wasser macht das Leben in der Wüste schwierig.
Teilnahme	Die Schweiz hat ihre Teilnahme an den Wettkämpfen abgesagt.
Verbrauch*	Wir müssen den Verbrauch an fossilen Brennstoffen reduzieren.
Vorrat	Unser Vorrat an Lebensmitteln reicht nur noch für fünf Tage.
Zweifel	Meine Zweifel an der Wahrheit ihrer Behauptungen waren begründet.

an$_A$

Appell	Der Appell an die Gefühle der Bevölkerung hat dem Politiker geholfen, die Wahl zu gewinnen.
Erinnerung	Meine Erinnerung an die Grundschulzeit ist nur schwach.
Gedanke	Der Gedanke an die baldige Rückkehr in ihre Heimat macht sie froh.
Glaube	Mein Glaube an die menschliche Vernunft ist erschüttert.
Mitteilung (→ über)	Die Mitteilung an alle Mitarbeiter enthielt wichtige Informationen.
Übergabe	Die Übergabe der Dokumente an den Empfänger muss durch Unterschrift bestätigt werden.

auf$_A$

Angriff* (→ gegen)	Angriffe großer Staaten auf kleine Länder dürfen nicht länger toleriert werden.
Antwort	Die Antwort auf Ihre Frage ist nicht einfach.
Beschränkung	Innerhalb geschlossener Ortschaften gilt eine Beschränkung der Geschwindigkeit auf 50 km/h.
Druck	Der Druck auf die korrupte Politikerin hat zugenommen.
Hinweis	Wir geben Ihnen Hinweise auf das weitere Tagungsprogramm.
Hoffnung	Die Schiffbrüchigen hatten die Hoffnung auf Rettung nie aufgegeben.
Lust (→ zu)	Ich hätte jetzt Lust auf ein kaltes Bier.
Reaktion	Die Reaktion des Publikums auf den Vortrag war positiv.
Recht	Das Recht auf Selbstbestimmung darf keinem Volk verweigert werden.
Verdacht (→ gegen)	Sie wurde mit Verdacht auf Cholera ins Krankenhaus eingeliefert.
Vertrauen (→ zu)	Mein Vertrauen auf seine Unterstützung ist nicht enttäuscht worden.
Verzicht	Der Verzicht auf die schon lange geplante Reise fällt mir schwer.
Vorfreude	Die Vorfreude auf die Ferien ist bei allen groß.

bei

Besuch*	Mein Besuch bei Herrn Wagner dauerte über eine Stunde.
Hilfe (→ für)	Ich danke Ihnen für Ihre Hilfe bei meiner Bewerbung.

für

Bedingung	Sie haben alle Bedingungen für die Erteilung einer Arbeitserlaubnis erfüllt.
Entscheidung (→ gegen / über)	Die Entscheidung für das neue Computersystem ist bereits gefallen.
Grund	Was waren die Gründe für die rasante Entwicklung im Luftverkehr?
Hilfe (→ bei)	Viele engagieren sich für das Projekt „Hilfe für die Dritte Welt“.
Kampf (→ gegen)	Der Kampf für soziale Gerechtigkeit muss weitergehen.

Nutzen	Für die Einwohner Dubais ist der Nutzen einer Zentralheizung gering.
Plan	Ich habe noch keinen Plan für das nächste Treffen.
Preis	Die Preise für Grundnahrungsmittel sind deutlich gestiegen.
Schaden	Der Schaden für die Umwelt ist nach dieser Katastrophe noch nicht abzusehen.
Verantwortung	Für die Sicherheit der Passagiere trägt der Pilot die Verantwortung.
Voraussetzung*	Früher war das Abitur die Voraussetzung für ein Hochschulstudium.
gegen	
Angriff* (→ auf)	Die Presse <u>richtete</u> heftige <u>Angriffe</u> gegen den Regierungschef. (FVG)**
Entscheidung (→ für / über)	Die Entscheidung gegen die Fortführung des Projekts ist schon gefallen.
Kampf (→ für)	Der Kampf gegen die Kinderarbeit muss verstärkt werden.
Krieg (→ um)	Im Krieg gegen Japan sind Atombomben eingesetzt worden.
Protest	Es gab nur wenig Protest gegen die Fahrpreiserhöhung.
Verdacht (→ auf)	Der Verdacht gegen die Angeklagte war unbegründet.
gegenüber	
Dankbarkeit	Aus Dankbarkeit gegenüber ihrem DaF-Grammatiklehrer widmete sie ihm ihr erstes Buch.
Misstrauen	Mein Misstrauen gegenüber dem Autohändler war begründet.
Verhalten	Ihr Verhalten mir gegenüber ist unverschämt!
Vorurteil	Es wird immer Vorurteile gegenüber Minderheiten geben.
mit	
Ähnlichkeit	Ihre Ähnlichkeit mit Ihrer Schwester ist unglaublich!
Begegnung	Die Begegnung mit der östlichen Philosophie hat sie verändert.
Bekanntschaft	Die Bekanntschaft mit einflussreichen Politikern hat Paul auch geschäftlich genutzt.
Einverständnis	Ich habe im Einverständnis mit meinen Geschäftspartnern gehandelt.
Versorgung	Die Versorgung der Bevölkerung mit sauberem Wasser ist gefährdet.
nach	
Forderung*	Die Forderung der Gewerkschaft nach Lohnerhöhungen wurde vom Arbeitgeberverband zurückgewiesen.
Frage	Meine Frage nach dem Prüfungsthema wurde nicht beantwortet.
Wunsch*	Der Wunsch alter Menschen nach Ruhe ist verständlich.
über$_A$	
Ärger / Wut	Mein Ärger über die gebührenpflichtige Verwarnung war groß.
Aufregung	Ich kann die Aufregung der Studierenden über die geplante Erhöhung der Studiengebühren sehr gut verstehen.
Bericht	Der Bericht des Regierungssprechers über die Kabinettssitzung war wenig informativ.
Diskussion	Die Diskussion über die Steuerreform dauert an.
Entscheidung (→ für / gegen)	Die Entscheidung über die Verwendung der Finanzmittel fällt erst im Mai.
Freude (→ an)	Verstehen Sie meine Freude über das gute Verhandlungsergebnis?
Kontrolle*	Mit der Zeit hatte sie die Kontrolle über ihre Ausgaben völlig verloren.
Mitteilung* (→ an)	Die Mitteilung über Ort und Zeit der Veranstaltung hat mich nicht erreicht.
Verhandlung	Die Verhandlungen über den Tarifvertrag werden morgen fortgesetzt.
um	
Angst (→ vor)	Aus Angst um seine Familie flog er sofort in seine Heimat zurück.
Bemühung	KLEISTS Bemühungen um Anerkennung durch GOETHE waren erfolglos.
Bitte	Meine Bitte um Verschiebung des Termins wurde nicht erfüllt.

Krieg (→ gegen)	In naher Zukunft könnten Kriege um Wasserreserven ausbrechen.
Sorge	Aus Sorge um die schlechte Auftragslage seiner Firma kann er kaum noch schlafen.
Streit	Der Streit um den Zeitpunkt der Abschaltung der Atomkraftwerke dauert unvermindert an.
von	
Abhängigkeit	Die Abhängigkeit von Drogen nimmt allgemein zu.
Befreiung	Eine Aufgabe der Erziehung ist die Befreiung der Kinder von Angst.
vor$_D$	
Angst (→ um)	Ich lasse mir meine Angst vor Spinnen nicht gerne anmerken.
Furcht	Die Furcht vor dem Verlust des Arbeitsplatzes ist groß.
Schutz	Wichtig ist der Schutz von kleinen Kindern vor großen Hunden.
zu	
Bereitschaft	Wir schätzen seine Bereitschaft zu spontaner Hilfe.
Erlaubnis*	Hast du die Erlaubnis zum Betreten des Labors bekommen?
Fähigkeit	Es fehlt Ihnen die Fähigkeit zur Teamarbeit.
Freundschaft	Das haben sie aus Freundschaft zu uns getan.
Liebe*	Das alles tut er aus Liebe zu dir!
Lust (→ auf)	Ich habe heute keine Lust zum Arbeiten. (FVG)**
Vertrauen (→ in, auf)	Sein Vertrauen zu den Ärzten / in die Ärzte ist erschüttert.
Zustimmung	Die Regierung kann mit großer Zustimmung zu ihren Reformplänen rechnen.

* Diesen Nomen entsprechen Verben mit Akkusativ-Ergänzung!

** FVG = Funktionsverbgefüge, s. Nr. 13, S. 144

112. Setzen Sie fehlende Präpositionen und Endungen ein.

1. Haben Sie den Bericht __________ d___ Drogen-Kriminalität gelesen?
2. Der Appell __________ d___ Instinkte ist primitive Demagogie.
3. Dies ist nicht die richtige Antwort __________ mein___ Frage!
4. Die Liebe __________ sein___ Kinder___ war groß.
5. Die Vorräte __________ Benzin sind aufgebraucht.
6. Eine Beschränkung der Teilnehmerzahl __________ 20 wäre notwendig.
7. Die Arbeiten __________ d___ Seminargebäude gehen schnell voran.
8. Die Angeklagte hatte kein Vertrauen __________ ihr___ Anwältin.
9. Sein Vertrauen __________ d___ Unbestechlichkeit dieses Politikers ist unerschütterlich.
10. Ich verstehe den Ärger der Studierenden __________ d___ zu gering___ Zahl von Wohnheimplätzen.
11. Zuletzt hatte sie keine Lust mehr __________ Reisen. (Verbalnomen!)
12. Ich habe den Hinweis __________ d___ Terminverschiebung nicht gehört.
13. Bei Kindern ist die Vorfreude __________ Weihnachten immer groß.
14. Die Sorge __________ d___ krank___ Kind bedrückt sie sehr.
15. Die Frage __________ d___ Inhalt des Textes konnte sie nicht beantworten.

113. *Setzen Sie fehlende Präpositionen und Endungen ein.*

1. Ihr Glaube __________ d___ Gerechtigkeit Gottes ist felsenfest.
2. Meine Bitte __________ Verzeihung ist ernst gemeint.
3. Auf deine Hilfe __________ d___ Installation des neuen Textverarbeitungsprogramms kann ich nicht verzichten.
4. Die Opposition hat ihre Zustimmung __________ d___ Gesetz verweigert.
5. In einer Mitteilung __________ all___ Abonnenten wurden wir über die Gebührenerhöhung informiert.
6. Ihre Hoffnung __________ ein___ mild___ Urteil ist nur noch gering.
7. Die Hilfe __________ d___ arm___ Länder___ muss erweitert werden.
8. Die Begegnung __________ mein___ alt___ Freunde___ hat mich sehr gefreut.
9. Die Entscheidung __________ d___ Kandidatin Klein oder Lange fällt mir schwer.
10. Die Verhandlungen __________ d___ Truppenabzug erweisen sich als schwierig.
11. Die Eltern haben große Freude __________ ihr___ Kinder___.
12. Die Teilnahme __________ ein___ Intensivkurs wird Ihnen hiermit bescheinigt.
13. Ihr Verhalten __________ ihr___ Kolleginnen und Kollegen ist unverschämt.
14. Seine Abhängigkeit __________ sein___ Eltern besteht immer noch.
15. Die Arbeitgeber weisen die Forderung __________ ein___ deutlich___ länger___ Urlaubszeit zurück.
16. Der Streit __________ d___ Grenzgebiet dauert an.
17. Der Wunsch der Völker __________ Frieden und Wohlstand ist verständlich.
18. Die Entscheidung __________ d___ Bau des Stadions wurde mit knapper Mehrheit getroffen.
19. Wir müssen den Kampf __________ d___ Unterernährung fortsetzen.
20. Diese Krankheit wird durch einen Mangel __________ Vitamine___ hervorgerufen.
21. Man sah ihm die Freude __________ d___ bestanden___ Führerscheinprüfung an.
22. Der Verbrauch __________ Erdöl ist kaum gestiegen.
23. Der Gedanke __________ d___ nächst___ Erdbeben lässt viele nicht zur Ruhe kommen.
24. Eine gültige Zulassung ist Voraussetzung __________ d___ Aufnahme in einen Sprachkurs an der Universität.
25. Die Angst __________ schwer___ Krankheiten hat zugenommen.
26. Ihre Fähigkeit __________ Abstraktion ist bewundernswert.
27. Durch unseren Verzicht __________ d___ Reise haben wir viel Geld gespart.
28. Der Bedarf __________ Nahrungsmittel___ steigt von Jahr zu Jahr.

114. *Setzen Sie fehlende Präpositionen und Endungen ein.*

1. Meine Bekanntschaft _________ d___ Rektor der Universität hat mir bei meinem Examen nicht geholfen.
2. Noch nie war das Interesse _________ Bücher___ über ökologische Themen so groß wie heute.
3. Mit einer solchen Reaktion _________ mein___ Äußerungen hatte ich nicht gerechnet.
4. Weihnachten wird gefeiert zur Erinnerung _________ d___ Geburt von Jesus Christus.
5. Die Angst _________ d___ Leben seines schwer erkrankten Vaters war ihm deutlich anzumerken.
6. Wir müssen den Schaden _________ d___ Gesundheit möglichst gering halten.
7. Die Garage kann nur im Einverständnis _________ d___ Nachbarn gebaut werden.
8. Aus Freundschaft _________ dir und dein___ Familie werde ich euch noch einmal Geld leihen.
9. Auch die Erlaubnis _________ Parken (Verbalnomen!) wird vom Rektorat erteilt.
10. Bei diesem Projekt ist der Nutzen _________ d___ Reichen am größten.
11. Die Entscheidung _________ d___ Einsatz der Armee trifft der Präsident.
12. Leider ist das Angebot _________ frei___ Stellen weiterhin rückläufig.
13. In Deutschland ist die Furcht _________ Schlangen unbegründet.
14. Der Verdacht _________ d___ festgenommen___ Frauen bleibt weiterhin bestehen.
15. Ich habe keine Vorurteile _________ Vorbestraft___ .
16. Die Ähnlichkeit des Pop-Stars _________ d___ Verbrecher ist verblüffend.
17. Wir können Ihnen noch keine Mitteilung _________ Ihr___ zukünftig___ Arbeitsplatz machen.
18. Der Krieg _________ d___ Besitz___ der Ölquellen muss sofort beendet werden.
19. Der Druck _________ d___ Politikerin nimmt immer mehr zu.
20. Die Übergabe der Leitung _________ d___ neu___ Direktorin ist bereits erfolgt.
21. Unterlassen Sie die verbalen Angriffe _________ Ihr___ Mitarbeiter___!
22. Der Preis von 390.000 Euro _________ d___ Haus erscheint mir zu hoch.
23. Wegen des Verdachts _________ ein___ neuartig___ Tierseuche mussten viele Rinder getötet werden.
24. Aus Dankbarkeit _________ ihr___ Lebensretter wollte sie ihn heiraten.
25. Der Anteil der Erwerbslosen _________ d___ Gesamtbevölkerung hat leicht abgenommen.
26. Angeblich war der Angriff nur _________ militärisch___ Ziel___ gerichtet.
27. Aus Misstrauen _________ d___ unbekannt___ Mann___ schloss sie die Wohnungstür sofort wieder.
28. Die Versorgung der Flüchtlinge _________ frisch___ Lebensmittel___ war schwierig.

13 Funktionsverbgefüge

(1) Der Staatsanwalt ***zog*** die Wahrheit der Zeugenaussage ***in Zweifel***.
→ Der Staatsanwalt zweifelte an der Wahrheit der Zeugenaussage.

(2) Mikrochips ***finden*** heute in fast allen Lebensbereichen ***Verwendung***.
→ Mikrochips werden heute in fast allen Lebensbereichen verwendet.

> Funktionsverbgefüge (FVG) sind Prädikate, die aus einer festen Verbindung von ***Funktionsverb*** und ***Gefügenomen*** bestehen.

Das Gefügenomen kann nicht wie eine Ergänzung erfragt werden, also nicht:
(1) ~~**Wohin** zog der Staatsanwalt die Wahrheit der Zeugenaussage?~~
(2) ~~**Was** finden Mikrochips in fast allen Lebensbereichen?~~

Die Bedeutung eines FVGs wird hauptsächlich durch das Gefügenomen bestimmt. Das Funktionsverb hat vor allem grammatische Funktion.

> Es gibt zwei Typen von FVG:
> 1. präpositionale FVG: *in Zweifel ziehen; unter Druck setzen; zur Kenntnis nehmen; …*
> 2. akkusativische FVG: *Verwendung finden; Kritik üben; einen Beruf ergreifen; …*

Oft entspricht die Bedeutung des FVGs weitgehend einem Verb vom Wortstamm des Gefügenomens:
in Zweifel ziehen ≙ zweifeln (an) / bezweifeln
Verwendung finden ≙ verwendet werden
sich Gedanken machen ≙ nachdenken (über)

In den meisten Fällen hat aber das FVG eine eigenständige Bedeutung:
in Schutz nehmen ≙ gegen Kritik oder Vorwürfe verteidigen (nicht: ~~schützen~~)
sich in Verbindung setzen ≙ Kontakt aufnehmen (nicht: ~~sich verbinden~~)
zum Vorschein kommen ≙ sichtbar werden

Liste häufig gebrauchter Funktionsverbgefüge

begehen

eine Dummheit	Ich habe die Dummheit begangen, Aktien zu kaufen.
Selbstmord / einen Mord	Der Behördenchef, dessen Unterschlagungen bekannt geworden waren, beging Selbstmord.
ein Verbrechen	Die Verbrechen, die von Hitler und Stalin begangen wurden, dürfen nicht vergessen werden.

bringen + *A*

in Erfahrung	Kannst du vielleicht Peters Adresse in Erfahrung bringen?
in Gang	Es war schwer, den Motor wieder in Gang zu bringen / setzen.
in Gefahr	Mit seinem riskanten Fahrstil hat er sich oft in Gefahr gebracht.
in Ordnung	Ich muss meine Papiere endlich einmal in Ordnung bringen.
in Sicherheit	Bei dem Brand gelang es Frau Muth, sich und ihre drei Kinder in Sicherheit zu bringen.
in Verbindung mit	Einige italienische Politiker wurden mit der Mafia in Verbindung gebracht.
unter Kontrolle	Durch vorsichtiges Bremsen brachte er das Fahrzeug wieder unter Kontrolle.

zum Abschluss	Die Kommission will ihre Untersuchung bald zum Abschluss bringen.
zum Ausdruck	In seiner Abschiedsrede brachte der Chef seinen Dank für die gute Zusammenarbeit zum Ausdruck.
zu Ende	Er hat weder sein Studium noch seine praktische Ausbildung zu Ende gebracht.
zur Sprache	Bevor wir abstimmen, möchte ich noch ein weiteres Argument zur Sprache bringen.
ergreifen	
einen Beruf	Viele Abiturienten ergreifen sofort einen Beruf, wenn sie das Gymnasium beendet haben.
die Flucht	Als die Antilopen den Löwen entdeckt hatten, ergriffen sie die Flucht.
die Initiative	Wenn niemand die Initiative ergreift, wird alles beim Alten bleiben.
die Macht	Eine Offiziersclique hat geputscht und die Macht ergriffen.
eine Maßnahme	Die Zentralbank muss Maßnahmen ergreifen, um die Inflation zu dämpfen.
erteilen + *D*	
eine Absage	Die liberale Partei erteilte dem Koalitionsangebot der Sozialisten eine Absage.
einen Auftrag	Der Auftrag zum Bau der Brücke wurde einer belgischen Firma erteilt.
finden	
Anerkennung	Die Autorin hat mit ihrem neuen Buch bei vielen Kritikern Anerkennung gefunden.
Anwendung	Der Paragraph 17 kann in diesem Zusammenhang keine Anwendung finden.
Aufnahme	Viele Wissenschaftler, die von den Nazis verfolgt wurden, fanden Aufnahme in der Türkei.
Beachtung	Die Gesetzesvorschläge der Opposition fanden keine Beachtung.
Beifall	Der Plan der Regierung, die Steuern zu senken, findet allgemeinen Beifall.
Berücksichtigung	Ihre Bewerbung konnte leider keine Berücksichtigung mehr finden, da sie verspätet eingegangen ist.
Interesse	Der neue Modeartikel findet bei den Käufern kein Interesse.
den Tod	Beim Absturz eines Privatflugzeugs in der Nähe von Wien fanden alle Insassen den Tod.
Unterstützung	Bei wem kann ich für meine Pläne Unterstützung finden?
Verständnis	Peter findet bei seinem Vater kein Verständnis für sein teures Hobby.
Verwendung	In Büros finden FAX-Geräte immer seltener Verwendung.
Zustimmung	Sein Vorschlag, ein neues Auto zu kaufen, fand bei seiner Familie keine Zustimmung.
führen	
ein Gespräch	Die Regierungschefs führten ein Gespräch unter vier Augen.
einen Kampf	Der Zoll führt einen fast aussichtslosen Kampf gegen den Drogenschmuggel.
(einen) Krieg	Das Land führt schon seit fünf Jahren Krieg gegen die Rebellen im Norden.
ein Leben	Unsere pensionierte Kollegin führt jetzt ein ruhiges Leben.
Protokoll	Die Professorin bat einen Studenten, über die Seminarsitzung Protokoll zu führen.
eine Verhandlung	Die Gewerkschaften führen mit den Arbeitgebern Verhandlungen über eine Lohnerhöhung.
zu Ende + *A*	Aus Geldmangel hat das Institut die Untersuchungen nicht zu Ende führen können.
geben	
ein Versprechen (+ *D*)	Er hat uns das Versprechen gegeben, das Geld noch vor Monatsende zurückzuzahlen.

Mühe + *sich*	Ich werde mir Mühe geben, die Arbeit bis morgen Abend abzuschließen.
geben / erteilen + *D*	
eine Antwort	Eine Antwort auf die Frage nach der Unfallursache können wir Ihnen erst nach Abschluss unserer Untersuchungen geben / erteilen.
(eine) Auskunft	Über das Prüfungsergebnis können wir nur dem Kandidaten persönlich Auskunft geben / erteilen.
einen Befehl	Der Einsatzleiter gab / erteilte den Polizisten den Befehl, das besetzte Haus zu räumen.
eine Erlaubnis	Die Verwaltung hat allen Mitarbeitern die Erlaubnis gegeben / erteilt, im Hof zu parken.
einen Rat	Der Arzt gab / erteilte der Patientin den dringenden Rat, das Rauchen aufzugeben.
Unterricht	Herr Klein gibt / erteilt Unterricht im Lehrgebiet Deutsch als Fremdsprache.
halten	
eine Predigt / eine Rede	Der Pastor hat am Sonntag in der Kirche eine eindrucksvolle Predigt gehalten.
ein Referat	Ich musste im letzten Semester zwei Referate halten.
ein Versprechen	Ein gegebenes Versprechen muss man auch halten!
eine Vorlesung	Frau Professorin Lütt hält in diesem Semester eine Vorlesung über Wachstumsstörungen.
einen Vortrag	Eine Archäologin hat am Dienstag einen Vortrag über neue Ausgrabungen am Tigris gehalten.
kommen	
in Betracht / infrage	Ein Wechsel der Universität kommt für mich nicht mehr in Betracht / infrage.
in Gang	Die Diskussion über die generelle Abschaffung der Todesstrafe muss wieder in Gang kommen.
zur Anwendung	Bei der Pulverkaffeeherstellung kommt ein neues Verfahren zur Anwendung.
zum Bewusstsein + *D*	Dass ich in großer Gefahr schwebte, ist mir in der Situation selbst nicht zum Bewusstsein gekommen.
zum Einsatz	Die neuen Löschfahrzeuge der Feuerwehr sind gestern erstmals zum Einsatz gekommen.
zu einem Ergebnis	Nach langer Diskussion kamen wir zu einem guten Ergebnis. … kamen wir zu dem Ergebnis, das Angebot anzunehmen.
zu einem Entschluss	Wir sind nach langen Überlegungen zu einem Entschluss gekommen.
zu Hilfe	Beim Überqueren der Grenze kam den Flüchtlingen glücklicherweise dichter Nebel zu Hilfe.
zur Ruhe	Seine Sorgen um die Familie ließen ihn nicht zur Ruhe kommen.
zum Stillstand	Der Rüstungswettlauf ist immer noch nicht zum Stillstand gekommen.
zu der Überzeugung	Ich bin zu der Überzeugung gekommen, dass meine Entscheidung richtig war.
zum Vorschein	Sobald der Schnee schmilzt, kommen die ersten Blumen zum Vorschein.
leisten	
eine Anzahlung	Wenn Sie das Gerät abholen, müssen Sie eine Anzahlung leisten.
einen Beitrag	Römer, Germanen, Berber, Araber – sie alle haben einen Beitrag zur spanischen Kultur geleistet.
einen Eid	Beamte und Minister leisten bei Dienstantritt einen Eid auf die Verfassung.
Gesellschaft + *D*	Ich kann wegen einer Knieverletzung das Haus nicht verlassen; leistest du mir heute ein bisschen Gesellschaft?
Hilfe (+ *D*)	Das Rote Kreuz leistet in Katastrophenfällen Hilfe.

(Wehr)dienst	In vielen Ländern müssen männliche Jugendliche Wehrdienst leisten.
Widerstand	Bei seiner Festnahme leistete der Bankräuber keinen Widerstand.
machen	
eine Aussage	Ein Zeuge machte die Aussage, dass der Fahrer vor der roten Ampel nicht angehalten habe.
einen Fehler	Intelligente Menschen machen denselben Fehler nur einmal, dumme immer wieder.
Gedanken + *sich*	Mach dir nicht zu viele Gedanken über die Zukunft!
Sorgen + *sich (um)*	Um kranke Kinder machen Eltern sich immer Sorgen.
Mut + *D*	Es ist wichtig, ängstlichen Kindern vor einer Prüfung Mut zu machen.
nehmen	
Abschied *von*	Tausende Bürger kamen zur Trauerfeier, um von ihrem toten Bürgermeister Abschied zu nehmen.
Bezug *auf*	Ich nehme Bezug auf Ihre Anfrage vom 3. Mai und teile Ihnen dazu Folgendes mit: …
Einfluss *auf*	Große Konzerne versuchen, auf Entscheidungen der Regierung Einfluss zu nehmen.
Kenntnis *von*	Ich bestätige hiermit, dass ich von der Kündigung Kenntnis genommen habe.
Notiz *von*	Der Angeklagte nahm keine Notiz von der Zeugin.
Platz	Die Mitglieder des Präsidiums nahmen in der ersten Reihe Platz.
Rache *an*	Die Mafia nimmt an Verrätern blutige Rache.
Rücksicht *auf*	Wir fuhren langsam, weil wir auf Fußgänger Rücksicht nehmen mussten.
Stellung *zu*	Bitte nehmen Sie Stellung zu den hier geäußerten Vorwürfen!
in Anspruch + *A*	Kann ich Ihre Hilfe in Anspruch nehmen?
in Betrieb + *A*	Unsere Firma kann die neue Anlage erst in Betrieb nehmen, wenn der TÜV sie abgenommen hat.
in Besitz + *A*	Nach dem Tode des Vaters nahm der Sohn den Bauernhof in Besitz.
in Empfang + *A*	Er nahm das Geld dankend in Empfang.
in Kauf + *A*	Wer sein Geld in Aktien anlegt, muss bereit sein, Verluste in Kauf zu nehmen.
in Schutz + *A*	Es ist ganz natürlich, dass Eltern ihre Kinder in Schutz nehmen.
zur Kenntnis + *A*	Ich habe zur Kenntnis nehmen müssen, dass mein Antrag abgelehnt worden ist.
schenken + *D*	
Beachtung	Der Warnung vor einem Ausbruch des Vulkans schenkte die Bevölkerung kaum Beachtung.
Glauben	Den Berichten von Reisenden über Riesen und Zwerge schenkte man früher Glauben.
Vertrauen	Sie sollten niemandem Ihr Vertrauen schenken, der Ihnen ungewöhnlich hohe Zinsen verspricht.
setzen + *A*	
aufs Spiel	Wer von dieser Brücke in den Fluss springt, setzt sein Leben aufs Spiel.
in Gang	Eine Bürgerinitiative hat eine Diskussion über die Lärmbelästigung in Gang gesetzt / gebracht.
in Kenntnis *von*	Ich muss Sie davon in Kenntnis setzen, dass die Miete ab Mai erhöht wird.
in / außer Kraft	Der Europäische Gerichtshof hat das generelle Werbeverbot für Zigaretten außer Kraft gesetzt.
in Verbindung + *sich*	Wegen der Verlängerung Ihres Passes setzen Sie sich bitte mit dem Konsulat in Verbindung.
unter Druck	Bei ihrer Entscheidung hat sie sich von keinem unter Druck setzen lassen.

stehen	
zur Debatte	Eine Gehaltserhöhung steht in diesem Jahr nicht zur Debatte.
zur Verfügung	Uns steht für die Reise ein bequemer Bus zur Verfügung.
zur Wahl	Für das Amt der Vorsitzenden stehen drei Kandidatinnen zur Wahl.
stellen	
einen Antrag *auf*	Eine Biologiestudentin hat einen Antrag auf Zulassung zum Medizinstudium gestellt.
eine Aufgabe + *D*	Der Mathematiklehrer stellte den Schülern eine schwere Aufgabe.
eine Forderung	Die Geiselnehmer stellten die Forderung nach einem Fluchtauto und zwei Millionen Euro Lösegeld.
eine Frage (+ *D*)	Stell (mir) doch nicht immer wieder die gleichen Fragen!
in Dienst + *A*	Die Feuerwehr hat ein neues Löschfahrzeug in Dienst gestellt.
in Frage + *A*	Der Nutzen dieser Investition ist in Frage zu stellen.
zur Diskussion + *A*	Ich möchte meinen Vorschlag zur Diskussion stellen.
zur Verfügung + *A*	Die Bank hat mir einen Kredit zur Verfügung gestellt.
treffen	
ein Abkommen	Die Staaten der EU haben ein Abkommen über den freien Grenzverkehr getroffen.
eine Auswahl	Man kann nicht jeden Artikel lesen; man muss eine Auswahl treffen.
eine Entscheidung	Bei diesen vielen Möglichkeiten ist es schwer, eine Entscheidung zu treffen.
eine Maßnahme	In Köln hat man Maßnahmen zum Schutz vor dem Rheinhochwasser getroffen.
eine Unterscheidung	Es ist oft schwer, eine Unterscheidung zwischen mutigem und riskantem Verhalten zu treffen.
Vorbereitungen	Schon Anfang Dezember treffen viele deutsche Familien Vorbereitungen für das Weihnachtsfest.
treiben	
Handel	Die Araber trieben schon im Mittelalter Handel mit den Genuesen.
Sport	Wenn Sie zu Übergewicht neigen, sollten Sie regelmäßig Sport treiben.
üben	
Kritik *an*	Am Regierungsstil des Kanzlers wurde von vielen Seiten Kritik geübt.
ziehen	
Konsequenzen *aus*	Aus der Abstimmungsniederlage zog der Regierungschef die Konsequenzen und trat zurück.
Nutzen *aus*	Aus seiner Lage am Meer hat Venedig Jahrhunderte lang Nutzen gezogen.
eine Lehre *aus*	Welche Lehre lässt sich aus der Tatsache ziehen, dass in Staaten mit Todesstrafe nicht weniger Morde passieren als in anderen Ländern?
den Schluss *aus*	Aus ihrem Verhalten ziehe ich den Schluss, dass sie sich scheiden lassen will.
(einen) Vorteil *aus*	Es wäre unfair, aus ihrer unglücklichen Lage Vorteile zu ziehen.
in Erwägung + *A* in Betracht + *A*	Wegen des zunehmenden Fluglärms ziehen wir einen Wohnungswechsel in Erwägung / in Betracht.
in Zweifel + *A*	Aufgrund meiner Nachforschungen muss ich ihre Aussage in Zweifel ziehen.
zur Verantwortung + *A*	Meistens kann man die Verursacher von Umweltkatastrophen nicht zur Verantwortung ziehen, weil sie nicht zu ermitteln sind.
sich zuziehen	
eine Infektion	Lass dich impfen, damit du dir im Winter keine Grippe zuziehst!
eine Verletzung	Beim Skilaufen kann man sich leicht schwere Verletzungen zuziehen.

115. Setzen Sie die fehlenden Wörter in die Lücken ein.

1. Menschen ohne Einkommen können Sozialhilfe ______ Anspruch ____________ .
2. Wer Sozialhilfe beansprucht, muss einen Antrag beim Sozialamt ____________ .
3. Für regelmäßige Zahlungen können Sie Ihrer Bank einen Dauerauftrag _________ .
4. Der Maler _____________ seine Freude über das große Interesse an seiner Ausstellung ______ Ausdruck.
5. Das Prüfungsamt ______________ nur dem Prüfling persönlich Auskunft über das Prüfungsergebnis.
6. Die Rede des UN-Generalsekretärs _____________ in der ganzen Welt starke Beachtung.
7. Wegen der Krebsgefahr sollte man auch kleinen Hautveränderungen Beachtung ____________ .
8. Die ausländischen Arbeitnehmer*innen ______________ einen beachtlichen Beitrag zum Steueraufkommen.
9. Paul will nicht studieren, sondern gleich nach dem Abitur einen Beruf __________ .
10. Entfernen Sie die Transportsicherung, bevor Sie die Waschmaschine ______ Betrieb ______________ .
11. Mit Protesten gegen höhere Steuern versuchen internationale Großkonzerne, die Regierung ______ Druck zu ______________ .
12. Wer hat die Geldspende des Waffenhändlers an die Partei ___ Empfang _________?
13. Es konnte nicht ______ Erfahrung _________________ werden, woher der anonyme Anruf kam.
14. Die Polizei _________________ ______ dem Ergebnis, dass die Morddrohung an den Minister ein übler Scherz war.
15. Ich habe den Fehler ________________ , Helene von meinen Plänen zu erzählen.
16. Zur Nutzung der Sonnenenergie _________________ zurzeit in Mitteleuropa nur zwei Systeme ______________ .
17. Die Existenz sogenannter Erdstrahlen wird von den meisten Physikern ______ Frage _________________ .
18. Steigende Ölpreise haben die Entwicklung sparsamerer Autos ___ Gang ________ .
19. Kleine, sparsame Autos _________________ bei den Käufern aber leider wenig Interesse.
20. Seit Jahren _________________ die Vertreter beider Seiten Gespräche über einen Frieden.
21. 1989 haben die Bürger der DDR die Initiative zum Sturz des Regimes ____________.
22. Wer eine Weltreise per Fahrrad macht, muss Unbequemlichkeiten ______ Kauf ________________.
23. Bitte ______________ Sie _____ Kenntnis, dass hier nicht geraucht werden darf.
24. Herr Minister, Sie sind für das Versagen Ihrer Behörde verantwortlich! _________________ Sie die Konsequenzen! Treten Sie zurück!

116. Ergänzen Sie.

1. Am ersten Januar wurden Steueränderungen _____ Kraft ____________ .
2. Wer ein Leben in Frieden ____________ will, sollte keinen Streit anfangen.
3. Nachdem die Nazis die Macht ____________ hatten, schafften sie alle demokratischen Institutionen ab.
4. Welche Maßnahmen _______________ der Staat, um den Drogenhandel zu unterbinden?
5. Dem Angeklagten konnte bisher nicht nachgewiesen werden, dass er den Mord ____________ hatte.
6. Der Minister hat das Ziel, die Staatsfinanzen wieder ____ Ordnung zu _________ .
7. Können Sie mir einen Rat ____________ , wie ich aus dieser schwierigen Situation herauskomme?
8. Statt lange Reden über das Problem zu _______________ , solltest du lieber etwas tun.
9. ________________ Rücksicht auf die Nachbarn und stellt die Musik etwas leiser!
10. Aus falschen Prämissen kann man keine richtigen Schlüsse ____________ .
11. Mein Arzt sagt, ich solle mehr Sport ____________ .
12. Der Angeklagte wollte zu der Behauptung der Zeugin nicht Stellung ____________ .
13. Wir sind _____ der Überzeugung ____________ , dass sich eine Reparatur der Waschmaschine nicht mehr lohnt.
14. Die Mechaniker, die das Seilbahnunglück verschuldet haben, werden gerichtlich _____ Verantwortung ____________ .
15. Für die Schadstoffanalysen haben den Chemikern die modernsten Geräte ______ Verfügung ____________ .
16. Jedem Bundestagsabgeordneten wird ein Büro _____ Verfügung _____________ .
17. Die Nachbarn haben mir das Versprechen ____________ , im Urlaub auf unser Haus aufzupassen.
18. Oft ________________ Kriegsflüchtlinge bei den Behörden wenig Verständnis für ihre Situation.
19. Frau Professorin Lang kann wegen einer Erkrankung ihre heutige Vorlesung nicht ________________ .
20. Die Anregung, sich nach einem halben Jahr wieder zu treffen, ________________ bei allen Zustimmung.

117. *Ersetzen Sie die Funktionsverbgefüge durch ein Verb gleicher oder ähnlicher Bedeutung.*

(anwenden, ausdrücken, ~~beantragen~~, beenden, berücksichtigen, (sich) entscheiden, erlauben, informieren, kritisieren, sich verabschieden, vereinbaren)

1. Die türkische Studentin hat einen Antrag auf Aufenthaltserlaubnis gestellt.
   → *Die türkische Studentin hat eine Aufenthaltserlaubnis beantragt.*
2. Ich würde gern diese Arbeit zu Ende führen, bevor ich mit etwas Neuem beginne.
   →
3. Zu spät gestellte Anträge können keine Berücksichtigung mehr finden.
   →
4. Vor seinem Abflug nach Europa nahm er Abschied von seinen Freunden.
   →
5. Ich möchte Ihnen mit diesem Geschenk meinen Dank zum Ausdruck bringen.
   →
6. Die Kommission hat ihre Entscheidung mit Zweidrittelmehrheit getroffen.
   →
7. Nach der Demonstration wurde scharfe Kritik am Verhalten der Polizei geübt.
   →
8. Bei der Altersbestimmung geologischer Schichten kommen heute neue Methoden zur Anwendung.
   →
9. Wer hat Ihnen die Erlaubnis gegeben, hier zu angeln?
   →
10. Niemand hatte uns von der Sperrung der Brücke in Kenntnis gesetzt.
    →
11. Die Regierungen Frankreichs und Deutschlands haben ein Abkommen über regelmäßige Konsultationen getroffen.
    →

*** 118. *Ersetzen Sie die Verben durch gleichbedeutende Funktionsverbgefüge.***

1. Dass Marco Polo tatsächlich in China war, wird von modernen Historikern bezweifelt.
   → *Dass Marco Polo tatsächlich in China war, wird von modernen Historikern in Zweifel gezogen.*
2. Schon sechs Jahre im Voraus werden die Olympischen Spiele vorbereitet.
   →
3. Darf die Regierung versuchen, die Entscheidungen der Internetkonzerne zu beeinflussen?
   →

4. Bleiben wir hier, oder fahren wir nach Hause? Wir sollten uns noch heute entscheiden!

→

5. Starker Rauch gefährdete nicht nur die Hausbewohner, sondern auch die Feuerwehrleute.

→

6. Den Antrag der Abgeordneten Walterscheid unterstützten nicht nur ihre Parteifreunde.

→

7. Es ist schwer, aus einem großen Angebot das Richtige auszuwählen.

→

8. Wer einem Menschen in Gefahr nicht hilft, macht sich strafbar.

→

9. Die Kriminalpolizei hat ihre Untersuchung abgeschlossen.

→

10. Einweggeschirr aus Plastik darf nicht mehr verwendet werden.

→

11. Wir müssen Sie leider von der Ablehnung Ihres Antrags unterrichten. (Kenntnis!)

→

12. Der Aufsatz über die Solartechnik ist in der Fachwelt stark beachtet worden.

→

13. Die Frage der Parteienfinanzierung interessiert die Wähler kaum.

→

14. Die christliche Religion verbietet es, sich an einem Feind zu rächen.

→

15. Die Dorfbewohner flohen vor dem glühenden Lavastrom.

→

16. Dass meine Entscheidung so große Folgen haben könnte, ist mir damals nicht bewusst geworden.

→

17. Unter diesen Themen können Sie einige auswählen.

→

18. Ich habe wirklich noch nie ernsthaft darüber nachgedacht, mein Studienfach zu wechseln.

→

19. Sein Unterrichtsstil wurde von vielen kritisiert.

→

14 Satzgliedstellung

Das Grundprinzip bei der Satzbildung ist die **Satzklammer**, die man sich wie eine Brücke vorstellen kann:

Im **Aussagesatz** („Hauptsatz") besteht die Klammer („Brückenpfeiler") aus den Teilen des Prädikats: vorn (auf Position 2) steht der finite Teil des Prädikats („Personalform"), hinten (Endposition E) der infinite Teil (bei Funktionsverbgefügen das Funktionsnomen). Nur bei einfachen und untrennbaren Verben bleibt im Präsens und Präteritum der hintere Klammerteil (E) leer. Im Nebensatz bildet die Subjunktion den vorderen Teil der Klammer, das gesamte Prädikat den hinteren.

Durch die Klammer wird der Satz in drei ungleiche **Felder** geteilt:

Vorfeld		**Mittelfeld**		**Nachfeld**
Mein Bruder	**hat**	mehr Bücher	**gelesen**	als ich.
(Ich weiß,)	**dass**	mein Bruder mehr Bücher	**gelesen hat**	als ich.

14.1 Das Vorfeld

Bei Aussagesätzen und bei Fragesätzen mit *w*-Fragewort („Ergänzungsfragen") ist das **Vorfeld immer besetzt** – und zwar mit ***genau einem*** Element.
Bei *Ja-/Nein*-Fragen („Entscheidungsfragen") und bei Imperativsätzen bleibt das Vorfeld unbesetzt.

Auf ***welchem*** Gleis	**fährt**	der Zug nach Köln	**ab?**
Ø	**Kommt**	der Zug pünktlich	**an?**

Im Vorfeld steht oft das Subjekt, vor allem aber Angaben (*TempA*, *KausA*, *KondA* etc.) in nominaler Form oder als Nebensatz. Nominale Ergänzungen sind seltener, aber auch Ergänzungssätze sind dort möglich. Nur „es" (im Akkusativ) und Reflexivpronomen von obligatorisch reflexiven Verben können dort **nicht** vorkommen.

Ins Vorfeld werden besonders jene Elemente gestellt, die das Thema des Satzes benennen oder die den Satz an den vorhergehenden inhaltlich anschließen und so eine kohärente Textstruktur schaffen.

14.2 Das Nachfeld

Bei „einfachen" Aussagesätzen ist das Nachfeld **fast immer unbesetzt**. Ausnahmen sind Vergleiche.

Der Zug	**fährt**	heute wahrscheinlich verspätet	**ab.**	Ø
Im Winter	**wird**	mehr Energie	**verbraucht**	als im Sommer.

Auch Präpositional-Ergänzungen und Situativ-Ergänzungen werden manchmal nachgestellt, besonders in der mündlichen Kommunikation (*Ich habe mich nie besonders interessiert für Musik. / Dir wird es sicher gut gefallen in Münster.*).

Bei Satzgefügen (HS-NS-Konstruktionen) ist allerdings das Nachfeld die bevorzugte Position für den Nebensatz: für Angabesätze und besonders für Ergänzungssätze.

Ich **werde** dich morgen **besuchen,** wenn ich Zeit habe.

14.3 Das Mittelfeld

Im Gegensatz zu Vor- und Nachfeld, wo Elemente immer nur einzeln erscheinen, treten sie im Mittelfeld gehäuft auf. Für die Reihenfolge von Ergänzungen und Angaben lassen sich Tendenzen angeben – es gibt jedoch nur wenige klare Regeln.

So stehen links und rechts im Mittelfeld Ergänzungen, dazwischen (in der Mitte) ein Block mit den (nominalen) Angaben. Zwar können auch Angabesätze im Mittelfeld erscheinen, doch ist die Position von Nebensätzen im Vor- oder Nachfeld die übliche (und bei der Textproduktion immer zu bevorzugen!).

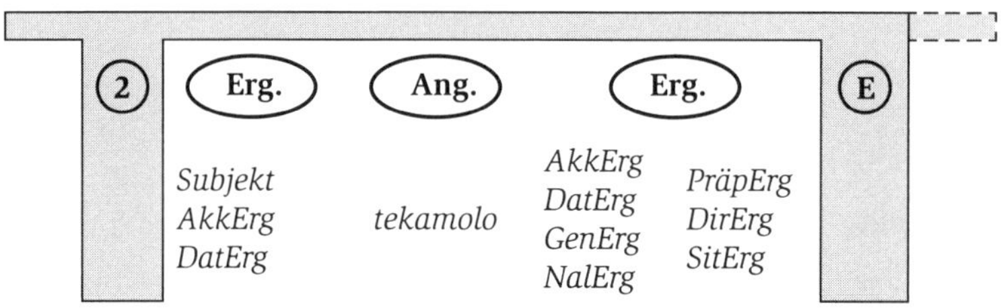

	Tendenz Ergänzungen	
Subjekt		
Pronomen	⟵⟶	
definite Nominalgruppe	(Mittelfeld)	indefinite Nominalgruppe
„kurz“		„lang“
bekannt		unbekannt, neu
unbetont		betont
grammatisch notwendig		inhaltlich wichtig / notwendig

Hinweise:

(1) Angaben stehen in einem Block in der Mitte. Die alte Regel **te – ka – mo – lo** (**te**mporal – **ka**usal sowie konzessiv und konditional – **mo**dal – **lo**kal) stimmt meistens bei gleicher Wichtigkeit aller Angaben.
*Ich habe gestern Morgen (**te**mporal) wegen meiner Verspätung (**ka**usal) eilig (**mo**dal) auf dem Weg zur Arbeit (**lo**kal) einen Kaffee gekauft.*

(2) Ergänzungen stehen vor oder hinter diesem Block. Ganz hinten (vor dem zweiten Prädikatsteil) stehen *PräpErg*, *DirErg*, *SitErg*, davor *NalErg* und die Kasusergänzungen *DatErg* und *AkkErg* (und ggf. *GenErg* – selten!).
Die Kasusergänzungen können, wie das Subjekt, auch direkt hinter dem ersten Prädikatsteil stehen, d. h. vor dem Angabeblock.

(3) Für die **Stellung der Kasusergänzungen** gibt es also keine strengen Regeln, sondern nur Tendenzen:

(3.1) **Linkstendenz** haben, neben dem Subjekt, das (allerdings leicht verschiebbare) Reflexivpronomen sowie die Kasusergänzungen, wenn sie unbetont als Personalpronomen oder als definite Ergänzungen (Nominalgruppe mit bestimmtem Artikel) vorkommen. Die Personalpronomen erscheinen dann in der Reihenfolge N – A – D, die Nominalgruppe als N – D – A.
Definite Elemente gelten als „(allgemein) bekannt", verbinden sich im Textzusammenhang inhaltlich mit vorausgegangenen Informationen und sind für den weiteren Textverlauf daher weniger wichtig.

(3.2) In bestimmten Fällen hat das Subjekt nicht Links-, sondern **Rechtstendenz:** in Passivsätzen ohne „Täternennung" und in Verbindung mit Ereignisverben (*sich ereignen, passieren, vorkommen* etc.).

Gestern hat sich auf der Autobahn Nähe Münster ***ein Unfall*** *(Subj.) ereignet.*

Die anderen Ergänzungen haben ebenfalls Rechtstendenz (s. oben (2)). *Nur PräpErg* können doppelt vorkommen: dann gilt die Reihenfolge „belebt" vor „unbelebt" (*sich bedanken bei/für*). Für die Kasusergänzungen gilt, dass sie Rechtstendenz haben, wenn sie „indefinit" sind, d. h. als Nominalgruppe mit unbestimmtem oder Null-Artikel erscheinen. Es handelt sich dann um „neue" Informationen, die wahrscheinlich für den weiteren Textverlauf von Bedeutung sind, also nach „hinten" verweisen.

> **Kasusergänzungen** haben die Reihenfolge
> unbetonte Personalpronomen – definite Ergänzungen – indefinite Ergänzungen.
> **Linkstendenz** hat, was kurz, bekannt, unbetont, aber grammatisch notwendig ist.
> **Rechtstendenz** hat, was lang, unbekannt/neu, betont, inhaltlich wichtig ist.

Wenn man einzelne Informationen besonders betonen möchte, kann man die entsprechenden Satzgleider meistens auf ungewöhnliche Positionen verschieben (Vorfeld, Nachfeld, Ende Mittelfeld).

Genau gelesen *hat sie das Buch wohl noch nicht.*
Ich werde ihn zu Hause besuchen ***ohne vorherige Ankündigung****.*
Wir wollen meinem Schwager zum Geburtstag ***Omas altes Klavier*** *schenken.*

14.4 Satzgefüge

Ich ***kann*** dir das Buch heute noch nicht ***zurückgeben*****,** **weil** ich es noch nicht ***gelesen habe.***

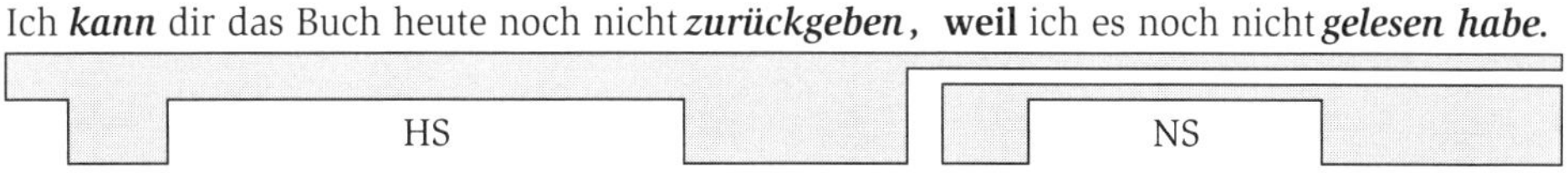

Weil ich das Buch noch nicht ***gelesen habe, kann*** ich es dir heute noch nicht ***zurückgeben.***

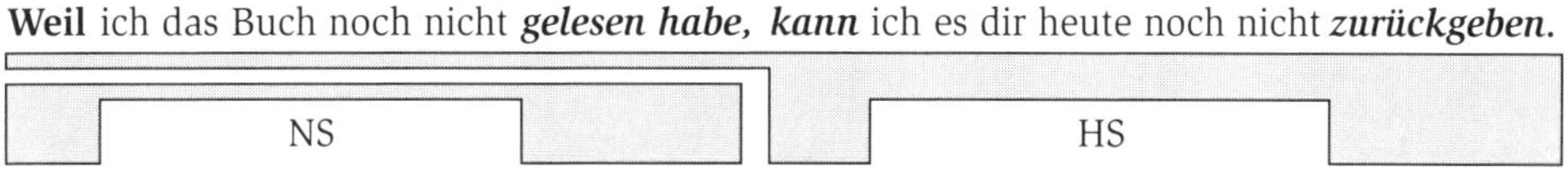

Treffen mehrere karzinogene Einflüsse ***zusammen*****, (so)** ø ***steigt*** das Krebsrisiko ***an.***

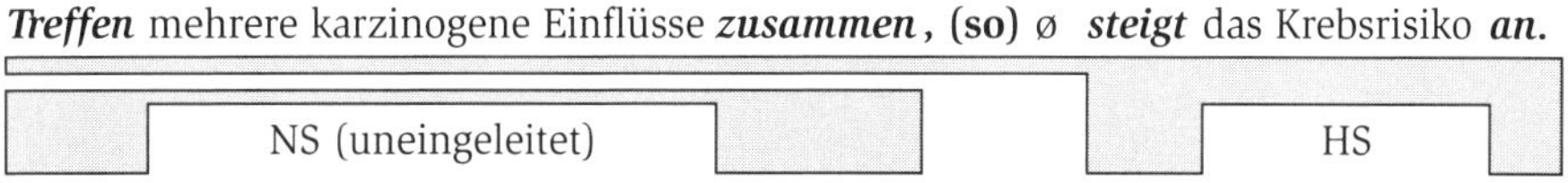

*** 119.** ***Stellen Sie die Satzglieder in die richtige Reihenfolge; achten Sie auf Hervorhebungsmerkmale.***

1. Sie kam … .
   a) ins Büro b) aufgeregt c) gegen 9 Uhr

   →
2. Er hat … geantwortet.
   a) wegen seiner Krankheit b) noch nicht c) uns

   →
3. Sie teilt … mit.
   a) das Ergebnis der Besprechung b) Ihnen c) erst morgen

   →
4. Er stieg … ein.
   a) langsam und vorsichtig b) wegen seiner Verletzung c) in den Bus

   →
5. Sie hat … gelegt.
   a) voller Wut b) einen Brief mit ihrer Kündigung c) auf den Schreibtisch
   d) ihm e) nach der ergebnislosen Diskussion

   →
6. Er hatte … vorgestellt.
   a) immer b) genau so c) es d) sich

   →
7. Sie hatte … vorgestellt.
   a) aber b) völlig anders c) das d) sich

   →
8. Eine Motorradfahrerin riss … .
   a) die Aktentasche b) aus der Hand c) gestern gegen 17 Uhr d) einem alten Mann

   →
9. Frau Müller gibt … .
   a) kein Taschengeld b) aus Ärger über das schlechte Schulzeugnis c) ihrer Tochter

   →
10. Herr Müller steckt … .
    a) heimlich b) in die Schultasche c) ihr d) einen 20-€-Schein

    →
11. Sie gab … zurück.
    a) das falsche Buch b) mit Absicht c) ihrem Professor d) nach dem Examen

    →
12. Der Verfolgte sprang
    a) mit letzter Kraft b) über den Gebirgsbach c) kurz vor seiner Verhaftung

    →

15 Negation mit *nicht* (Stellungsregeln)

15.1 Teilnegation

nicht steht vor dem verneinten Wort bzw. Satzglied:

Nicht **mein Bruder** hat gestern das Wörterbuch gekauft, sondern meine Schwester.
Mein Bruder hat das Wörterbuch *nicht* **gestern** gekauft, sondern vorgestern.
Mein Bruder hat gestern *nicht* **das Wörterbuch** gekauft, sondern einen Krimi.
Mein Bruder hat gestern das Wörterbuch *nicht* **gekauft***, sondern ausgeliehen.
* auch Satznegation

15.2 Satznegation

nicht steht **nach** den Kasus-Ergänzungen (*AkkErg, DatErg, GenErg*) und den meisten Angaben (z. B. *TempA, KausA, KondA*).

	Der Präsident überreichte gestern dem Sieger die Goldmedaille wegen Dopingverdachts *nicht*.
nicht steht dagegen	
vor dem zweiten Prädikatsteil:	
Präfix	Er schreibt den Text *nicht* ab.
Infinitiv	Er kann den Text *nicht* lesen.
Partizip	Er hat den Text *nicht* verstanden. Der Text ist *nicht* korrigiert worden.
vor dem Prädikatsadjektiv	Sie war im vergangenen Jahr *nicht* krank.
vor dem Nomen des FVGs	
mit ø-Artikel*	Er nimmt jetzt noch *nicht* (*keine*) Stellung.
mit Präposition	Man kann die Maschine *nicht* in Betrieb nehmen.
vor der Nominal-Erg.*	Er wird *nicht* (*kein*) Arzt. Der Führerschein gilt *nicht* als Pass.
vor der Präpositional-Erg.	Er interessiert sich *nicht* für Politik. Er interessiert sich *nicht* dafür. Er erinnert sich *nicht* an mich.
vor der Situativ-Erg.	Sie wohnt *nicht* in Münster.
vor der Direktiv-Erg.	Er fährt *nicht* nach Hamburg. Sie holt das Auto heute *nicht* aus der Garage.

* Oft auch Negation *kein-*.

nicht steht **vor** der **Modal-Angabe,** wenn sie (als Teilnegation) **verbbezogen** ist:

Er kommt *nicht* pünktlich zum Unterricht.
(= Er kommt zum Unterricht, aber nicht pünktlich.)

Wenn die Modal-Angabe **äußerungsbezogen** ist, handelt es sich um eine Satznegation und es gilt die Standard-Reihenfolge, d. h., *nicht* steht dahinter:

Er kommt vermutlich *nicht* zum Unterricht.
(= Es ist vermutlich so, dass er nicht zum Unterricht kommt.)

Anm.: Die Unterscheidung zwischen Satz- und Teilnegation ist oft nur mit Hilfe des inhaltlichen Zusammenhangs möglich.

120. *Setzen Sie „nicht" an die richtige Stelle.* *(Satznegation, Sonderfall Modalangabe)*

1. Ich treffe meinen Freund heute.
   →
2. Er steckt das Foto in seine Brieftasche.
   →
3. Die Dokumente liegen wegen der Einbruchsgefahr in diesem Stahlschrank.
   →
4. Gehen sie heute Nachmittag ins Kino?
   →
5. Warum ist die Polizei am Montagabend dem Motorradfahrer gefolgt?
   →
6. Er gab seinen Eltern Bescheid.
   →
7. Ich kann dieser Entscheidung ausweichen.
   →
8. Warum haben Sie den Brief heute beantwortet?
   →
9. Das Geld darf der Frau des Kontoinhabers ausgehändigt werden.
   →
10. Wir haben uns in Amerika wohlgefühlt.
    →
11. Ich rechne damit, dass er kommt.
    →
12. Seine Zeugnisse hatte er sorgfältig aufbewahrt.
    →
13. Die Abholzung des Waldes ist die entscheidende Ursache für die Erosion.
    →
14. Wegen der aufgetretenen Probleme stellt uns die Firma heute ausnahmsweise ihren Computer zur Verfügung.
    →
15. Die Spedition hat den Container bis vor die Haustür befördert.
    →
16. Echte Münzen von Fälschungen zu unterscheiden ist manchmal schwierig.
    →
17. Warum haben Sie der Meinung des Redners eigentlich widersprochen?
    →
18. In seiner letzten Rede ist der Vorsitzende auf die seines Nachfolgers eingegangen.
    →

16 Infinitive

- Jedes Verb hat mindestens 2 Infinitive:
  Infinitiv I für die Gleichzeitigkeit
  Infinitiv II für die Vorzeitigkeit
- Verben, die ein Passiv bilden können, haben 4 Infinitive, oder 6, wenn ein *sein*-Passiv möglich ist.

16.1 Infinitive als Prädikatsteile bzw. Prädikate

(1) ***Reiner Infinitiv*** *bei Modalverben*

Inge *will* nach Hause	***gehen.***	(Infinitiv I Aktiv)
Inge *soll* nach Hause	***gegangen sein.****	(Infinitiv II Aktiv)
Jemand *muss* die Tür	***schließen.***	(Infinitiv I Aktiv)
Jemand *muss* die Tür	***geschlossen haben.****	(Infinitiv II Aktiv)
Die Tür *muss*	***geschlossen werden.***	(Infinitiv I *werden*-Passiv)
Die Tür *muss*	***geschlossen worden sein.****	(Infinitiv II *werden*-Passiv)
Die Tür *muss*	***geschlossen sein.***	(Infinitiv I *sein*-Passiv)
Die Tür *muss*	***geschlossen gewesen sein.****	(Infinitiv II *sein*-Passiv

(2) ***„zu“ + Infinitiv*** *bei Modalitätsverben*

Nachts *sind* die Heizkörper ***abzudrehen.***

Ich *habe* noch ***zu arbeiten.***

Das Geschäft *scheint* ***geschlossen zu sein.***

(3) ***Reiner Infinitiv*** *bei Empfehlungen oder Aufforderungen*

Zucker nach Belieben ***beifügen*** und das Wasser mit dem Kaffeepulver ***aufkochen.***

Weitergehen!

* subjektive Modalität, s. 9.2 (Seite 120 ff)

16.2 Infinitive als Prädikate von Nebensätzen

(1) ***„zu“ + Infinitiv*** *in Ergänzungssätzen*

Es ist unangenehm, ohne Schirm im Regen ***zu stehen.*** (Subj.)
Peter behauptet, unseren Plan nicht gekannt ***zu haben.*** (AkkErg)
Der Parteivorsitzende erwartet, wieder ***gewählt zu werden.*** (AkkErg)
Sie beschwert sich (darüber), nicht ***gefragt worden zu sein.*** (PräpErg)
Es ist unmöglich, von Sherlock Holmes nicht ***gefesselt zu sein.*** (Subj.)

(2) **„zu" + Infinitiv** *in Attributsätzen*

Vor Freude (darüber), wieder nach Hause ***zu kommen***, lachten und sangen die Kinder.
Pauls Behauptung, über den Prüfungstermin nicht ***informiert gewesen zu sein***, ist unrichtig.

(3) ***Infinitive*** *in Angabesätzen*

- ***„um … zu"*** + ***Infinitiv*** *in Finalsätzen*

  Um etwas Geld ***zu verdienen,*** arbeitet Rosita abends in einem Restaurant.
  Geheimagenten tragen immer dunkle Brillen, ***um*** nicht ***erkannt zu werden.***

- ***„ohne … zu"*** + ***Infinitiv*** *in „negativen" Komitativsätzen*

  Inge ging fort, ***ohne sich zu verabschieden.***
  Wie bist du ins Haus gekommen, ***ohne gesehen zu werden?***

- ***„anstatt … zu"*** + ***Infinitiv*** *in „negativen" Adversativsätzen*

  Anstatt ihre Schulden endlich ***zu bezahlen,*** macht sie neue.
  Der Verletzte bekam nur ein Beruhigungsmittel, ***anstatt*** sofort ***operiert zu werden.***

- „zu …, ***um … zu***" + ***Infinitiv*** *in „negativen" Konsekutivsätzen*

  Ruth war noch zu schwach, ***um*** ihren Koffer selbst ***zu tragen.***
  Um pensioniert ***zu werden,*** ist dieser Beamte zu jung.

16.3 Nominalisierte Infinitive

Wir rechnen stündlich mit seinem ***Eintreffen.***
Beim ***Trinken*** musste ich plötzlich husten.
Was ist der Grund ***Ihres Kommens?***

17 Partizipien

> Jedes Verb hat zwei Partizipien.
> Partizip I: ***kommend, auslaufend, vertrauend, elektrisierend***
> Partizip II: ***gekommen, ausgelaufen, vertraut, elektrisiert***

17.1 Partizipien als Prädikatsteile bzw. Prädikate

17.1.1 Partizip I als Prädikatsteil

Der Anstieg der Arbeitslosigkeit ist *erschreckend*.
Unserem Vorschlag gegenüber verhielt sie sich *abwartend*.
Die Berichte über manche Entwicklungsländer waren *deprimierend*.

> - Das Partizip I vieler Verben kann wie ein prädikatives Adjektiv verwendet werden.
> - Das Partizip I als Prädikatsteil wird nicht dekliniert.

17.1.2 Partizip II als Prädikatsteil

Der Mai ist *gekommen*.
Leider waren die Zuhörer *eingeschlafen*.
Alle Räume werden *durchsucht*.
Die Milch ist *pasteurisiert*.
Wo kann sich die Katze *versteckt* haben?
Sie wird auf das Dach *gestiegen* sein.
Er ist *erkältet*.

> - Das Partizip II wird gebraucht bei der Bildung von Infinitiv II, Perfekt, Plusquamperfekt, Passiv und Zustandsreflexiv.
> - Das Partizip II als Prädikatsteil wird nicht dekliniert.

17.1.3 Partizip II als Ausdruck einer strengen Aufforderung

Stillgestanden! Aufgepasst!
Jetzt wird sich gewaschen!

17.2 Partizipien als Attribute

17.2.1 Linksattribute von Nomen

(1) Partizip I
An der Ecke stand ein ***weinendes*** Kind.
Das kirchliche Programm „Brot für die Welt“ soll ***hungernden*** Menschen helfen.
Geparden sind ***ausdauernde*** Läufer.

> Das Partizip I kann wie ein Adjektiv als Linksattribut verwendet werden.

(2) Partizip II
Ich behalte ***gehörte*** Informationen besser als *gelesene.*
Die Zahl der bei der Kommunalwahl ***abgegebenen*** Stimmen betrug 2345.
Einem ***geschenkten*** Gaul sieht man nicht ins Maul.

> Das Partizip II vieler Verben kann wie ein Adjektiv als Linksattribut verwendet werden.

17.2.2 Linksattribute von Adjektiven oder Partizipien

Unser Geschäft ist ***durchgehend*** geöffnet
Die Neubauviertel dieser Stadt sind ***abstoßend*** hässlich.
Das als ***vermisst*** *gemeldete* Kind war im Keller eingeschlafen.
Die Täter wurden durch ***verdeckt*** *geführte* Ermittlungen überführt.

> Als Linksattribut eines Adjektivs oder Partizips wird das Partizip nicht dekliniert!

17.3 Partizipialkonstruktionen als Nebensatz-Äquivalente

17.3.1 Partizipialkonstruktionen als Linksattribute (erweiterte Partizipien)

(1) **Partizip I**
Die *am Straßenrand stehenden* Bäume sollten gefällt werden.
→ Die Bäume, ***die*** *am Straßenrand stehen**, ...
→ Die Bäume, ***die*** *am Straßenrand standen**, ...

(2) **Partizip II**
Ein *zu fünf Jahren Gefängnis verurteilter* Einbrecher ist ausgebrochen.
→ Ein Einbrecher, ***der*** *zu fünf Jahren Gefängnis verurteilt (worden) ist*/war*,* ...

* Das Tempus im Relativsatz wird nicht vom Partizip, sondern durch den Zusammenhang bestimmt!

(3) **modales Partizip („zu" + Partizip I)**
Vom Mieter *zu tragende* Nebenkosten sind im Mietvertrag vollständig aufgeführt.
→ Nebenkosten, ***die*** *vom Mieter getragen werden müssen,* ...
→ Nebenkosten, ***die*** *vom Mieter zu tragen sind,* ...
→ Nebenkosten, ***die*** *der Mieter tragen muss,* ...
→ Nebenkosten, ***die*** *der Mieter zu tragen hat,* ...

> - Partizipialkonstruktionen entsprechen subjektlosen Nebensätzen (vgl. Infinitivkonstruktionen!).
> - Das Partizip entspricht dem Prädikat des Nebensatzes.
> - Die „Erweiterungen" entsprechen Ergänzungen und Angaben zu diesem Prädikat und werden entsprechend der Reihenfolge im Nebensatz angeordnet.
> - Bei Umformungen in Relativsätze (Rechtsattribute!) wird das Relativpronomen immer Subjekt, falls keine Passiv-Aktiv-Transformation vorliegt.

17.3.2 Satzwertige Partizipialkonstruktionen

(1) **Partizip I**
Gelangweilt im Katalog blätternd, sagte Paul: „Das soll Kunst sein?"
→ Paul, *der gelangweilt im Katalog blätterte,* sagte: …
→ *Während Paul gelangweilt im Katalog blätterte,* sagte er: …
→ Paul sagte: „Das soll Kunst sein?", *wobei er gelangweilt im Katalog blätterte.*
→ *Paul blätterte gelangweilt im Katalog und* sagte: …

(2) **Partizip II**
Schließlich fanden sie die Tasche, *versteckt hinter einem Haufen schmutziger Wäsche.*
→ Schließlich fanden sie die Tasche, *die hinter einem Haufen schmutziger Wäsche versteckt war.*

(3) **Partizip I von *sein* und *haben***
Ausgeruht und guter Laune, unterhielt Peter seine Gäste mit originellen Geschichten.
→ *Wenn Peter ausgeruht und guter Laune **war**, …*
→ Peter, *der ausgeruht und guter Laune **war**, …*

Eine Hand in der Tasche, mit der anderen gestikulierend, erläuterte Professor Murphy den Journalisten seine Theorie.
→ Professor Murphy, *der eine Hand in der Tasche hatte und mit der anderen gestikulierte, …*

- Das Partizip von *sein* und *haben* fällt bei diesen Konstruktionen weg.
- Sie entsprechen Angabe- oder Attributsätzen (Relativsätzen).
- Sie haben weder ein Subjekt noch ein Einleitungswort.
- Die Bedeutung muss aus dem Zusammenhang erschlossen werden.

17.4 Nominalisierte Partizipien

Ich konnte das ***Gehörte*** kaum glauben.
Einmal ***Aufgetautes*** soll man nicht wieder ins Tiefkühlfach legen.
Ein ***Ertrunkener*** war an den Strand gespült worden.
Auf die aus der brennenden Stadt ***Fliehenden*** soll geschossen worden sein.

Es gibt sehr viele lexikalisierte Formen:
Reisende, Studierende, Angestellte, Verletzte, …

18. *es*

18.1 *es* als Subjekt oder Akkusativ-Ergänzung

(1.1) Wessen Fahrrad ist das? – Ich glaube, dass ***es*** Paul gehört.

(1.2) Ich rauche nicht mehr im Büro; ***es*** ist dort nämlich verboten.

(2.1) Das alte Haus war baufällig; man musste ***es*** abreißen.

(2.2) Dass die Vorlesung ausfällt, hätte sie wissen müssen; ich hatte ***es*** ihr gesagt.

(2.3) Man fragte ihn, woher er komme, aber er antwortete nicht; ~~es hatte er vielleicht nicht verstanden.~~

> Das Personalpronomen ***es*** ist Subjekt (1) oder Akkusativ-Ergänzung (2) und steht anstelle eines vorher genannten neutralen Nomens im Singular (1.1; 2.1) oder eines Sachverhalts in Form eines Satzes bzw. von Teilen eines Satzes (1.2; 2.2).
>
> Im Akkusativ kann ***es*** nicht am Satzanfang stehen (2.3).

18.2 *es* als Nominal-Ergänzung

Evas Mutter ist Lehrerin, und Eva wird ***es*** auch. (= Eva wird auch Lehrerin.)

Vor dem Museum standen einige Touristen; ***es*** waren Japaner.

Die Liberalen waren die stärkste Partei im Parlament, und sie bleiben ***es*** für weitere vier Jahre.

> Bei den Verben *sein*, *werden* und *bleiben* steht ***es*** als Nominal-Ergänzung anstelle irgendeines vorher genannten Nomens im Singular oder Plural, unabhängig von Genus und Numerus.

18.3 *es* als Prädikatsteil

Die meisten Menschen möchten gern alt werden, aber niemand möchte ***es*** gern sein.

> In Adjektivprädikaten mit den Verben *sein*, *werden* und *bleiben* kann ***es*** anstelle eines vorher genannten Adjektivs stehen.

18.4 *es* als Korrelat

(1) ***Es*** ist seit langem bekannt, dass Rauchen der Gesundheit schadet.
→ Seit langem ist (***es***) bekannt, dass Rauchen der Gesundheit schadet.
→ Dass Rauchen der Gesundheit schadet, ist ~~***es***~~ seit langem bekannt.

Es gelang dem Immunsystem nicht, den Körper vor dem Erreger zu schützen.
→ Dem Immunsystem gelang ***es*** nicht, den Körper vor dem Erreger zu schützen.
→ Den Körper vor dem Erreger zu schützen, gelang ~~***es***~~ dem Immunsystem nicht.

(2) Wir bedauern (***es***), euch beim Umzug nicht helfen zu können.
→ ~~*Es* bedauern wir~~, euch beim Umzug nicht helfen zu können.
→ Euch beim Umzug nicht helfen zu können, bedauern wir ~~***es***~~.

Endlich hat Peter ***es*** geschafft, einen Arbeitsplatz zu finden.

> ***es*** als Korrelat verweist immer auf den folgenden Nebensatz; steht der Nebensatz vorn, gibt es kein Korrelat!
>
> Das Korrelat ***es*** steht vor einem Subjektsatz (1) oder Akkusativ-Ergänzungssatz (2). Vor einem Akkusativ-Ergänzungssatz kann das Korrelat ***es*** nicht am Anfang stehen.
>
> Das Korrelat ***es*** ist in den meisten Fällen fakultativ.

18.5 Obligatorisches *es* in verbalen Ausdrücken

(1) ***es*** im Nominativ bei „unpersönlichen" Verben

Es gibt kein Wasser auf dem Mond.
Worum ***geht es*** in diesem Text?
Bei der sogenannten Fata Morgana ***handelt es sich*** um Luftspiegelungen.
Wie ***geht es*** Paul? – ***Es*** *soll* ihm schlecht *gehen;* er liegt in der Klinik.
Es heißt in der Meldung, alle Passagiere hätten den Flugzeugabsturz überlebt.
Beim Fußballspiel ***kommt es*** darauf ***an***, möglichst viele Tore zu schießen.
Im Katastrophengebiet ***fehlt es*** an Zelten, Decken und Nahrungsmitteln.
Für die Position eines Chefarztes ***mangelt es*** ihm an Erfahrung.

es regnet (schneit, hagelt, blitzt, donnert, friert, taut, dunkelt, ...)

> Die sogenannten unpersönlichen Verben kommen nur zusammen mit ***es*** im Nominativ vor; dieses ***es*** kann man weder weglassen noch gegen ein Nomen, Pronomen oder einen Nebensatz austauschen.

(2) ***es*** im Akkusativ in einigen verbalen Ausdrücken

Sie *meint* ***es*** *gut* mit den Katzen; täglich bringt sie ihnen Futter.
(~~***Es*** *meint sie* gut mit den Katzen~~; täglich bringt sie ihnen Futter.)

Hast du ***es*** darauf *abgesehen*, mich zu ärgern?
Paul *hat* ***es*** bis zum Abteilungsleiter *gebracht*.
Wir haben ***es*** *gut / schön / schlecht / eilig* …
Macht***'s*** *gut!* (Abschiedsgruß)
Im Urlaub *haben* wir ***es*** *uns gut gehen lassen*.

> Bei einigen verbalen Ausdrücken ist ***es*** im Akkusativ obligatorisch; d. h. ***es*** kann nicht weggelassen werden und auch nicht gegen ein Nomen, Pronomen oder einen Nebensatz ausgetauscht werden.
>
> ***es*** im Akkusativ kann nicht am Satzanfang stehen.

18.6 Erststellen-*es*

Es lebte einst in einem großen Schloss ein König.
→ Einst lebte in einem großen Schloss ein König.

Es vergingen viele Wochen, ehe wir wieder etwas von ihm hörten.
→ Viele Wochen vergingen, ehe wir wieder etwas von ihm hörten.

Es wird in allen Städten des Rheinlands am Rosenmontag Karneval gefeiert.
→ In allen Städten des Rheinlands wird am Rosenmontag Karneval gefeiert.

Es wird ab Montagmorgen gestreikt.
→ Ab Montagmorgen wird gestreikt.

~~***Es*** wollten wir im Sommer verreisen.~~

> Wenn kein anderes Satzglied auf Position I des Satzes stehen kann oder soll, verwendet man das *Erststellen-**es***.
> Fast jeder Aussagesatz kann mit einen *Erststellen-**es*** beginnen.
> (Ausnahme: Wenn das Subjekt ein Personalpronomen oder *man* ist, ist kein *Erststellen-**es*** möglich!)

Exkurs: Artikelgebrauch

Jedes Nomen hat ein Genus; bei vielen Nomen erkennt man das Genus nur am Artikel.
(m): *der / ein Stuhl;* – (f): *die / eine Lampe;* – (n): *das / ein Buch*
Im Plural bezeichnet der Artikel das Genus nicht:
die Stühle / Stühle; – die Lampen / Lampen; – die Bücher / Bücher
In Sätzen steht vor einem Nomen meistens der bestimmte oder unbestimmte Artikel.

Die Wahl des Artikels

A Der **bestimmte Artikel** wird benutzt

1. zur Bezeichnung unverwechselbarer, d. h. **eindeutig bestimmter Einzeldinge.**
   a) Die Sache wurde **vorher im Text** erwähnt:
   Paul hat eine Katze. ***Die*** *Katze ist noch jung.*
   b) Die Sache ist **durch ein Attribut** eindeutig bestimmt:
   Das *Haus, in dem sie gewohnt hatte, brannte ab.*
   c) Die Sache ist **durch den Kontext** eindeutig bestimmt:
   Maria stand am Fenster; ***die*** *Gardine verdeckte ihr Gesicht.*
   d) Die Sache ist **einmalig**:
   Der *Balkan ist ein Gebirge. – Um sechs Uhr ging* ***die*** *Sonne auf.*

2. bei **Generalisierung**, d. h., das Nomen bezieht sich auf alle Dinge unter dieser Bezeichnung.
   Die *Römer haben Lateinisch gesprochen. –* ***Das*** *Kamel ist ein Säugetier.*

3. bei **Personifizierung abstrakter Begriffe**:
   Egons große Liebe ist ***die*** *Musik. – Die Medizin hofft,* ***den*** *Krebs zu besiegen.*

Anmerkung: Wie der bestimmte Artikel wird der Possessivartikel benutzt.
Meine *und* ***seine*** *Stimme kann man kaum unterscheiden. – Ist* ***euer*** *Haus schon fertig?*

B Der **unbestimmte Artikel** hat nur **Singularformen**; im Plural steht kein Artikel.
(m): *ein Teller / Teller;* – (f): *eine Tasse / Tassen;* – (n): *ein Glas / Gläser*
In der Verneinung kann auch im Plural eine Form des Negationsartikels „kein-“ stehen.
Ich vertrage Gurken nicht. → Ich vertrage ***keine*** *Gurken.*
Mit dem unbestimmten Artikel werden **Einzeldinge** aus einer Menge **zählbarer** Dinge bezeichnet, wenn sie **nicht eindeutig bestimmt** sind.

1. Die Sache ist nicht eindeutig bestimmt, weil sie **(noch) nicht bekannt** ist.
   Den Friedensnobelpreis bekommt diesmal ein Afrikaner.
   Heute Nacht hatte ich einen Traum.
2. Die eindeutige Bestimmung der Sache ist unwichtig, uninteressant oder unerwünscht.
   Eine *Frau zeigt uns den Weg zum Zoo.*
   Wir waren mit ø Bekannten im Kino.
   Ein *Kollege hat es mir erzählt.*

C Nomen **ohne Artikel**

Wenn Nomen im Satz ohne Artikel stehen, spricht man vom „Nullartikel“ oder von der „Nullform des Artikels“. Man hebt dies durch das Symbol ø hervor.

1. Der Nullartikel ist die **Pluralform des unbestimmten Artikels** (s. o.).

2. Bei Nomen, die **nicht zählbare Dinge** bezeichnen, steht kein Artikel.
   a) Stoffe sind nicht zählbar.
   Braucht Ihr Auto Benzin oder Dieselöl? –
   Der Ring ist aus Gold. – Was ist Chlor?
   Vor Stoffbezeichnungen können aber Mengenangaben stehen, die zählbar sind:
   eine Tonne Stahl; ein Kilo(gramm) Mehl; ein Meter Stoff; eine Tasse Kaffee
   Im Alltag lässt man manchmal die Mengenangabe weg, wenn klar ist, worum es sich handelt:
   Ich möchte einen Kaffee (= eine Tasse)! – Bringen Sie mir ein Bier (= ein Glas)!
   b) Viele **Abstrakta** gelten als unzählbar.
   Ich brauche Zeit. – Mach bitte Licht! – Hast du Feuer?
   Haben Sie bitte etwas Geduld.

3. Bei **Personennamen** steht in der Regel kein Artikel.
   Goethe ist in Frankfurt geboren. – Wann kommt Paul?
   Das Buch gehört Maria Müller.
   Der bestimmte Artikel bei Familiennamen hat leicht abschätzige Bedeutung.
   Der Maier hat schon wieder vor unserer Garage geparkt!
   Bei Vornamen drückt der bestimmte Artikel eine gewisse Vertrautheit aus.
   Den Paul mag ich.

4. Kein Artikel steht **bei Städtenamen und bei Ländernamen**, wenn sie Neutrum Singular sind.
   Wohnst du in Wien? – Sie kommt aus Polen.
   Wir fahren nach Italien und in die Schweiz (f). – Er kommt aus den USA (Pl.).

Wenn **Namen** (von **Personen, Städten, Ländern, Kontinenten**) ein Linksattribut haben, muss der ***bestimmte Artikel*** benutzt werden:
der alte Goethe – die süße kleine Lilly – das ewige Rom – das südliche Afrika

5. Kein Artikel steht bei einigen **Gruppennamen** (Nationalität; Beruf, Krankheit ...), wenn sie Nominal-Ergänzungen sind:
   Leyla will ø Ärztin werden; sie ist ø Iranerin.
   Soll man als ø Diabetiker ø Konditor lernen?
   Mit ***Linksattribut*** muss der ***unbestimmte Artikel*** benutzt werden.
   Hermann ist ***ein*** *typischer Deutscher; er wird sicher* ***ein*** *zuverlässiger Beamter.*

6. Wenn mehrere bedeutungsmäßig zusammengehörige Nomen durch ***und*** oder ***oder*** verbunden sind, können die Artikel weggelassen werden.
   Er hat seine Frau und sein Kind verlassen. → Er hat Frau und Kind verlassen.
   Paul hat eine Weltreise mit Fahrrad, Schiff und Eisenbahn gemacht.

Zu diesen Grundregeln gibt es sehr viele Sonder- und Ausnahmeregeln.

19 Zusammenfassende Übungen

121. Altreifen für den Straßenbau

Text	Hinweise am Rand
In einer Meldung des „GOODYEAR-Pressedienstes" heißt es, dass es gelungen sei, bei der Verwertung von Altreifen Umweltschutz und Wirtschaftlichkeitserwägungen in Einklang zu bringen. Früher habe man Altreifen auf Mülldeponien geworfen oder einfach in der Landschaft liegen lassen. Jetzt gebe es einen neuen Weg, wie man mit dem Problem des Kautschuk-Mülls fertig werde. Altreifenberge könnten in profitable Goldminen verwandelt werden.	Direkte Rede
So wird derzeit in den USA eine Gesetzesinitiative erwogen: Beim Neubau oder bei der Ausbesserung von Fernstraßen soll den Asphaltbelägen Pulverkautschuk beigemengt werden, der aus Altreifen gewonnen wurde.	Nebensatz Linksattribut
Den aufgrund dieser Initiative zu erwartenden Bedarf nahm eine New Yorker Firma zum Anlass, die Kapazität ihrer Reifenzerkleinerungsanlage zu erweitern, die schon jetzt 1.000 Altreifen pro Stunde verarbeitet.	Nebensatz Linksattribut
Kautschuk kann die Lebensdauer der durch hohes Verkehrsaufkommen belasteten Autostraßen verlängern und außerdem die Kosten verringern, die für die Instandsetzung aufzubringen sind.	Nebensatz Modalverb
Umfangreiche technische Untersuchungen haben gezeigt, dass sich durch Kautschukbeimengungen zum Asphalt die Haltbarkeit des Fahrbelags um einige Jahre verlängert.	Nebensatz
Insbesondere ist es möglich, die Widerstandsfähigkeit der Fahrbahnoberfläche gegenüber extremen Temperaturen zu verbessern. Die Beimengung von Kautschuk führt nicht nur zu einer größeren Elastizität der Fahrbahndecke, sondern sie vermindert auch die Fließdauer des weichen Asphalts.	Modalverb Nebensatz
Zur Verbesserung von Fahrbahnbelägen fand Kautschuk schon früh Verwendung.	Vollverb
Aufgrund des überreichlichen Angebots an billigem Erdöl, bei dessen Verarbeitung große Mengen an Bitumen anfallen, hatte sich diese Bauweise aber seinerzeit nicht durchzusetzen vermocht.	Nebensatz Modalverb

Schreiben Sie den Text neu. Berücksichtigen Sie die Hinweise am Rand.

In einer Meldung des „GOODYEAR-Pressedienstes" heißt es:
„Es ...

Ersetzen Sie in den folgenden Übungen die unterstrichenen Teile durch andere grammatische Strukturen, ohne den Text inhaltlich zu verändern.

122. *Die deutschen Universitäten*

Die heutigen deutschen Universitäten berufen sich immer noch auf ihre fast 1000-jährige europäische Tradition wie auch auf die durch den Gedanken der Freiheit von Forschung und Lehre geprägte Universität Wilhelm von Humboldts. Obwohl sich das innere und äußere Erscheinungsbild der Hochschulen in den vergangenen Jahrzehnten erheblich verändert hat, wirkt die Geschichte in vielen universitären Bereichen fort.

Der hierarchische Aufbau der einzelnen Universitäten hat sich über Jahrhunderte erhalten und wurde gegen Änderungswünsche, die von allen Seiten kamen, massiv verteidigt. Auch Inhalte und Lehrmethoden sind oftmals auf Jahrhunderte alte Traditionen zurückzuführen.

Selbst nach dem Ausbau vieler Universitäten in den 60er Jahren und der gleichzeitigen Gründung neuer Hochschulen blieben mehr alte Strukturen erhalten, als es der Absicht der Reformer entsprach. Sie hatten erreichen wollen, dass sich die Hochschulen für alle öffnen, die den Wunsch hatten zu studieren. Dafür wäre aber die konsequente Abschaffung der hierarchischen Strukturen und eine völlig neue Organisation der Hochschulen notwendig gewesen.

Das einzige sichtbare Ergebnis der Bemühungen der Bildungsreformer scheint zu sein, dass sich die zum Bildungssystem vergangener Zeiten passende Eliteuniversität in eine Massenuniversität verwandelt hat.

123. *AIDS*

Seit etwa 1981 breitete sich auch in Europa eine neue, unter der englischen Abkürzung AIDS bekannt gewordene Krankheit aus.

AIDS ist eine Schwächung des Immunsystems, die durch Ansteckung mit dem HI-Virus erworben wird. Das körpereigene Abwehrsystem ist dann nicht mehr zur Bekämpfung von Krankheitserregern in der Lage. Der Zusammenbruch des Immunsystems hat schwere Erkrankungen und schließlich den Tod der Betroffenen zur Folge.

Nach einer Infektion mit dem HI-Virus kann es mehrere Jahre dauern, bis Krankheitssymptome auftreten. Ob eine HIV-Infektion vorliegt oder nicht, ist aber mithilfe von HIV-Tests relativ sicher festzustellen.

Bei einem solchen Test geht es darum, die vom menschlichen Organismus gegen das HI-Virus gebildeten Antikörper nachzuweisen. Wenn das Testergebnis negativ ist, lässt sich nur die Aussage treffen, dass keine HIV-Infektion erkennbar ist. Da

Antikörper aber frühestens einige Wochen nach einer Infizierung auftreten, ist eine Wiederholung des Tests nach etwa drei Monaten sinnvoll.

Im Falle eines Nachweises von Antikörpern im Blut lässt das Testergebnis aber keine Vorhersage über den zukünftigen Verlauf der Krankheit zu.

124. *Die verschiedenen Dimensionen der Menschenrechte*

Die Menschenrechte werden in drei Kategorien unterteilt, weil sie eine unterschiedliche Bedeutung und Entwicklungsgeschichte haben. Die Menschenrechte der ersten und zweiten Kategorie sind im Wesentlichen schon in der am 10. Dezember 1948 von der UN-Generalversammlung verabschiedeten „Allgemeinen Erklärung der Menschenrechte“ enthalten. Trotz der fehlenden Rechtsverbindlichkeit bestimmte diese Erklärung in der Folgezeit die Menschenrechte weltweit.

Die Rechte, die zur ersten Kategorie zählen, sind die „klassischen Grundrechte“, wie sie in den meisten Verfassungen der westlichen Industriestaaten zu finden sind. Sie haben inzwischen aber auch Aufnahme in die Verfassungen vieler Entwicklungsländer gefunden. Nach der einstimmigen Verabschiedung dieser Rechte durch die UNO im Jahre 1966 traten sie zehn Jahre später in den 35 Unterzeichnerstaaten als sog. „Zivilpakt“ in Kraft. Zugleich fassten diese Staaten auch den Beschluss, die Menschenrechte der zweiten Kategorie in den sog. „Sozialpakt“ aufzunehmen. Dabei handelt es sich um solche Rechte, die vor allem auf die Sicherung des menschlichen Überlebens ausgerichtet sind, wie z. B. das Recht auf Wohnung und das Recht auf Gesundheitsfürsorge.

Während die Menschenrechte des Zivil- und Sozialpakts, die man als Rechte des Individuums gegenüber dem Staat bezeichnet, heute weitgehend akzeptiert werden, ist das bei den Menschenrechten der dritten Kategorie noch nicht der Fall. Bei diesen sog. „Kollektivrechten“ geht es um die gerechte Gestaltung der Verhältnisse zwischen den verschiedenen Völkern. Neben dem Recht auf Frieden gehört dazu auch das Recht auf wirtschaftliche Entwicklung, was besonders von den Entwicklungsländern stark betont wird.

125. *Zunahme von Überschwemmungen*

Ohne Wasser ist das Leben auf der Erde unvorstellbar. Aufgrund der vielen Naturkatastrophen in den letzten Jahren ist man aber zu der Einsicht gelangt, dass zu viel Wasser ebenso gefährlich ist wie zu wenig. Ob es sich bei diesen Katastrophen um Ankündigungen einer der in der Erdgeschichte immer wieder auftretenden großen Klimaveränderungen handelt oder um eine vom Menschen hervorgerufene Klimaverschlechterung, ist bei den Fachleuten kaum noch umstritten.
In bestimmten Fällen lässt sich nachweisen, wie durch rücksichtsloses Eingreifen in die Natur Katastrophen entstehen. So ist nicht in Vergessenheit geraten, dass in

den letzten Jahren immer häufiger Flüsse über die Ufer getreten sind und weite Flächen überschwemmt haben. Ein Grund dafür ist, dass die Flüsse verstärkt zu Schifffahrtsstraßen ausgebaut wurden. Die begradigten Flüsse können die Wassermassen, die durch längere und stärkere Regenfälle verursacht sind, nicht mehr aufnehmen. Nach Meinung einer Klimaforscherin wird die Hochwassergefahr wegen der Erwärmung der Erdatmosphäre in den nächsten Jahrzehnten weiter zunehmen. Obwohl noch Unsicherheit über das Ausmaß der Erwärmung besteht, ist eine starke Zunahme der Niederschläge in Zukunft zu befürchten.

Die Wissenschaftlerin sagte: „Für mich ist die Entwicklung eindeutig. Meiner Ansicht nach muss man immer häufiger mit ausgeprägten Winterhochwassern rechnen, die enorme wirtschaftliche Schäden verursachen werden."

126. *Bevölkerungsstruktur*

Der Begriff „Bevölkerung" findet in der amtlichen Statistik Verwendung für die Summe der Einwohner eines abgegrenzten Gebietes, z. B. einer Stadt oder eines Landes. Die Einwohner- oder Bevölkerungszahl ist keine feste, sondern eine sich ständig durch Geburten, Sterbefälle, Zu- und Abwanderung verändernde Größe. Die Wissenschaft, die sich um die Erfassung und Interpretation aller notwendigen Daten dieses Bevölkerungsprozesses bemüht, heißt Demographie.

Um die Bevölkerungszahl zu ermitteln, gibt es verschiedene Methoden. Die exakteste ist die Zählung. Man weiß von einer schon vor über 4.000 Jahren in China durchgeführten Volkszählung. Zählungen, wie sie in modernen Staaten üblich sind, sind ohne Akzeptanz und Mitarbeit der Befragten nicht möglich. Diese heutigen Volkszählungen ermitteln nicht nur die Zahl der in einem Staat lebenden Menschen, sondern darüber hinaus eine Fülle anderer Fakten, die die Regierung für ihre Planungen benötigt. Für die Einschätzung der Bevölkerungsentwicklung in der Zukunft ist es unerlässlich, alle an diesem Prozess beteiligten Faktoren zu berücksichtigen.

Demographen erläuterten, dass ihnen präzise Volkszählungsdaten heute Prognosemöglichkeiten eröffneten, die früheren Gesellschaften nicht zur Verfügung gestanden hätten. Sich wandelnde Bevölkerungsstrukturen brächten neue Schwierigkeiten mit sich, die wenigstens zum Teil zu erkennen seien, so dass man frühzeitig reagieren könne.

127. *Zur Geschichte des Fernsehens*

Bei Diskussionen über die Rolle des Fernsehens wissen oft nur wenige darüber Bescheid, wie die Anfänge dieser heute so alltäglichen Technik waren.

Die physikalischen und technischen Konzepte, die der neuen Technik zugrunde liegen, datieren aus der Zeit zwischen 1830 und 1930. Seit Beginn der 30er Jahre des vergangenen Jahrhunderts waren die Voraussetzungen für den Einsatz der Fernsehtechnik in der Massenkommunikation nach zwei Jahrzehnten ihrer intensiven und erfolgreichen Erprobung gegeben. In der zweiten Hälfte der 30er Jahre war es nur jeweils wenigen Zuschauern in Deutschland, England, Frankreich und den USA möglich, die ersten Fernsehprogramme zu empfangen. 1940 gab es in den USA bereits 23 Fernsehstationen. In Europa verhinderte aber der Zweite Weltkrieg die Ausbreitung der neuen Technik.

In Deutschland startete der Nordwestdeutsche Rundfunk erst 1953 mit einem noch sehr an den Kinoprogrammen mit Nachrichten („Wochenschau"), Vorfilm und Hauptfilm orientierten Fernsehprogramm. Die Umstellung von Schwarzweißfernsehen auf Farbfernsehen ab 1967 führte zu einem sprunghaften Anstieg der Verkaufszahlen von Fernsehgeräten.

Weil die Satellitentechnik in den 80er Jahren große Fortschritte machte und zusätzlich Kabelanschlüsse eingerichtet wurden, konnte die Anzahl der Programme in dieser Zeit deutlich ausgeweitet werden. Bis 1984 existierten in der BRD nur zwei Fernsehprogramme, die nach dem Vorbild der BBC als öffentlich-rechtliche Anstalten konzipiert worden waren, nämlich ARD und ZDF. In jenem Jahr ging der Wunsch privater Gesellschaften in Erfüllung, sich neben ARD und ZDF mit eigenen Sendern und Programmen auf dem deutschen Medienmarkt zu etablieren (RTL, SAT 1 usw.). Heute ist über das Internet der Zugriff auf eine fast unbegrenzte Zahl vor allem ausländischer Fernsehprogramme möglich.

128. *Nation — Nationalismus*

Der Begriff „Nation" hat im Laufe seiner Geschichte viele Wandlungen erfahren. Das der lateinischen Sprache entstammende Wort mit gelegentlich sogar abwertender Bedeutung erlangte seine heutige Bedeutung erst im 17. /18. Jahrhundert.

Den Begriff genau zu definieren, bereitet aber den Historikern große Schwierigkeiten. Für einige ist eine Nation ein Volk, das durch gemeinsame Abstammung, Geschichte, Kultur und Sprache verbunden ist. Bei einem Zusammenleben mehrerer Nationen in einem Staat spricht man von einem Nationalitätenstaat.

Nationalitätenstaaten sind verpflichtet, dafür zu sorgen, dass die Minderheitenrechte gewahrt und Spannungen zwischen den Volksgruppen beseitigt werden. Bildet in einem solchen Staat eine Volksgruppe eine Minderheit, so besteht leicht die Gefahr ihrer Benachteiligung oder sogar Unterdrückung durch die nationale Mehrheit.

Unzufriedene Minderheiten in einem Nationalitätenstaat entwickeln oft einen separatistischen Nationalismus, der weltweit zur Instabilität beiträgt. Da die Kämpfe um Autonomie und Sezession erheblich zugenommen haben, registriert man seit Beginn der 1990er Jahre trotz der im Vergleich zu früher stark gesunkenen Zahl zwischenstaatlicher Konflikte weltweit mehr Kriege.

Der weitere Verlauf dieses Prozesses im 21. Jahrhundert wird von Experten unterschiedlich prognostiziert.

129. *Allgemeinverfügung des Kreises Euskirchen* (Veröffentlicht am 21.12.2020, gekürzt)

in Ergänzung der Coronaschutzverordnung des Landes Nordrhein-Westfalen zur Umsetzung von Schutzmaßnahmen, die zur Verhütung und Bekämpfung einer weiteren Ausbreitung des Coronavirus SARS-CoV-2 auf dem Gebiet des Kreises Euskirchen dienen.

Gemäß § 16 Abs. 1 i. V. m. (in Verbindung mit) … § 6 Abs. 1 der Verordnung zum Schutz vor Neuinfizierungen mit dem Coronavirus SARS-CoV-2 (Coronaschutzverordnung – CoronaSchVO) vom 30.11.2020 in der seit dem 16.12.2020 geltenden Fassung sowie § 35 Satz 2 des Verwaltungsverfahrensgesetzes (VwVfG) erlässt der Kreis Euskirchen folgende Allgemeinverfügung:

1. Tragen von FFP2- oder KN95-Masken in Einrichtungen
Das ständige Tragen einer FFP2- oder KN95-Maske ist für alle Mitarbeitende in den in den §§ 23 Abs. 3 und 36 Abs. 1 IfSG genannten Einrichtungen verpflichtend. Auch bei Kontakten der Mitarbeitenden untereinander, die in diesen Einrichtungen stattfinden, ist eine FFP2- oder KN95-Maske zu tragen. Bei Tätigkeiten, die isoliert von anderen Personen erfolgen, kann die Maske abgelegt werden. In den Arbeitspausen besteht die Maskentragepflicht, soweit Kontakt zu anderen Personen besteht. Grundsätzlich sind gestaffelte Pausenzeiten anzustreben.
Besucher in Krankenhäusern und Pflegeeinrichtungen haben dauerhaft eine FFP2-oder KN95-Maske, Besucher der übrigen Einrichtungen eine Alltagsmaske zu tragen. Bewohner der Einrichtungen haben bei Kontakt zu außerhalb der Einrichtung stehenden Personen eine Alltagsmaske zu tragen.

2. Verpflichtung zum Tragen der Alltagsmaske in geschlossenen Räumen
Im betrieblichen Zusammenhang ist innerhalb geschlossener Räumlichkeiten, in denen mehr als eine Person anwesend ist, eine Alltagsmaske zu tragen, soweit es sich nicht um Personen handelt, die demselben Haushalt angehören. Es kann in den genannten Räumlichkeiten auf das Tragen einer Alltagsmaske verzichtet werden, wenn sichergestellt ist, dass ein dauerhafter Abstand von 1,5 Metern zwischen den Personen besteht und wenn eine Stoßlüftung der Räumlichkeiten im Zeitabstand von 20 Minuten mit einer Dauer von 5 Minuten vorgenommen wird.

3. Ausgangsbeschränkung
Der Aufenthalt im öffentlichen Raum ist zwischen 22:00 Uhr und 05:00 Uhr nur bei Vorliegen triftiger Gründe erlaubt. Der Aufenthalt im Kreisgebiet in diesen

Zeiten ist von Personen, die keine Wohnung im Kreisgebiet haben, ebenfalls nur erlaubt, wenn triftige Gründe vorliegen.
Triftige Gründe sind:

- die Rückkehr in die eigene Wohnung von einem zulässigen persönlichen Kontakt oder einer zulässigen Betätigung,
- die Ausübung der beruflichen Tätigkeit,
- die Inanspruchnahme von medizinischen Leistungen,
- die Versorgung von Tieren („Gassi gehen“).

4. Veranstaltungen der Kirchen und Religionsgemeinschaften
Die Dauer der Gottesdienste und religiösen Versammlungen wird auf 45 Minuten begrenzt. Die Höchstzahl der Teilnehmer in jeder Kirche bzw. in jedem Versammlungsraum wird – bezogen auf die pandemiebedingt bereits reduzierte Platzzahl – um 30 % verringert. Bei Freiluftgottesdiensten und religiösen Freiluftversammlungen wird die Teilnehmerzahl auf 250 begrenzt. Die Teilnehmer an Gottesdiensten und religiösen Versammlungen unterliegen insoweit nicht der in Ziffer 3 ausgesprochenen Ausgangsbeschränkung.

5. Beschränkung der Anzahl von Kunden im Einzelhandel
Abweichend von § 11 Abs. 4 CoronaSchVO darf die Anzahl der gleichzeitig in Handels- und Dienstleistungseinrichtungen mit Kundenverkehr anwesenden Kunden eine Person pro 20 Quadratmeter Verkaufsfläche nicht übersteigen. Verantwortlich sind die Inhaber*innen.

6. Fahrgemeinschaften
Private Fahrgemeinschaften von Personen, die nicht einem gemeinsamen Hausstand angehören, sind nur bei ständigem Tragen einer FFP2- oder KN95-Maske zulässig. Hiervon erfasst sind auch Fahrten zur Arbeitsstelle.

7. Zusammenkünfte
Das Zusammentreffen innerhalb der eigenen Häuslichkeit (Wohnung, Garten, etc.) ist auf den eigenen Hausstand und die Angehörigen eines weiteren Hausstandes mit höchstens insgesamt fünf Personen beschränkt. Kinder bis einschließlich 14 Jahre werden bei der Berechnung der Personenzahl nicht mitgezählt …

Begründung:
… Das Coronavirus SARS-CoV-2 wird in der Bevölkerung hauptsächlich über virushaltige Partikel übertragen, die von infizierten Personen vor allem beim Husten und Niesen sowie beim Atmen, Sprechen und Singen freigesetzt werden. Je nach Partikelgröße und Eigenschaften wird zwischen größeren Tröpfchen und kleineren Aerosolen unterschieden. Der Übergang zwischen beiden Formen ist fließend. Während insbesondere größere Tröpfchen schneller zu Boden sinken, (***Hilfe:*** *Im Unterschied zu …, die …*) können Aerosole auch über längere Zeit in der Luft schweben und sich in geschlossenen Räumen verteilen. Beim Atmen und Sprechen, vor allem bei höherer Lautstärke, werden Aerosole ausgeschieden. Beim Husten

und Niesen entstehen zusätzlich deutlich mehr Tröpfchen. Eine Ansteckung kann erfolgen, (***Hilfe:*** *Man kann …*) wenn solche virushaltigen Flüssigkeitspartikel an die Schleimhäute der Nase und des Mundes einer anderen Person gelangen.

Unbeschadet der nach der CoronaSchVO geltenden Bestimmungen bleiben gemäß § 16 Abs. 1 Satz 2 CoronaSchVO die zuständigen Behörden befugt, im Einzelfall auch über diese Verordnung hinausgehende Schutzmaßnahmen anzuordnen.

… Um das Infektionsgeschehen kommunenübergreifend einzudämmen, sind die oben genannten Anordnungen innerhalb des gesamten Gebietes des Kreises Euskirchen erforderlich.

Wegen weiter steigender Infektionszahlen des Coronavirus SARS-CoV-2 im Gebiet des Kreises Euskirchen sind weitergehende Schutzmaßnahmen erforderlich …

Zu Ziffer 1:

Das Robert-Koch-Institut (RKI), das fachliche Leitstelle hinsichtlich Maßnahmen des vorbeugenden Gesundheitsschutzes ist, empfiehlt das Tragen geeigneter Masken als wirksame Maßnahme zur Infektionsprävention …

Mit steigender Prävalenz von SARS-CoV-2 kommt es aktuell zu einem rasanten Eintrag in Gemeinschaftseinrichtungen. Infektionsketten sind nicht immer klar verfolgbar, es ergeben sich aber vermehrt Hinweise darauf, dass der Eintrag durch Beschäftigte des Gesundheits- und Pflegewesens stattfindet.

Die aktuell gültige Corona-Schutzverordnung sieht für Einrichtungen nach § 23 Abs. 3 IfSG (insbesondere Krankenhäuser und Praxen) das Tragen einer Alltagsmaske vor, soweit die Räumlichkeiten Besucherinnen und Besuchern zugänglich sind. In Einrichtungen gemäß § 36 Abs. 1 IfSG (insbesondere Pflegeeinrichtungen) besteht die Verpflichtung zum Tragen einer FFP2- oder KN95-Maske nach der CoronaSchVO lediglich beim unmittelbaren Kontakt mit den zu betreuenden Personen. Ein ständiges Tragen von FFP2- oder KN95-Masken in allen Einrichtungen nach § 23 Abs. 3 und § 36 Abs. 1 IfSG verhindert zuverlässig eine Übertragung des Virus auf Mitarbeitende und Betreute.

Zu Ziffer 2:

Grundsätzlich ist im Umkreis von ein bis zwei Metern um eine infizierte Person die Wahrscheinlichkeit erhöht, mit virushaltigen Tröpfchen und Aerosolen in Kontakt zu kommen. Bei längerem Aufenthalt in schlecht oder nicht belüfteten Räumen kann sich die Wahrscheinlichkeit einer Übertragung durch Aerosole jedoch auch über eine größere Distanz als zwei Meter erhöhen … Durch die Anreicherung und Verteilung der Aerosole ist das Einhalten des Mindestabstandes ggf. nicht mehr ausreichend, um Infektionen zu verhindern. Insbesondere ist dadurch ohne die Kombination aus Abstandsregelungen mit regelmäßigem Lüften bei beruflicher Tätigkeit innerhalb geschlossener Räumlichkeiten die Infektionsgefahr deutlich erhöht.

Zu Ziffer 3:
Die Ausgangsbeschränkungen in der Zeit von 22:00 – 05:00 Uhr sind notwendig, damit typische Kontakte vermieden werden, bei denen es aufgrund der späten Uhrzeit, des szenetypischen Getränkekonsums und Verhaltens zu einem erhöhten Infektionsrisiko kommt. Eine Ausgangssperre unterbindet Treffen im privaten Raum, bei denen durch Unterschreitung der Mindestabstände, den Verzicht auf Masken und durch eine schlechte Lüftungssituation eine Übertragungswahrscheinlichkeit erhöht wird. Namentlich können durch die Ausgangsbeschränkungen die Anzahl abgehaltener Partys, Feiern oder sonstige lose Verabredungen reduziert werden.

Zu Ziffer 4:
Nach den bisherigen Erfahrungen hinsichtlich des Infektionsgeschehens muss eine starke Verbreitung des Virus auch auf die Teilnahme an Veranstaltungen der Kirchen und Religionsgemeinschaften zurückgeführt werden. Unter Abwägung der Interessen einer freien Religionsausübung sowie andererseits des Infektionsschutzes müssen Hygiene- und Abstandsregelungen, insbesondere solche der Reduzierung von Teilnehmern und der Dauer der Veranstaltungen, angepasst werden …

Zu Ziffer 5:
Die Reduzierung der Kundenzahl in den Geschäftsräumen auf eine Person pro 20 Quadratmeter führt zu einer Reduzierung der Kunden im Ladenlokal und somit zu weniger Kontakten im Innenbereich. Damit ist auch eine Reduzierung der Infektionszahlen wahrscheinlich.

Zu Ziffer 6:
Bei gemeinsamer Nutzung eines PKW können die erforderlichen Mindestabstände haushaltsfremder Personen nicht eingehalten werden. Zudem ist zu beobachten, dass Fahrgemeinschaften einen wesentlichen Beitrag bei der Ausbreitung von SARS-CoV-2 insbesondere im beruflichen Kontext liefern.

Zu Ziffer 7:
Eine Verringerung der privaten Kontakte ist wesentlich, um eine Verlangsamung des Infektionsgeschehens zu erreichen. Bei der hier getroffenen Regelung handelt es sich um eine Schutzmaßnahme, die über die in § 2 Abs. 2 CoronaSchVO bestimmte Maßnahme hinausgeht und dabei auch den Kontakt im privaten Bereich der eigenen Wohnung beschränkt. Hierzu ist das erforderliche Einvernehmen des zuständigen Ministeriums erteilt worden …

Die Anordnungen sind erforderlich und angemessen, um die Verbreitung des Virus zu verlangsamen. Zusammenkünfte von Menschen sind in besonderer Weise geeignet, die Verbreitung des Virus zu ermöglichen bzw. sogar zu beschleunigen. Die sich aus den Anordnungen ergebenden Einschränkungen stehen zu dem Ziel, die Verbreitung des Coronavirus SARS-CoV-2 einzudämmen und zu verlangsamen, nicht außer Verhältnis …

Hinweise
Bei vielen Übungen gibt es nur ***eine*** Lösung. Bei den komplexeren Aufgaben (z. B. Transformationen) gibt es oft mehrere Lösungen. Im Lösungsheft finden Sie meistens nur zwei Lösungen. Falls Ihre Lösung nicht dabei sein sollte, heißt das nicht, dass sie unbedingt falsch ist. Fragen Sie in diesen Fällen Ihre Lehrerin bzw. Ihren Lehrer.

1

1. ... denn (*Konjunktion*) mit (*Präposition*) dem (*bestimmter Artikel*) Geld (*Nomen*) das (*Relativpronomen*) sein (*Possessivartikel*) Vater (*Nomen*) ihm (*Personalpronomen*) monatlich (*Adjektiv*) überweist (*Verb*) kommt (*Verb*) er (*Personalpronomen*) nie (*Adverb*) aus (*Präfix „auskommen"*)
2. es (*Personalpronomen*) reicht (*Verb*) nur (*Adverb*) bis (*Präposition*) zur (*Präposition + best. Artikel*) Mitte (*Nomen*) des (*bestimmter Artikel*) Monats (*Nomen*)
3. aber (*Konjunktion*) Kostas (*Nomen/Eigenname*) braucht (*Verb*) auch (*Adverb*) Geld (*Nomen*) für (*Präposition*) die (*bestimmter Artikel*) zweite (*Adjektiv/Ordinalzahl*) Monatshälfte (*Nomen*)
4. deshalb (*Adverb*) und (*Konjunktion*) weil (*Subjunktion*) er (*Personalpronomen*) auf (*Präposition*) modische (*Adjektiv*) Kleidung (*Nomen*) nicht (*Adverb*) verzichten (*Verb*) will (*Verb / Modalverb*) muss (*Verb / Modalverb*) er (*Personalpronomen*) sich (*Reflexivpronomen*) etwas (*Indefinitpronomen*) dazuverdienen (*Verb*) oder (*Konjunktion*) manchmal (*Adverb*) einen (*unbestimmter Artikel*) Freund (*Nomen*) anpumpen (*Verb*).

2

2.1 Trotz der umgehend eingeleiteten und von Feuerwehr und Technischem Hilfswerk koordinierten Rettungsmaßnahmen / konnten / bis zur Stunde / nur wenige Überlebende / unter den durch die Gasexplosion völlig zerstörten Wohngebäuden / lokalisiert / (und) / unter Einsatz schweren Geräts / verletzt / geborgen werden.

2.2 1. drei Satzglieder:
2. Prädikat (liebt)
Subjekt (Der seit ... zu gründen,)
Akkusativ-Ergänzung (die uns allen ... zur Mafia.)
3. a) Der Student liebt die Schauspielerin.
b) Er liebt sie.

3

1. befindet sich (*Präd*) im Erdgeschoss. (*SitEr.*)
2. Wegen heftiger Zahnschmerzen (*KausA*) musste (*Präd1*) in München (*LokA*) zum Zahnarzt (*DirErg*) gehen (*Präd2*)
3. Welche Farbe (*AkkErg*) haben (*Präd*) ihre Augen (*Subj*)
4. ist (*Präd1*) des schweren Diebstahls (*GenErg*) angeklagt (*Präd2*)
5. In der Touristeninformation (*LokA*) bekommen (*Präd*) kostenlos (*ModA*)
6. waren (*Präd1*) von der Qualität des Vortrags (*PräpErg*) enttäuscht (*Präd2*)
7. bin (*Präd1*) mit dem Ergebnis (*PräpErg*) zufrieden (*Präd2*)
8. Auch bei wenig Verkehr (*KondA*) fahre (*Präd*)
9. ist (*Präd1*) zum Einkaufen (*FinA*) in die Stadt (*DirErg*) gefahren (*Präd2*)
10. Trotz der Doppelverglasung (*KonzA*) leiden (*Präd*) in unserer Wohnung (*LokA*) unter dem Straßenlärm (*PräpErg*)
11. Einem Gefangenen (*DatErg*) ist (*Präd1*) in der Nacht (*TempA*) die Flucht (*Subj*) gelungen (*Präd2*)
12. Aus Sicherheitsgründen (*KausA*) musste (*Präd1*) gesperrt werden (*Präd2*)
13. lässt sich (*Präd1*) wegen fehlender Ersatzteile (*KausA*) reparieren (*Präd2*)
14. dauert (*Präd*) über vier Stunden (*ExpErg*)
15. Am schnellsten (*ModA*) kommen (*Präd*) mit der U-Bahn (*InstrA*) ins Stadtzentrum (*DirErg*)
16. Nach Ansicht der Opposition (*RefA*) müssen (*Präd1*) gesenkt werden (*Präd2*)
17. „Faust" (*AkkErg*) kann (*Präd1*) als GOETHES bedeutendstes Werk (*NalErg*) bezeichnen (*Präd2*)
18. werden (*Präd1*) in zwei Monaten (*TempA*) zum Einsatz kommen (*Präd2*)

4

2. vor -em; 3. mit -em; 4. auf -ie -en; 5. an -em -en; 6. gegen -ie -e; 7. auf -as; 8. um -e -e; 9. mit -en über; 10. zu; 11. für -e -e; 12 nach -em; 13. auf; 14. über -e; 15. für -e; 16. an -as; 17. mit -em; 18. für -e; 19. auf ø

5

1. mit -em; 2. für -e -e; 3. über -e -en; 4. an -as; 5. um -e; 6. gegen -as -e; 7. an -em; 8. für -e -e; 9. auf -es; 10. an -er; 11. über ø -es; 12. mit -er über ø -es; 13. um -ie; 14. mit; 15. mit -er; 16. an -e; 17. für -ie; 18, über -ie -e -e; 19. auf; 20. gegen -ie; 21. vor -em -en -en; 22. nach -er; 23. über -ie -en; 24. an -er -en; 25. mit -er; 26. um -ie -en; 27. bei -em über -en; 28. über -e; 29 von -er -en; 30. -er zu -em -en

6

1. auf -e ø; 2. auf -ie; 3. an ø -es; 4. mit -em; 5. an -em -en; 6. aus -n; 7. auf -ie -e; 8. an -e 9. für -as -e, 10. von -en -n; 11. zu -er; 12. von -er -en; 13. auf -e ø; 14. zu -en -en -en; 15. vor -er; 16. unter -em; 17. in -er; 18. über -en; 19. vor -n; 20. an; 21. mit -en -en; 22. für -es; 23. um; 24. um -e; 25. über -e; 26. in -er; 27. über -e; 28. auf -e; 29. über -es

7

1. auf ø; 2. mit -en; 3. an -n; 4. von -em; 5. an -em -en; 6. Aus -er; 7. in -ie; 8. über -e; 9. zum; 10. an -en -en; 11. aus -er; 12. mit -en; 13. über; 14. zu -en -en; 15. an -em; 16. aus -en; 17. mit -en; 18. unter; 19. auf; 20. Aus -en; 21. auf -e; 22. zu -er; 23. auf -e -e; 24. durch -e; 25. mit -er; 26. von -en -en; 27. auf -ie; 28. für -ie; 29. von -er

8

1. mit -er; 2. auf -as; 3. für -e; 4. nach -er; 5. von -en -en; 6. auf -ie; 7. zu; 8. über -ie; 9. zu -er; 10. auf ø -es; 11. auf -em; 12. zwischen; 13. mit -er; 14. in -er -en; 15. zu -en; 16. von -er; 17. um -ie; 18. nach -en; 19. auf; 20. für -e -e; 21. Aus -n; 22. auf -as -e; 23. auf -e; 24. gegen -ie; 25. zu -en -en; 26. mit

9

1. sich beteiligen an
   Der Student beteiligt sich an dem Museumsbesuch.
2. ableiten A aus
   Aus den Ergebnissen der Untersuchung können wir wichtige Erkenntnisse ableiten.
3. einwirken auf
   Die Regierung wirkt auf die Arbeitgeber zur Schaffung neuer Arbeitsplätze ein.
4. ersetzen A durch
   Die Firma ersetzt die alte Maschine durch einen nach modernsten Erkenntnissen gebauten Automaten.
5. entscheiden über
   Vor der Prüfung entscheidet die Prüfungskommission über die Zulassung der Kandidat*innen zur Prüfung.

10

1. -en -en -en -er -en; 2. -es -s; 3. -em -en ø; 4. -er -en; 5. -e -e -e -es -s; 6. -em -en -n; 7. -en -en -n -en ø; 8. -as -en -n; 9. -en -n; 10. -er -en ø; 11. -er ø; 12. -er -en; 13. -er -en; 14. -er; 15. -em -es; 16. -en -en -es -s; 17. -es -s -en ø; 18. -e -em -en ø; 19. -en; 20. -en -n -en; 21. -er; 22. -en 23. -er -en

11

1. gilt; 2. bezeichnet (betrachtet); 3. auffassen (verstehen); 4. herausgestellt (erwiesen); 5. betrachte; 6. bezeichnet; 7. ausgeben; 8. angesehen (betrachtet); 9. nennt; 10. aussehen; 11. dienen; 12. sind

12

1. -es -s; 2. -em ø -as ø; 3. für -en ø; 4. als -en -en; 5. an -as -e; 6. ø -en -n -e ø; 7. -ie als -e; 8. -en als -es; 9. zum; 10. für -en; 11. -as -e als -e -e; 12. als; 13. Unter -en; 14. -en -en -em; 15. als -er -e ø; 16. ø ø; 17. an -em -en; 18. als -e; 19. -em -er ø; 20. als -en

13

1. ø -as -e; 2. über -ie -e; 3. ø -ir; 4. von -er; 5. mit -em; 6. ø; 7. bei -en -n; 8. auf -as; 9. über -e; 10. für -en; 11. ø -er; 12. mit -em; 13. ø -em; 14. für -e; 15. ø -en; 16. mit -er -en; 17. über -en; 18. über -en -en; 19. über -en; 20. auf ø -es; 21. ø -ir; 22. auf -en -en; 23. für -ich; 24. von -er; 25. an

14

1. für -e; 2. mit -em; 3. an -em -en; 4. für -ie; 5. an -n; 6. mit; 7. ø; 8. mit -n (*oder:* ø -n); 9. ø -er -en; 10. über -ie -e; 11. ø -er -en; 12. zu -em -en; 13. von -en -en; 14. zu -em; 15. ø -en -n; 16. für -ie; 17. von -er -en; 18. zu -er; 19. zum; 20 für -ie (*oder:* -en); 21. ø -ir; 22. auf -en; 23. an -em -en; 24. zu -er; 25. zu -en -n; 26. -ir; 27. ø -e -e; 28. ø -e; 29. von -em; 30. an -ie -e; 31. für; 32. ø -em

15

1. ... der Zug pünktlich abfährt.
   ... die heutigen Tier- und Pflanzenarten aus früheren entstanden sind.
2. ... die Todesstrafe abgeschafft wird.
   ... die Menschenrechte eingehalten werden.
3. ... sich ihr Gesundheitszustand bessert.
   ... sich das Covid-19-Virus weiter ausbreitet.
4. ... seine Theorie richtig war.
   ... der Angeklagte unschuldig ist.
5. ... die Umwelt zerstört wird.
   ... (die) Kinderarbeit generell verboten wird.
6. ... die Kriminalität zunimmt.
   ... sich das Wetter in Deutschland ständig ändert?
7. ... die Preise in französischen Restaurants relativ hoch sind.
   ... die Wahlbeteiligung der Jüngeren außerordentlich gering war.

16

4. Das Tempo wurde langsam gesteigert. / ... steigerte sich langsam.
5. Der Präsident starb unerwartet.
6. Das Semester endete am 15. Juli.
7. Das Bremssystem versagte plötzlich.
8. Der Vorschlag wurde einstimmig abgelehnt.
9. Der Text wurde stark überarbeitet.
10. Das Wirtschaftswachstum verlangsamte sich deutlich. (... wurde deutlich langsamer.)
11. Es regnete tagelang.
12. Die Prüfung wurde vorschriftsmäßig durchgeführt.
13. Ihr Freund kehrte aus Wien zurück.

14. Der Politiker wurde durch das Militär (vom Militär) ermordet.
15. Ihre Einkommensverhältnisse änderten sich überraschend.
16. Die Ozonwerte stiegen erneut an.
17. Die Fehler wurden berichtigt.
18. Die unheilbare Krankheit breitete sich schnell aus.
19. Die Straße wurde um 2 m verbreitert.
20. Der Verletzte wurde erfolgreich operiert.
21. Der Dieselmotor wurde im Jahre 1892 erfunden.
22. Epidemien traten vermehrt auf.
23. Die Qualität wurde streng kontrolliert.
24. Die Ferien wurden um ein Woche verlängert.
25. Die Einwohnerzahl verdoppelte sich innerhalb eines Jahrzehnts.
26. Die Zahl der Wohnungseinbrüche nahm deutlich zu.
27. Der Sondermüll wurde kostenpflichtig entsorgt.

17

1. Es kommt jetzt darauf an, den Katastrophenopfern schnell zu helfen. / ... dass den Katastrophenopfern schnell geholfen wird. / ... dass man ... schnell hilft.
2. Die Diskussion trug nicht dazu bei, das Problem zu klären. / ... dass das Problem geklärt wurde.
3. Die Stadtverwaltung muss sich darauf einstellen, dass die Einwohnerzahl abnimmt.
4. Ich habe mich überraschend schnell daran gewöhnt, nachts (in der Nacht) zu arbeiten. / ..., dass ich nachts arbeiten muss.
5. Die meisten Wirtschaftsexperten gehen davon aus, dass die Mehrwertsteuer um einen Prozentpunkt erhöht wird.
6. Ich bin sehr daran interessiert, meinen Studienort zu wechseln.
7. Viele Studierende sind darüber verärgert, dass Vorlesungen häufig ausfallen.
8. Der Rektor rechnet fest damit, dass er wieder gewählt wird. / ... wieder gewählt zu werden.
9. Er ist natürlich froh (darüber), dass sein Referat günstig beurteilt wurde.
10. Die Eltern müssen darauf achten, dass ihre Kinder regelmäßig die Schule besuchen.
11. Die Techniker sind damit beschäftigt, das nächste Experiment vorzubereiten.
12. Das Beschäftigungsprogramm soll dazu führen, dass die Arbeitslosenzahlen zurückgehen.
13. Einige Abgeordnete treten dafür ein, eine Sonderabgabe einzuführen. /... dass eine Sonderabgabe eingeführt wird.
14. Sie können sich darauf verlassen, dass unsere Mitarbeiter den Termin einhalten. / ... dass der Termin von unseren Mitarbeitern eingehalten wird.
15. Die Kommission zweifelte daran, dass die vorgelegten Dokumente echt waren / sind.
16. Die Richter ließen sich (davon) überzeugen, dass die Angeklagte unschuldig war (ist) / ... die Angeklagten unschuldig waren / sind.
17. Sie können mich nicht dazu überreden, diesen Vertrag zu unterzeichnen! / ... dass ich diesen Vertrag unterzeichne!
18. Nach Meinung von Fachjournalisten ist davon auszugehen, dass der Wert des Euro steigt.
19. Warum sollten wir darauf verzichten, dass (uns) unsere Kosten erstattet werden? / ..., (uns) unsere Kosten erstatten zu lassen?
20. Sie war sehr erstaunt (darüber), dass die Bearbeitungsgebühr so hoch war. / ..., wie hoch die Bearbeitungsgebühr war.
21. Viele politische Beobachter wunderten sich (darüber), dass diese Koalition zustande gekommen ist.

18

1. Die Bank empfiehlt ihren Kunden, Aktien zu kaufen. / ..., dass sie Aktien kaufen (sollen).
2. Das Chemiewerk bestreitet, das Wasser zu verschmutzen. / ..., das Wasser verschmutzt zu haben. / ..., dass das Wasser verschmutzt ist / ..., dass es das Wasser verschmutzt (hat).
3. Man muss befürchten, dass sich ihr Gesundheitszustand weiter verschlechtert.
4. Die Opposition hat gefordert, die diplomatischen Beziehungen abzubrechen. / ..., dass die diplomatischen Beziehungen abgebrochen werden.
5. Das Rauschmittelgesetz verbietet, mit Drogen zu handeln. / ..., dass mit Drogen gehandelt wird.
6. Schüler werfen den Lehren oft vor, ungerecht zu sein. / ..., dass sie ungerecht sind.
7. Ein Untersuchungsausschuss stellte fest, dass gegen das Parteispendengesetz verstoßen wurde (worden war / worden ist).
8. Viele Firmen befürchten, dass große Datenmengen durch Cyberkriminelle gestohlen werden / worden sind.
9. Einige Experten hatten schon frühzeitig prognostiziert, dass sich das Covid-19-Virus rasant weltweit ausbreitet / ausbreiten wird / ausbreiten würde.

19

1. Ein neues Automodell zu entwickeln dauert etwa fünf Jahre. / Es dauert etwa fünf Jahre, ein neues Automodell zu entwickeln.
2. Mit den ausländischen Kollegen zusammenzuarbeiten machte uns viel Spaß / Es machte uns viel Spaß, mit den ausländischen Kollegen zusammenzuarbeiten.)
3. Ist es nicht erstaunlich, dass sich so viele Leute für diesen Film interessieren? / ... dass so viele Leute an diesem Film Interesse haben?
4. Die Seminarbibliothek zu erweitern war nötig geworden. / Es war nötig geworden, die Seminarbibliothek zu erweitern.

5. Die Neuerwerbungen zu katalogisieren gehört zu den Aufgaben der Bibliothekarin. / Es gehört zu den Aufgaben der Bibliothekarin, die Neuerwerbungen zu katalogisieren.
6. Nicht an allen deutschen Universitäten ist es möglich, afrikanische Sprachen zu studieren.
7. Ein Tablet anzuschaffen ist sehr empfehlenswert. / Es ist sehr empfehlenswert, ein Tablet anzuschaffen.
8. Die Arbeitslosigkeit abzubauen und die Inflation zu bekämpfen ist entscheidend für den wirtschaftlichen Aufschwung. / Es ist für den wirtschaftlichen Aufschwung entscheidend, die Arbeitslosigkeit abzubauen und die Inflation zu bekämpfen. / ..., dass die Arbeitslosigkeit abgebaut (wird) und (dass) die Inflation bekämpft wird.

20

1. Können Sie mich darüber informieren, welche Flugmöglichkeiten nach Lima es gibt?
2. Wir fragen uns (danach), welchen Sinn das Leben hat. / ..., ob das Leben einen Sinn hat.
3. Die Höhe des Stipendiums hängt nicht davon ab, welches Studienfach gewählt wurde / man gewählt hat. (Wie hoch das Stipendium ist, hängt nicht davon ab, ...)
4. Wie die Wahlen ausgehen, ist völlig ungewiss. / Es völlig ungewiss, wie die Wahlen ausgehen.
5. Techniker denken darüber nach, wie sie den Fertigungsprozess optimieren können. / ..., den Fertigungsprozess zu optimieren.
6. Sie stritten sich darüber, wie gefährlich Drogen sind. / ..., ob Drogen gefährlich sind.
7. Du solltest dich umgehend (danach) erkundigen, wann der nächste Prüfungstermin ist. / ... wann die nächste Prüfung stattfindet.
8. Wer der Anrufer war, konnte nicht ermittelt werden. / Es konnte nicht ermittelt werden, wer der Anrufer war / ... wer angerufen hat.
9. Ich möchte erfahren, wie das Ergebnis der Testreihe ist. / ..., welches Ergebnis die Testreihe hat.
10. Der Arzt fragte den Patienten (danach), wie groß er ist und wie viel er wiegt.

21

1. Unsere Aufgabe besteht darin, Ergänzungen in Ergänzungssätze umzuformen.
2. Man kann sich im Internet (darüber) informieren, wie die Zulassungsbedingungen der einzelnen Universitäten sind. / ... welche Zulassungsbedingungen die einzelnen Universitäten haben.
3. Beim Abschlusstest ist es nicht erlaubt, Formelsammlungen zu benutzen.
4. Kann ich mich darauf verlassen, dass Ihre Internet-Recherchen vollständig sind?
5. Die Institutsleiterin ist (darüber) sehr erstaunt, dass die Verwaltung (so) schnell auf ihren Antrag reagiert hat. / ..., wie schnell die Verwaltung auf ihren Antrag reagiert hat.
6. Ich will mich darauf beschränken, einen kurzen Abschnitt zu übersetzen.
7. Wir werden uns darüber beschweren, dass unsere Nachbarn uns nachts stören. / ..., dass wir nachts von unseren Nachbarn gestört werden.
8. Man konnte mich noch nicht (dazu) überreden, mein Auto abzuschaffen. / ..., dass ich mein Auto abschaffe.
9. Fast alle Unfälle im Straßenverkehr lassen sich darauf zurückführen, dass Verkehrsteilnehmer sich falsch verhalten.
10. Die Grünen treten dafür ein, dass die Geschwindigkeit innerorts auf 30 km/h begrenzt wird. / ... die Geschwindigkeit innerorts auf 30 km/h zu begrenzen.
11. Wo er sich jetzt aufhält, hält er geheim. / Er hält (es) geheim, wo sein jetziger Aufenthaltsort ist.
12. Wissenschaftler rechnen damit, dass sich die Jahresdurchschnittstemperatur erhöht / erhöhen wird.
13. Haben Sie schon (davon) gehört, dass ein neues subatomares Teilchen entdeckt wurde / worden ist?
14. Viele Kongressbesucher waren nicht damit einverstanden, dass die Podiumsdiskussion verschoben wurde. / ... die Podiumsdiskussion zu verschieben.
15. Ob die pakistanische Delegation an der Konferenz teilnimmt, ist ungewiss. / Es ist ungewiss, ob die pakistanische Delegation an der Konferenz teilnimmt.
16. Welche Ursachen das Insektensterben hat, / Warum (viele) Insekten sterben, ist von verschiedenen Expertengruppen erforscht worden. / Es ist von verschiedenen Expertengruppen erforscht worden, warum (viele) Insekten sterben.
17. Die Opposition verlangt, dass der Innenminister sofort zurücktritt.
18. Die Angeklagte muss damit rechnen, dass sie zu einer langjährigen Haftstrafe verurteilt wird. / ... zu einer langjährigen Haftstrafe verurteilt zu werden.
19. Die Gewerkschaft fordert, dass Arbeitsplätze in der Automobilindustrie abgesichert werden. / ..., Arbeitsplätze in der Automobilindustrie abzusichern.
20. Der Kunde bestand darauf, dass die Herstellerfirma das fehlerhafte Gerät zurücknahm. / ..., dass das fehlerhafte Gerät von der Herstellerfirma zurückgenommen wurde.
21. Dass die Zahl der Bauanträge zurückging, war auf den Zinsanstieg zurückzuführen / ..., war darauf zurückzuführen, dass die Zinsen anstiegen.

22. Dass die Arbeitslosigkeit zunimmt, hängt damit zusammen, dass neue Technologien eingesetzt werden.
23. Man muss (danach) fragen, was dieses Projekt kostet. / ..., wie hoch die Kosten dieses Projekts sind.
24. Die Rezession ist daran zu erkennen, dass die Investitionstätigkeit nachlässt und (dass) gleichzeitig die Zahl von Konkursen zunimmt.
25. Bei der Planung hatte man nicht vorhersehen können, dass sich die Studierendenzahlen in diesem Studienfach innerhalb von so wenigen Jahren verdoppeln würden / verdoppelt haben.
26. Es muss intensiv darüber diskutiert werden, was die Vor- und Nachteile der verschiedenen Maßnahmen zur Verbesserung des ÖPNV sind. ..., worin die Vor- und Nachteile ... liegen / ..., welche Vor- und Nachteile ... es gibt.
27. Spätestens mit dem Pariser Klimaabkommen hat sich die Weltgemeinschaft (dazu) verpflichtet, gegen den Klimawandel zu kämpfen.
28. Der französische Präsident kündigte an, die Treibhausgas-Emissionen um über 80 % bis 2050 zu reduzieren. / ..., dass die Treibhausgas-Emissionen um über 80 % bis 2050 reduziert werden (sollen).
29. Es ist heute im Prinzip bekannt, wie die Übertragungswege ... sind. / ..., wie Viren von Tieren auf Menschen übertragen werden.
30. Viele Experten halten **es** für wahrscheinlich, dass in der Zukunft neue Pandemien auftreten (werden).

22

1. Unsere Reisepläne hängen von der Entwicklung des Wetters ab.
2. Sie freuen sich auf den morgigen Besuch bei ihren Eltern.
3. Wir müssen gemeinsam über die sinnvollste Lösung des Problems nachdenken.
4. Die Firma plant die Einstellung von 200 neuen Mitarbeitern. / ... Einstellung 200 neuer Mitarbeiter.
5. Ich bin froh über die so gute Beurteilung meines Referats.
6. Wir müssen uns noch nach den Öffnungszeiten der Bibliothek erkundigen.
7. Bist du mit dem bisherigen Verlauf des Sprachkurses zufrieden?
8. Ich habe Ort und Zeit der Antrittsvorlesung von Frau Professorin Klippert noch nicht herausgefunden.
9. Die Techniker haben bereits mit der Überprüfung der Anlage begonnen.
10. Es kommt auf eine möglichst gleichmäßige Verteilung des Drucks an.
11. Die UNICEF verlangt ein generelles Verbot von Kinderarbeit / ... ein generelles Kinderarbeitsverbot.
12. Viele Politiker fordern die Schaffung von Möglichkeiten für eine bessere Kontrolle des Internets. / ... von besseren Internetkontrollmöglichkeiten.
13. Der Innenminister tritt für eine weitere Verringerung der Zahl der Wahlkreise ein. (... Verringerung der Wahlkreisanzahl ein.)
14. Die Kommission hat eine (die) Verschiebung des Wahltermins abgelehnt.
15. Die Fahrgäste ärgern sich über die Streichung einiger Verbindungen.
16. Die Presse berichtet ausführlich über (die) Vor- und Nachteile des weiteren Ausbaus der Umgehungsstraße.
17. Bei einem Abbruch der Friedensgespräche befürchten viele eine deutliche Verschlechterung des politischen Klimas.
18. Der Verzicht der Gewerkschaften auf einen Teil ihrer Forderungen hat den Kompromiss erst ermöglicht.
19. Der Kanzler bat die Abgeordneten um (ihre) Zustimmung zu dem Gesetz in seiner überarbeiteten Form.
20. Die drastische Gebühren-Erhöhung für Lkw-Transporte in der Schweiz hat zu einer zunehmenden Verlagerung des Güterverkehrs von der Straße auf die Schiene geführt.

23

Bevor man eine Ferienreise ins Ausland antritt, muss man viele Dinge bedenken. *Indem man das Internet nutzt*, kann man sich am bequemsten und umfassendsten informieren. *Um sich allgemein zu informieren*, genügt es, die Homepage der Botschaft des betreffenden Landes zu besuchen. Größere Reisen sollte man aber nicht antreten, *ohne sich sorgfältig vorbereitet zu haben. Wenn man die Reiseroute im Land genau plant*, helfen die Touristik-Zentralen weiter. (...) *Weil es bequem(er) ist*, reisen besonders Familien gern mit dem Auto, *aber wenn die Entfernungen größer sind*, ist eine Flugreise oft unverzichtbar. *Bevor man das Flugticket kauft*, lohnt es sich, die Preise der verschiedenen Reiseveranstalter zu vergleichen. Das ist noch wichtiger, *wenn man eine Pauschalreise bucht. Obwohl die Urlauber mit derselben Fluggesellschaft fliegen und (obwohl sie) im selben Hotel untergebracht sind*, können die Preise für die Urlauber nämlich sehr unterschiedlich sein. Deshalb sollte man sich wirklich erst (dann) für einen bestimmten Veranstalter entscheiden, *nachdem (wenn) man viele Angebote gründlich studiert hat.*

24

2. Wenn man das Labor verlässt, ist die Überwachungsanlage zu aktivieren.

3. Wenn das Semester beginnt, finden Informationsveranstaltungen statt.
4. Wenn der Computer heruntergefahren wurde, erschienen immer Fehlermeldungen auf dem Bildschirm.
5. Ich hatte den Nutzungsausweis noch bei mir, als ich die Bibliothek verließ.
6. Es ist wichtig, dass man sich über die Anerkennung von Leistungsnachweisen informiert, bevor man den Studienort wechselt.
7. Bevor man das Gerät in Betrieb nimmt, sollte man die Bedienungsanleitung sorgfältig lesen.
8. Während / Solange die Bombe entschärft wurde, war das Gebiet weiträumig abgesperrt.
9. Computerraum und Bibliothek kann man nur benutzen, solange / während das Sekretariat geöffnet ist.
10. Peter will in den diplomatischen Dienst eintreten, nachdem er sein Studium abgeschlossen hat.
11. Nachdem Max vorzeitig aus dem Gefängnis entlassen worden war, beging er sofort wieder neue Straftaten.
12. Sobald / Wenn die Sommerzeit endet, werden die Uhren um eine Stunde zurückgestellt.
13. Sofort nachdem / Sobald das Abstimmungsergebnis bekannt geworden war, fielen die Aktienkurse.
14. Bis die Direktübertragung beginnt, sind es keine zwei Minuten mehr.
15. Bis dieses Experiment durchgeführt werden konnte, waren umfangreiche Vorarbeiten nötig.
16. Seitdem die Unruhen ausgebrochen sind, sind immer wieder Geschäfte geplündert worden.

25

1. Während / Solange die Sekretärin abwesend war, hat niemand das Büro betreten.
2. Bevor das Medikament eingenommen wird, muss die Flasche geschüttelt werden. / Bevor man das Medikament einnimmt, ...
3. Nachdem es in der vergangenen Nacht stark geregnet hat, steigen die Flüsse weiter an.
4. Jedesmal / Immer wenn der Bus hielt, fragte die alte Dame den Busfahrer, ob sie jetzt aussteigen müsse.
5. Erst lange nachdem es geblitzt hatte, hörten wir den Donner in der Ferne.
6. Seitdem die Diskothek wieder eröffnet wurde / (worden) ist, wird dort mit Drogen gehandelt.
7. Während ich gestern Abend mit Paul telefoniert habe, hat Olaf mehrmals versucht, mich anzurufen.
8. Bis man eine Fremdsprache sicher beherrscht, braucht man viele Jahre.
9. Denken Sie bitte gründlich nach, bevor Sie die Prüfungsfragen beantworten!
10. Als am Aufzug gearbeitet wurde, gab es einen Kurzschluss.
11. Seitdem die Verkaufsfläche erweitert wurde / (worden) ist, steigt der Umsatz des Kaufhauses.
12. Die Preise gelten unverändert, bis eine neue Preisliste erscheint / erschienen ist.
13. Kontrollieren Sie die Ware auf Transportschäden, wenn sie eingegangen ist.
14. Bitte überweisen Sie kein Geld, bevor Sie die Rechnung erhalten haben!
15. Erst nachdem die Rechnung beglichen (worden) ist, geht die Ware in das Eigentum des Käufers über.
16. Schon bald nachdem er zum Regierungschef gewählt worden war, vergaß er alle seine Wahlversprechen.
17. Als der neue Großflughafen eröffnet wurde, kam es zu Zusammenstößen zwischen Demonstranten und der Polizei.

26

1. Sobald die Anlage installiert (worden) ist, beginnt die einjährige Garantiezeit.
2. Noch bevor die Garantiezeit abläuft (abgelaufen ist), kann auf Wunsch ein Wartungsvertrag abgeschlossen werden.
3. Solange / Während der Vertrag läuft, besteht ein Anspruch auf schnellstmögliche Reparaturleistungen.
4. Bevor der Reparaturdienst in Anspruch genommen wird, sind alle Einzelfunktionen der Anlage zu überprüfen.
5. Bis ein Monteur eintrifft / eingetroffen ist, kann die Anlage ggf. mit dem „Notprogramm" betrieben werden.
6. Sobald die Reparaturarbeiten abgeschlossen sind, ist ein Test aller Funktionen durchzuführen.
7. Während der Test durchgeführt wird, ist ein Protokoll anzufertigen.
8. Wenn der Probelauf protokolliert wird, sind alle Messwerte in ein Formblatt einzutragen.
9. Bevor das Protokoll vom Betreiber und vom Monteur unterzeichnet wird, muss die Vollständigkeit aller Eintragungen sichergestellt sein. / Bevor der Betreiber und der Monteur das Protokoll unterzeichnen, muss ...
10. Nachdem die Anlage erneut in Betrieb genommen worden ist, sollte in den ersten drei Betriebsstunden ihre Leistung auf max. 60 % reduziert werden.
11. Seitdem diese Regelung eingeführt (worden) ist, sind im Dauerbetrieb deutlich weniger Störfälle aufgetreten als vorher.

27

2. Leider können wir bis zur Ankunft deiner Tante aus Marokko nicht warten.

3. Beim / Mit dem Verlassen des Ausstellungsgeländes verliert die Eintrittskarte ihre Gültigkeit.
4. Bei seiner Geburt bekam ein Römer drei Namen, z. B. Gajus Julius Caesar.
5. Sie konnte ihr Fachstudium erst nach (dem) Bestehen der Sprachprüfung aufnehmen.
6. Während ihres Studiums in Köln haben wir uns fast täglich gesehen.
7. Mit / Bei (dem) Beginn der Regenzeit verwandelt sich die Steppe in ein Blütenmeer.
8. Seit der Installation einer Flutlichtanlage kann auch abends Tennis gespielt werden.
9. Große Säugetiere konnten sich erst nach dem Aussterben der Dinosaurier entwickeln.
10. Vor (der) Einführung der Geschwindigkeitsbeschränkung auf 70 km/h sind auf dieser Straße mehrere schwere Unfälle passiert.
11. Bei(m) Abschluss des / unseres Mietvertrags vor fünf Jahren war die Miete viel niedriger als heute.
12. Während der Krankheit des Regierungschefs führte der Außenminister die Amtsgeschäfte.
13. Sofort nach Eingang Ihrer Unterlagen werden wir Ihren Antrag prüfen.
14. Bis zur endgültigen Regulierung des Schadens durch die Versicherung waren mehrere Monate vergangen.

28

1. früher; 2. Dann / Danach; 3. bis dahin / vorher; 4. Seitdem; 5. vorher; 6. zunächst / zuerst; dann; 7. Da 8. endlich; 9. zugleich / gleichzeitig; 10. nun; 11. heute; 12. bald; 13. zuvor; 14. seitdem; 15. schließlich; 16. gleich; 17. damals; 18. vorher; 19. Dabei; 20. inzwischen; 21. Davor

29

... (der) Geschäftsführer Petersen am Vortag nicht in seinem Büro und auch am Vorabend nicht telefonisch zu erreichen (gewesen) war. Anschließend war Beilmann bei Hamkens in Leck. Hier in Husum hat Beilmann seine Kunden Schmidt, Topf und Mader besucht und gute Abschlüsse getätigt. Am folgenden Tag, d.h. am 8. Juni, wollte er noch nach Schleswig fahren, am darauffolgenden Tag dann nach Hause. Das Wetter am Donnerstag fand er drückend heiß. Er hat sich am Donnerstagabend sehr schlapp gefühlt und wollte früh schlafen gehen.

30

1. Weil / Da der Straßenlärm unerträglich ist, wollen wir hier ausziehen.
2. Weil sich die Studierenden über die guten Prüfungsnoten freuten, veranstalteten sie eine Party.
3. Sie bekam den Job, weil sie gute Zeugnisse hatte.
4. Weil die Aktienkurse fallen, wächst die Nervosität der Anleger.
5. Weil es tagelang geschneit hatte, hatten alle Züge Verspätung. / Weil tagelang Schnee gefallen war, ...
6. Ein Lkw-Fahrer ist von der Straße abgekommen, weil er übermüdet war.
7. Die Straße war für mehrere Stunden gesperrt, weil sich ein Unfall ereignet hatte.
8. Weil die Operationstechnik verbessert worden ist, hat sich die Lebenserwartung nach Herztransplantationen mehr als verdoppelt. (Weil sich die Operationstechnik verbessert hat, ...)
9. Wieder wurde ein Manager verhaftet, weil er Steuern hinterzogen hatte (hat).
10. Der Minister trat zurück, weil er krank war (ist).
11. Die Anlage muss kurz abgeschaltet werden, weil Reparaturen notwendig (geworden) sind.

31

2. Weil / Da die Regenfälle ungewöhnlich heftig waren, wurden große Teile von Nicaragua und Honduras überschwemmt.
3. Weil zahlreiche Straßen zerstört (worden) waren, konnte man die Betroffenen nicht schnell erreichen.
4. Weil Transportkapazitäten fehlten, war es zunächst unmöglich, die vom Wasser Eingeschlossenen mit Lebensmitteln zu versorgen.
5. Viele Verletzte starben, weil ärztliche Hilfe ausblieb.
6. Weil sie über den Verlust ihrer Angehörigen verzweifelt waren, begingen einige Dorfbewohner Selbstmord.

32

2. Wegen (Aufgrund, Infolge) der Verseuchung mit Bakterien durfte das Wasser nicht getrunken werden.
3. Wegen (...) einer (der) zu geringen Zahl an Hubschraubern konnte die Bevölkerung nur langsam mit lebensnotwendigen Gütern versorgt werden.
4. Wegen (...) fehlender Landeplätze mussten Lebensmittel aus der Luft abgeworfen werden.
5. Wegen (...) der schlecht koordinierten Rettungsmaßnahmen kam es zu zahlreichen Pannen. (Wegen der schlechten Koordinierung der Rettungsmaßnahmen ...)
6. Aus Wut über das Verhalten der Regierung bewarfen in Leon Betroffene den nicaraguanischen Präsidenten mit Steinen.

33

1. a) Die Zeitschrift wurde eingestellt, denn es gab nicht mehr genug Abonnenten.
   b) ...; es gab nämlich nicht mehr genug Abonnenten.
2. a) Herr Scholz kauft sich einen Mercedes; denn er hat im Lotto gewonnen.
   b) ...; er hat nämlich im Lotto gewonnen.

3. a) Leas Eltern lassen einen Arzt kommen, denn Lea hat seit Tagen hohes Fieber.
   b) ...; Lea hat nämlich seit Tagen hohes Fieber.
4. a) Im ganzen Hotel gab es kein fließendes Wasser, denn es hatte einen Rohrbruch gegeben.
   b) ...; es hatte nämlich einen Rohrbruch gegeben.

34

1. Hepatitis B ist eine sehr gefährliche Krankheit; deshalb (usw.) raten die Ärzte zur Impfung.
2. Der Minister war in eine Korruptionsaffäre verwickelt; er musste deshalb (usw.) zurücktreten.
3. Ich hatte nicht genügend Platz; deshalb (usw.) musste ich die Hälfte meiner Bücher verkaufen.
4. Mein Fahrrad ist gestohlen worden; deshalb (usw.) bin ich zu Fuß gekommen.
5. Sie ist nach Ulm umgezogen; deshalb musste sie ihr Haus / sie musste deshalb ihr Haus / sie musste ihr Haus deshalb schnell verkaufen.

35

1. In Mittelamerika ist man an Katastrophen gewöhnt, denn es gibt häufig Wirbelstürme.
2. So zerstörerisch wie „Mitch" sind aber nur wenige Wirbelstürme; die meisten bleiben nämlich über dem Meer und streifen das Land nur am Rande.
3. Da über der Wasseroberfläche kaum Reibung entsteht, ziehen die Wirbelstürme und die Regenwolken schneller fort.
4. Die Erdoberfläche setzt dem Wind mehr Widerstand entgegen; deshalb kommen sie über dem Land langsamer voran.
5. Wegen des sehr gebirgigen Reliefs von Mittelamerika wurde „Mitch" auf seinem Weg besonders stark gebremst.
6. Der Wirbelsturm konnte auch nicht nach Norden weiterziehen, denn eine Wetterfront über dem Golf von Mexiko versperrte ihm den Weg.
7. Weil „Mitch" ungewöhnlich lange über Honduras und Nicaragua lag, konnten sich die Wolken völlig abregnen.
8. Infolge des Zusammentreffens mehrerer negativer Faktoren kam es zu dieser Naturkatastrophe.

36

2. Die Hungerkatastrophe führte zur Flucht in die Nachbarländer.
3. Die Atembeschwerden bei Kleinkindern sind auf die Luftverschmutzung zurückführen. / ... lassen sich ... zurückführen. / ... können ... zurückgeführt werden. / Man kann die Atembeschwerden bei Kleinkindern auf die Luftverschmutzung zurückführen.
4. Seine Gehbehinderung war die Folge eines Verkehrsunfalls.
5. Streiks bedeuten Produktionsausfall.
6. Die Industrialisierung hatte einen höheren Bedarf an Arbeitskräften zur Folge.
7. Die Automatisierung ist der Grund für den Wegfall von Arbeitsplätzen.
8. Ein plötzlicher Wetterwechsel kann Schlafstörungen verursachen.
9. Die Bevölkerungszunahme hängt mit den Fortschritten in der Medizin zusammen.
10. Viren rufen Grippe und andere Krankheiten hervor.
11. Pauls gesunde Gesichtsfarbe kommt von der Gartenarbeit.
12. Die sinkenden Preise ergeben sich aus dem Überangebot.
13. Das Hochwasser in den Flüssen ist mit den tagelangen Regenfällen (ist durch die tagelangen Regenfälle) zu erklären. / ... lässt sich ... erklären. usw.
14. Der Rücktritt der Regierung hat einen Kurssturz an der Börse ausgelöst.
15. Trunkenheit am Steuer war die Ursache des schweren Verkehrsunfalls (für den schweren Verkehrsunfall).
16. Die Wirtschaftskrise geht auf die Covid-19-Pandemie zurück.

37

1. Zollbeamte haben mehrere Autos angehalten, um das Gepäck zu kontrollieren.
2. In Deutschland sparen viele Menschen, um ein eigenes Haus zu bauen oder zu kaufen.
3. Um Energie einzusparen, lassen wir Thermostatventile in die Heizkörper einbauen.
4. Die Eltern schickten ihre Kinder an die See, damit sie sich erholten. (..., um sich zu erholen. *Andere Bedeutung:* die Eltern wollen sich erholen.)
5. Um unnötige Wartezeiten zu vermeiden, werden Nummern an die Patienten ausgegeben.
6. Bodenproben vom Mond wurden an verschiedene Labors geschickt, damit sie (dort) analysiert wurden. / ... um sie dort analysieren zu lassen.
7. Paul hat mir sein Manuskript gegeben, damit ich es durchlese.
8. Um ihre Thesen zu veranschaulichen, zeigte die Referentin eine Power-Point-Präsentation.
9. Man plant eine Umgehungsstraße, um den Verkehr im Stadtzentrum zu verringern.
10. Um sich vor Kopfverletzungen zu schützen, müssen Motorradfahrer einen Helm tragen.
11. Um den Parkplatz besser ausnutzen zu können, müssen die Autos enger geparkt werden. (Damit der Parkplatz besser ausgenutzt werden kann, ...)

38

1. Elvira singt abends für ihre Kinder; sonst schlafen sie nicht ein. (...; sonst können sie nicht einschlafen.)

2. Man muss eine Lupe haben; andernfalls kann man diese winzigen Buchstaben nicht lesen.
3. Du musst dich wärmer anziehen; sonst erkältest du dich.
4. Herr Noklek muss ein Praktikum machen; andernfalls kann er nicht Maschinenbau studieren.
5. An Tankstellen darf nicht geraucht werden; sonst kann es zu einem Brand kommen.

39

1. ... Experimente mit Bakterien zu machen.
2. Er machte viele Experimente, um die Ursachen von Krankheiten zu finden.
3. Um seine Bakterien zu kultivieren, musste Koch spezielle Nährlösungen herstellen.
4. Um die verschiedenen Bakterien zu identifizieren, benutzte er Farbstoffe.
5. Koch entwickelte völlig neue Untersuchungsmethoden, um sein Ziel zu erreichen.
6. Nicht um berühmt zu werden, hat Koch jahrelang Tag und Nacht geforscht;
7. damit ihm die Experten glaubten, brauchte er unbedingt den Beweis, dass Tuberkulose durch ein Bakterium verursacht wird.
8. Man verwendete die Erkenntnisse Kochs, um Medikamente gegen Infektionskrankheiten zu entwickeln.
9. Um eine Infektionskrankheit gezielt behandeln zu können, muss man den Erreger kennen.
10. Auch einfache Leute lasen die Berichte über Kochs Entdeckung, um sich über die Heilungschancen bei Tuberkulose zu informieren.
11. Man hat Institute und Straßen nach Robert Koch benannt, damit der Name dieses bedeutenden Wissenschaftlers nicht vergessen wird.

40

1. Die Ärzte haben den Verletzten nicht retten können, obwohl (usw.) er sofort operiert wurde. (..., obwohl sie ihn sofort operiert haben.)
2. Obwohl (usw.) er sich bemüht, macht er keine Fortschritte.
3. Die Reisende wurde bestohlen, obwohl (usw.) sie vorsichtig war.
4. Obwohl der Reporter lange gewartet hatte, bekam er kein Interview.
5. Obwohl ihr der Weg genau beschrieben worden war, fand sie das Hotel nicht. / Obwohl man ihr den Weg genau beschrieben hatte, ...
6. Obwohl die Arbeitslosenzahlen hoch sind, unternimmt die Regierung nichts.
7. Die Straße ist für den Autoverkehr gesperrt worden, obwohl die Geschäftsleute massiv protestiert haben (hatten).
8. Obwohl er vorsichtig gefahren ist, hat er einen Unfall verursacht.
9. Obwohl die Preise hoch sind, essen viele Leute in diesem Restaurant.
10. Obwohl es viele Schwierigkeiten gab, wurde das Projekt durchgeführt.
11. Er hat die Wahl gewonnen, obwohl es viele (!) negative Prognosen gab.
12. Obwohl die Ausweiskontrollen streng waren, sind Unbefugte in den Sicherheitsbereich gelangt.

41

2. Maria hatte sich gut vorbereitet; trotzdem hat sie die Prüfung nicht bestanden.
3. Herr Lehman hat (hatte) eine schwere Grippe; er ist dennoch zur Arbeit gegangen.
4. Sie verdient jetzt mehr; trotzdem kann sie sich mit ihren drei Kindern keine Urlaubsreise leisten.
5. Das Weltklima ist gefährdet; trotzdem werden immer noch Tropenwälder vernichtet.
6. Die furchtbare Wirkung von Antipersonenminen ist bekannt; sie werden in einigen Ländern trotzdem noch hergestellt.

42

2. Trotz (des) Überholverbots wird auf dieser kurvenreichen Straße immer wieder überholt.
3. Trotz ihrer kleinen Wohnung laden Lehmanns immer viele Gäste ein.
4. Trotz seines hohen Alters macht unser Großvater noch weite Reisen.
5. Trotz seiner großen Bemühungen (Trotz aller Bemühungen) hatte Paul keinen Erfolg bei seinen Bewerbungen.
6. Trotz der Dachreparatur vor einem Jahr ist der Dachboden nicht trocken geworden.

43

1. Ich war spät schlafen gegangen. Trotzdem stand ich am Morgen des Reisetages sehr früh auf.
2. Obgleich ich rechtzeitig an der Bushaltestelle war, kam kein Bus.
3. Trotz eines Zeitungsberichts über einen bevorstehenden Streik der Busfahrer hatte ich die Streikdrohungen nicht ernst genommen.
4. Der Taxifahrer fuhr mit halsbrecherischem Tempo durch die Stadt; dennoch war mein Zug schon weg.
5. In den nächsten Intercity-Express stieg ich ein, obgleich der Zuschlag hoch war.
6. Obwohl der Zug erst drei Minuten vor Abflug meines Flugzeugs am Flughafen ankam, bin ich noch zum Abfertigungsschalter gerannt.
7. Der Schalter wurde gerade geschlossen; ich konnte trotzdem noch einchecken.
8. Obwohl mein Koffer groß war, durfte ich ihn als Kabinengepäck bei mir behalten.
9. Normalerweise wird streng kontrolliert; aber ich konnte unkontrolliert und ohne Zeitverlust zum Flugsteig gelangen. (Normalerweise gibt es strenge Kontrollen, ...)

10. Obschon es zehn Minuten nach der Abflugzeit war, konnte ich noch einsteigen.

44

1. Teilen Sie uns bitte Ihre neue Adresse mit, wenn Sie umziehen! / Ziehen Sie um, (so) teilen Sie ...
2. Nur wenn der Grundstücksnachbar zustimmt, darf die Mauer gebaut werden. / Stimmt der Grundstücksnachbar nicht zu, darf die Mauer nicht gebaut werden.
3. Wenn wir kein Wörterbuch benutzen, können wir den Text nicht gut übersetzen. / Benutzen wir kein Wörterbuch, (so) ...
4. Wenn eine Störung auftritt / Wenn es eine Störung gibt, muss die Maschine sofort ausgeschaltet werden. / Tritt eine Störung auf / Gibt es eine Störung, (so) ...
5. Wenn man Ruhe und Geduld hat / Wenn man ruhig und geduldig ist gelingt es einem manchmal, scheue Tiere zu beobachten. / Ist man ruhig und geduldig, / Hat man Ruhe und Geduld, (so) ...
6. Wartungsarbeiten dürfen nur durchgeführt werden, wenn die Warnanlage eingeschaltet ist. / Ist die Warnanlage nicht eingeschaltet, so dürfen Wartungsarbeiten nicht durchgeführt werden.
7. Wenn es extrem heiß ist können sich Eisenbahnschienen verbiegen. / Ist es extrem heiß, (so) ...
8. In einem Gasthaus haben Kinder nur Zutritt, wenn sie in Begleitung Erwachsener (von Erwachsenen) sind. / Werden Kinder nicht von Erwachsenen begleitet, haben ... keinen Zutritt.
9. Wenn Aluminium statt Stahl verwendet würde, könnten die Autos um 40 % leichter werden. / Würde Aluminium statt Stahl verwendet, (so) ...
10. Wenn ihn seine Eltern nicht finanziell unterstützen, kann er nicht im Ausland studieren. / Unterstützen ihn seine Eltern nicht finanziell, (so) ...

45

1. a) Man muss den Gurt anlegen; dann darf man losfahren.
   b) Man muss den Gurt anlegen; sonst darf man nicht losfahren.
2. a) Die Schranke muss geöffnet sein; dann darf man die Eisenbahngleise überqueren.
   b) Die Schranke muss geöffnet sein; andernfalls darf man die Eisenbahngleise nicht überqueren.
3. a) Die Abgase müssen gereinigt werden; dann ist das Verbrennen von Müll unproblematisch / nicht problematisch.
   b) Die Abgase müssen gereinigt werden; andernfalls ist das Verbrennen von Müll problematisch.
4. a) Man muss mit Helm Motorrad fahren; dann riskiert man keine gefährlichen Kopfverletzungen.
   b) Man muss mit Helm Motorrad fahren; sonst riskiert man gefährliche Kopfverletzungen.
5. a) Du musst dein Fahrrad abschließen; dann kann es nicht (so) leicht gestohlen werden.
   b) Du musst dein Fahrrad abschließen; andernfalls kann es leicht gestohlen werden.
6. a) Man muss sich schriftlich zum Sprachkurs anmelden; dann ist eine Teilnahme möglich.
   b) Mam muss sich schriftlich zum Sprachkurs anmelden; andernfalls ist eine Teilnahme nicht möglich.
7. a) Die Ampel muss Grün zeigen / sein; dann darf man über die Kreuzung fahren.
   b) Die Ampel muss Grün zeigen / sein; andernfalls darf man nicht über die Kreuzung fahren.

46

1. Wenn Paul kommen sollte, schickt ihn bitte zum Chef! / Sollte Paul kommen, ...
2. Wenn das Wetter trocken bleiben sollte, arbeite ich morgen im Garten. / Sollte das Wetter trocken bleiben, ...
3. Wenn ihr ein Wort nicht kennen solltet, dürft ihr das Wörterbuch benutzen. / Solltet ihr ein Wort nicht kennen, ...
4. Wenn der Vermieter nicht einverstanden sein sollte, dürfen Sie keine Satellitenantenne installieren. / Sollte der Vermieter nicht einverstanden sein, ...
5. Wenn wir morgen die Visa nicht bekommen sollten, müssen wir unseren Flug nach New York stornieren. / Sollten wir die Visa morgen nicht bekommen, ...
6. Wenn der Verkehrsminister das Geld für den Radschnellweg bewilligen sollte, wird er gebaut. / Sollte der Verkehrsminister das Geld für den Radschnellweg bewilligen, ...

47

1. Abgesehen von den hohen Flugpreisen ist ein Urlaub in Australien nicht zu teuer.
2. Verglichen mit Mitteleuropa ist Skandinavien sehr dünn besiedelt.
3. Unser Haus ist in fünf Jahren schuldenfrei, vorausgesetzt, die Hypothekenzinsen steigen nicht.
4. Die Werbeaktion unserer Firma war, kurz zusammenfasst, ein voller Erfolg.

48

1. Körper dehnen sich bei Erwärmung aus.
2. Beim Schütteln einer Seifenlösung bildet sich Schaum.
3. Bei einem weiteren Anstieg des Kohlendioxidgehalts der Atmosphäre werden sich die mittleren Jahrestemperaturen deutlich erhöhen.

4. Reparaturen dürfen nicht bei laufendem Motor ausgeführt werden.
5. Bei Nichtbeachtung einer Verkehrsregel muss man mit Bestrafung rechnen.
6. Umbauten dürfen nur mit Erlaubnis des Hausbesitzers vorgenommen werden.
7. Touristen dürfen die Höhle nur in Begleitung eines Fremdenführers betreten.
8. Bei(m) Aufleuchten der Warnleuchte sofort die Heizung abstellen!
9. Ohne einen Zuschuss von der Landesregierung kann die Stadt Münster keinen Konzertsaal bauen.
10. Ohne einen deutlichen Rückgang der Arbeitslosenzahlen ist der soziale Friede in Gefahr.
11. Bei einer genaueren Kontrolle des Gepäcks hätte man die Drogen sicher entdeckt.

49

1. Säuert man das Wasser mit Schwefelsäure an, dann verbessert sich die Leitfähigkeit.
2. Wenn man durch das angesäuerte Wasser elektrischen Strom leitet, entsteht an jeder der beiden Elektroden ein farbloses Gas.
3. Zündet man das an der Kathode gebildete Gas, Wasserstoff, an, so kommt es zu einer Verpuffung.
4. Wenn man einen glimmenden Holzspan in dieses Gas hält, entzündet er sich.
5. Wenn Holz verbrennt, ist die Zufuhr von Sauerstoff nötig.
6. Es muss Sauerstoff zugeführt werden; sonst erlischt die Flamme.
7. Wenn man aus den bei der Elektrolyse entstandenen Gasen ein Gemisch herstellt und es entzündet, gibt es eine Explosion.
8. Lässt man Wasserstoff in Luftsauerstoff verbrennen, dann läuft derselbe Vorgang langsamer ab.
9. Bei der Bildung von Wasser aus Wasserstoff und Sauerstoff wird Energie frei.
10. Bei der elektrolytischen Zerlegung von Wasser muss Energie zugeführt werden.
11. Falls man zukünftig Autos mit Wasserstoff betreiben will, muss Sonnenenergie für die Elektrolyse genutzt werden.
12. Bei (einer) Realisierung dieses Plans würde die CO_2-Belastung der Atmosphäre stark verringert.

50

2. Je höher die Berge sind, desto niedriger sind die Temperaturen auf den Gipfeln.
3. Je schlechter die Lebensverhältnisse sind, desto niedriger ist die Lebenserwartung.
4. Je mehr Hotels es gibt, desto leichter findet man ein Zimmer.
5. Je weniger Touristen kommen, desto schlechter sind die Verdienstmöglichkeiten.
6. Je besser ein Haus isoliert ist, desto geringer ist der Energieverbrauch.
7. Je tiefer die Sonne steht, desto länger sind die Schatten.
8. Die Luft wird umso dünner, je höher man steigt.
9. Man muss umso mehr trinken, je heißer und trockener es ist.
10. Je mehr persönliche Probleme man hat, desto geringer ist der Studienerfolg.
11. Je kälter es wird, desto wärmere Kleidung muss man anziehen.
12. Je interessanter eine Ausstellung ist, von desto mehr Leuten wird sie besucht.
13. Je mehr Atomkraftwerke man baut, desto höher ist das Risiko, das man eingeht. / ..., ein desto höheres Risiko geht man ein.
14. Je länger die Regenzeit dauert, desto besser ist die Ernte, mit der man rechnen kann. (..., mit einer umso besseren Ernte kann man rechnen.)
15. Je älter ein Mensch wird, auf desto weniger Tätigkeiten beschränkt er sich.
16. Je spannender ein Quiz ist, ein umso größeres Interesse erweckt es bei den Zuschauern. (..., desto größer ist das Interesse, das es bei den Zuschauern erweckt.)

51

Es ist allgemein bekannt, dass ...

1. ... der Benzinverbrauch umso höher ist, je schneller die Autos fahren.
2. ... die Temperaturen auf den Gipfeln (der Berge) umso niedriger sind, je höher die Berge (sie) sind.
3. ... die Lebenserwartung umso niedriger ist, je schlechter die Lebensverhältnisse sind.
4. ... man umso leichter ein (Hotel-)Zimmer findet, je mehr Hotels es gibt.
5. ... die Verdienstmöglichkeiten umso schlechter sind, je weniger Touristen kommen.
6. ... der Energieverbrauch umso geringer ist, je besser ein Haus isoliert ist.
7. ... die Schatten umso länger sind, je tiefer die Sonne steht.
8. ... die Luft umso dünner wird, je höher man steigt.
9. ... man umso mehr trinken muss, je heißer und trockener es ist.
10. ... der Studienerfolg umso geringer ist, je mehr persönliche Probleme man hat.
11. ... man umso wärmere Kleidung anziehen muss, je kälter es wird.
12. ... eine Ausstellung von umso mehr Leuten besucht wird, je interessanter sie ist.
13. ... das Risiko, das man eingeht, umso höher ist, je mehr Atomkraftwerke man baut. / ... ein umso höheres Risiko eingeht, je mehr ...

14. ... die Ernte, mit der man rechnen kann, umso besser ist, je länger die Regenzeit dauert. / ...man mit einer umso besseren Ernte rechnen kann, je länger die Regenzeit dauert.
15. ... sich ein Mensch auf umso weniger Tätigkeiten beschränkt, je älter er wird.
16. ... das Interesse, das ein Quiz bei den Zuschauern erweckt, umso größer ist, je spannender es ist. / ... ein Quiz bei den Zuschauern ein umso größeres Interesse erweckt, je spannender es ist.

52

2. Je mehr Energiesparlampen verwendet werden, desto geringer ist der Stromverbrauch.
   Je häufiger Energiesparlampen verwendet werden, umso weniger Strom wird verbraucht.
3. Je besser die medizinische Versorgung ist, desto geringer ist die Kindersterblichkeit.
   Die Kindersterblichkeit ist umso niedriger, je besser die medizinische Versorgung ist.
4. Die Lebenserwartung ist umso höher, je besser die Lebensverhältnisse sind. / Je besser die Lebensverhältnisse sind, desto höher ist die Lebenserwartung.
5. Je höher die Geschwindigkeit ist, desto größer ist der Luftwiderstand.
   Der Luftwiderstand erhöht sich umso mehr, je schneller ein Fahrzeug fährt.
6. Je höher die Kreditzinsen steigen, desto weniger Wohnungen werden gebaut.
   Es werden umso mehr Wohnungen gebaut, je niedriger die Kreditzinsen sind.

53

1. Die Leistungsfähigkeit von Windrädern hängt von ihrer Höhe ab.
2. Viele Bürger fordern, die Kfz-Steuer solle sich nach dem Kraftstoffverbrauch des Fahrzeugs richten.
3. Der Preis eines Brillanten orientiert sich an Größe und Reinheit.
4. Die Höhe des Arbeitslosengelds richtet sich nach der Höhe des letzten Arbeitslohns.
5. Die Bildungschancen von Kindern hängen vom sozialen Status ihrer Eltern ab.
6. Das Risiko eines Gendefekts bei einem Baby steigt mit dem Alter seiner Eltern.
7. Wenn das Steueraufkommen zurückgeht, stehen weniger Mittel für Investitionen zur Verfügung.

54

1. Ich habe dadurch, dass ich die Universität gewechselt habe, ein Semester gespart.
2. Charles Lindbergh wurde dadurch berühmt, dass er 1927 über den Atlantik flog.
3. Verkehrsteilnehmer können das Unfallrisiko verringern, indem sie sich umsichtig verhalten.
4. Tag und Nacht kommen dadurch zustande, dass die Erde sich um sich selbst dreht.
5. Der Kaufhauskonzern will den Umsatz steigern, indem er die Verkaufsfläche erweitert.
6. Dadurch, dass Alarmanlagen eingebaut wurden, ging die Zahl der Banküberfälle deutlich zurück.
7. Dadurch, dass Sie unterschrieben haben, haben Sie unsere Geschäftsbedingungen anerkannt.
8. Der Konzern will die Mittel für die nötigen Investitionen beschaffen, indem er neue Aktien ausgibt.
9. Die Leitfähigkeit von Wasser erhöht sich dadurch, dass Säure zugegeben wird.
10. Indem sie friedlich für größere Freiheit demonstrierten, haben die Menschen in Ostdeutschland das Ende der Teilung Deutschlands bewirkt.

55

1. Im Tal lag dicker Nebel, sodass man nur etwa zehn Meter weit sehen konnte. / Im Tal lag so dicker Nebel, dass man nur etwa zehn Meter weit sehen konnte.
2. Der Zug hatte Verspätung, sodass wir keinen Anschluss mehr nach Jena bekamen.
3. Die Kleine hatte drei Stück Torte gegessen, sodass ihr schlecht wurde.
4. Sie hat familiäre Probleme, sodass sie ihr Studium unterbrechen musste.
5. Morgen fallen alle Vorlesungen aus, sodass ihr ausschlafen könnt.
6. Wir bekamen drei verschiedene Wegbeschreibungen, sodass wir total verwirrt waren.
7. Herr Svenson hat ein lückenloses Alibi, sodass er als Täter nicht in Frage kommt.

56

1. Wir haben uns zu sehr an die Smartphones gewöhnt, um noch darauf verzichten zu können.
2. Das Schachproblem ist zu schwierig, als dass ich es lösen könnte.
3. Die Sätze sind zu lang, um sie behalten zu können. (... als dass man sie behalten könnte.)

57

1. Das Eis ist so dünn, dass man darauf nicht Schlittschuh laufen kann.
2. Dieser Politiker hat so oft gelogen, dass ich ihm nicht mehr glauben kann / werde.
3. Du bist noch nicht so alt, dass du keine neue Sprache mehr lernen kannst.
4. Radikale politische Gruppen sind so gefährlich, dass man sie nicht ignorieren darf.
5. Die Gewinnung von Gold aus dem Meerwasser ist so teuer, dass sie nicht praktisch genutzt werden kann.

58

1. Während man in Québec französisch spricht, spricht man im übrigen Kanada englisch.
2. Während früher (nur) analog fotografiert wurde, gibt es heute fast nur noch Digitalkameras.
3. Während ich den Physikunterricht langweilig fand, fand ich den Chemieunterricht immer interessant.
4. Während die Bundesregierung neue Autobahnen für nötig hält, halten die Umweltschutzverbände sie für überflüssig.

59

1. a) Im Unterschied zu Südeuropa sind in Osteuropa die Winter kalt.
   b) Während in Südeuropa die Winter mild sind, sind sie in Osteuropa kalt.
2. a) Im Gegensatz zur Erde scheint es auf anderen Planeten kein Leben zu geben.
   b) Während es auf der Erde Leben gibt, scheint es auf anderen Planeten kein(e)s zu geben.
3. b) Während man in Basel deutsch spricht, spricht man in Genf französisch und in Lugano italienisch.

60

2. Das Taxi ist weitergefahren, anstatt sofort anzuhalten.
3. Warum habt ihr ein Taxi genommen, anstatt mit der U-Bahn zu fahren?
4. Ali nimmt seit Tagen schmerzstillende Mittel, anstatt zum Arzt zu gehen.
5. Du solltest die Hilfe unentgeltlich leisten, anstatt dich bezahlen zu lassen.
6. Anstatt mir einen neuen Computer zu kaufen, habe ich das Geld für meine Ferienreise ausgegeben.

61

1. Der Zauberer führte seine Kunststücke vor, wobei die Zuschauer applaudierten.
2. Sondermüll muss auf speziellen Deponien gelagert werden, wobei strenge Sicherheitsvorschriften beachtet werden müssen.
3. Die Gerichtsverhandlung hat gestern stattgefunden, wobei die Öffentlichkeit ausgeschlossen war.
4. Im Verlauf einer HIV-Erkrankung zerfallen T-Zellen, wobei neue Viren freigesetzt werden.
5. Bei schwachen Basen wie Ammoniak reagiert nur ein sehr kleiner Teil mit Wasser, wobei Ionen gebildet werden.
6. Die Synthese körpereigener Proteine findet in den Zellen statt, wobei Energie verbraucht wird.
7. Das Gesetz wurde in 3. Lesung verabschiedet, wobei auf weitere Diskussionen verzichtet wurde.
8. Die Asylbewerber protestierten gegen ihre geplante Abschiebung, wobei sie sich auf das Grundgesetz beriefen.

62

1. Der Arzt hat mich am Zeh operiert, ohne dass ich dafür ins Krankenhaus musste.
2. Paul hat mein Fahrrad benutzt, ohne mich zu fragen / ..., ohne mich gefragt zu haben.
3. Jan hat ein Päckchen für Mario mitgenommen, ohne zu wissen, dass Heroin drin war.
4. Du musst lernen zu verlieren, ohne dich zu ärgern!
5. Plötzlich war die Straße zu Ende, ohne dass ein Schild darauf hingewiesen hatte.

63

1. Männer und Frauen sind in Deutschland gleichberechtigt, wie Artikel 3 des Grundgesetzes besagt.
2. Wie aus den Zahlen des Statistischen Bundesamtes hervorgeht, beträgt in Deutschland die mittlere Lebenserwartung bei Frauen 83,2 Jahre, bei Männern 78,4 Jahre.
3. Wie das Außenministeriums mitteilt(e), befinden sich unter den Opfern des Flugzeugabsturzes keine Deutschen.
4. Wie § 1 StVO besagt, hat sich jeder Verkehrsteilnehmer rücksichtsvoll zu verhalten.

64

1. Einer Umfrage zufolge gehört für 86 % der Deutschen ein Tannenbaum zum Weihnachtsfest.
2. Nach Aussage mehrerer Zeugen in der Gerichtsverhandlung hat der Angeklagte kein Messer in der Hand gehabt.
3. Laut Wetterbericht werden in der kommenden Nacht die Temperaturen unter den Gefrierpunkt sinken.
4. Nach unbestätigten Berichten soll der Staatspräsident an Krebs erkrankt sein.
5. Einer Mitteilung des Statistischen Bundesamtes zufolge betrug die Inflationsrate im Juli 1,2 %.

65

... *um (hier) ein Studium aufzunehmen*, haben mehrere Dinge zu beachten, *bevor sie in die Bundesrepublik einreisen und ihr Studium beginnen. Nur wenn eine Studienberechtigung in ihrem Heimatland vorliegt*, können sie mit einer Zulassung an einer deutschen Hochschule rechnen. Sie müssen als ersten Schritt einen Zulassungsantrag an die gewünschte Hochschule bzw. die Servicestelle *uni-assist* in Berlin richten. Der Antrag erfolgt auf einem besonderen Formblatt und kann i. d. R. auch online gestellt werden. Er muss im Rektorat eingehen, *bevor die Zulassungsfristen (unterschiedlich; oft* *am 15. Januar bzw. 15 Juli) ablaufen/abgelaufen sind. Wenn Angaben fehlen oder unvollständig sind*, wird er nicht bearbeitet. Sind die Angaben vollständig, wird die Bewerberin / der Bewerber über die Zulassung bzw. Ablehnung informiert, *nachdem der Antrag durch die Zulassungsbehörde bearbeitet worden ist*. Studienbewerber*innen, die ein Vorstudium zu absolvieren haben, *weil das Ausbildungssystem im Herkunftsland anders ist*, müssen zunächst ein Studienkolleg besuchen. *Während sie das Studienkolleg besuchen*, haben sie den Status einer/eines Studierenden.

66

2. Seit dem Einbau einer Klimaanlage sind die Temperaturen auch im Hochsommer erträglich.
3. Wegen unterschiedlicher Zulassungsbedingungen studieren einige meiner Freunde an der Fachhochschule, andere an der Universität.
4. Sofort nach Öffnung der Eingangstore strömten die Fußball-Fans in das Stadion.
5. Trotz seiner aussichtslosen Lage kämpfte Paul um die Revision seines Prozesses.
6. Der Asylbewerber musste das Land nach der endgültigen Ablehnung seines Antrags verlassen.
7. Durch den Verzicht auf aufwendige Verpackung kann die Müllmenge reduziert werden.
8. Bei der Geburt ihres ersten Kindes waren sie noch sehr jung.
9. Wir waren zur Teilnahme an der Eröffnung des neuen Picasso-Museums nach Paris gefahren.
10. Bis zur Beendigung der Bauarbeiten kann die Straße nicht befahren werden.
11. Zur Vermeidung weiterer Unfälle bleibt die Straße vorläufig gesperrt.
12. Durch den Einsatz von Robotern der neuesten Generation konnten die Produktionskosten weiter gesenkt werden.
13. Während des Streiks der Lastwagenfahrer ruhte der gesamte Fernverkehr.
14. Wegen zu erwartender Schwierigkeiten sollten Sie sehr früh am Flughafen sein!
15. Ein Fahrgast verhinderte das Unglück durch Betätigung der Notbremse.

67

1. Beim Kauf einer Fertigpackung weiß man nie, ob das tatsächliche Gewicht dem angegebenen Füllgewicht entspricht.
2. Obwohl Überprüfungen durch verschiedene Ämter stattfinden (durchgeführt werden), versuchen einige Hersteller zu mogeln.
3. Über 15 % der offenen Verpackungen mit Obst, Gemüse und Kartoffeln wurden beanstandet, weil das angegebene Gewicht deutlich unterschritten wurde.
4. Bei diesen Verpackungen ist die Kontrolle für den Verbraucher dadurch leicht möglich, dass er die Ware im Laden nachwiegt.
5. Zur Ermittlung des genauen Gewichts einer Ware muss man außerdem noch das Gewicht der Verpackung berücksichtigen, nachdem man sie gewogen hat.
6. Verbraucherverbände protestieren dagegen, dass die Zahl der Kontrollen herabgesetzt wurde, um Kosten zu sparen.
7. Wie viele Verbraucher meinen, würden die Hersteller sorgfältiger arbeiten, wenn es höhere Strafen für Verstöße gäbe (geben würde). (..., wenn die Strafen für Verstöße höher wären.)

68

1. wofür; 2. worauf; 3. was; 4. worüber; 5. was; 6. womit; 7. wovon / wodurch; 8. wonach; 9. wobei; 10. worunter; 11. worauf; 12. womit; 13. wofür; 14. wofür; 15. wovon / was

69

2. ... Darauf freut sie sich schon lange.
3. ... Das verstehe ich überhaupt nicht.
4. ... Darüber ärgere ich mich sehr.
5. ... Das gelingt Anna nur selten.
6. ... Damit war diese natürlich nicht einverstanden.
7. ... Davon / Dadurch sind sie noch sehr geschwächt.
8. ... Danach muss er sich immer eine Stunde ausruhen.
9. ... Dabei hört sie meistens Jazzmusik.
10. ... Darunter versteht er das Auswendiglernen von Formeln.
11. ... Darauf kann man sich aber nicht verlassen.
12. ... Damit schadet er sich selber.
13. ... Dafür möchte ich Ihnen herzlich danken.
14. ... Dafür werden sie hoffentlich streng bestraft.
15. ... Davon / Das habe ich leider erst heute Morgen erfahren.

70

2. auf den ich so lange gewartet hatte — Relativsatz
3. der Felder — Genitivattribut
4. der Hauptstadt Kolumbiens — Apposition
5. unverlangt eingesandte — Partizipialattribut (Partizip II)
6. GOETHES — Genitivattribut
7. hier — Adverbialattribut
8. wie sich die wirtschaftliche Lage entwickeln wird — indirekter Fragesatz
9. an Energie — Präpositionalattribut
10. schwer zu fälschende — Partizipialattribut (modales Partizip)
11. dass ihr etwas zugestoßen sein könnte — *dass*-Satz
12. uns zur Verfügung stehenden — Partizipialattribut (Partizip I)
13. eine Wohnung zu finden — Infinitivsatz

71

An einem Kongress, (Part. II) der während der Semesterferien in Greifswald veranstaltet wurde, nahmen über 400 Herzchirurg*innen teil, (Part. II) die aus aller Welt angereist waren. Zu Beginn des Kongresses hielt Prof. Korda in der Aula der Universität, (Part. II) die voll besetzt war, einen Vortrag, (Adj.) der für alle Teilnehmer*innen sehr informativ war. Er berichtete über die Schwierigkeiten, (Part. I) die auf dem Gebiet der Herztransplantation weiterhin bestehen. In der Diskussion, (Part. I) die sich an den Vortrag anschloss, konnte der Referent auf einige Fragen, (Part. II) die an ihn gestellt wurden, nur sehr allgemein antworten. Er erklärte sich aber bereit, diese Fragen, (mod. Part.) die ohne gründliche Recherchen nicht zu beantworten waren, in einer Stellungnahme am Ende des Kongresses zu behandeln.

72

1. Den Text, der von Ihnen verfasst worden ist / wurde, habe ich noch nicht gelesen.
2. Nur langsam kamen die Rettungsfahrzeuge auf den Straßen voran, die mit Vulkanasche bedeckt waren.
3. Im Versandhandel kann man auch Funkgeräte bestellen, die für den Betrieb in Deutschland nicht zugelassen sind.
4. Sie hielten sich in dem Teil des Schwimmbads auf, der für Nichtschwimmer gesperrt war / ist.
5. Die Kohle, die für die Stahlproduktion verwendete wird, muss importiert werden.
6. In dem Bericht, der Ende letzten Jahres veröffentlicht wurde / worden ist, wurde auf die steigende Lebenserwartung hingewiesen.
7. Legen Sie bitte nur die Anträge, die alphabetisch geordnet wurden / sind, auf meinen Schreibtisch – nicht die anderen!
8. Im Hochwassergebiet hat sich die Lage der Dörfer, die seit mehr als zwei Wochen überschwemmt sind, weiter verschlechtert.
9. Die Nahrungsmittelversorgung der Bevölkerung, die völlig von der Außenwelt abgeschnittenen ist, ist sehr schwierig.
10. Die Güter, die per Bahn oder Lkw bis in die Nähe des Katastrophengebiets beförderten werden / wurden / worden sind, müssen mit dem Hubschrauber weiter verteilt werden.

73

2. a) Nennen Sie mir bitte die Wörter, die zu unterstreichen sind!
   b) Nennen Sie mir bitte die Wörter, die unterstrichen werden sollen / müssen.
3. a) Die Verschlechterung ihres Gesundheitszustandes, die schon seit längerem zu befürchten war, ist leider eingetreten.
   b) Die Verschlechterung ihres Gesundheitszustandes, die schon seit längerem befürchtet werden musste, ist leider eingetreten.
4. a) Die Leasingverträge für unsere Firmenfahrzeuge, die nicht mehr zu verlängern sind, laufen Ende des Jahres aus.
   b) Die Leasingverträge für unsere Firmenfahrzeuge, die nicht mehr verlängert werden können, laufen Ende des Jahres aus.
5. a) Er hat mir ein Zeichen gegeben, das nicht misszuverstehen war.
   b) Er hat mir ein Zeichen gegeben, das nicht missverstanden werden konnte.
6. a) Die Gesamtstrecke, die bei der Tour de France zurückzulegen ist, beträgt rund 4000 km.
   b) Die Gesamtstrecke, die bei der Tour de France zurückgelegt werden muss, beträgt rund 4000 km.
7. a) Ich habe die Beiträge, die an die Versicherung zu zahlen sind, bereits überwiesen.
   b) Ich habe die Beiträge, die an die Versicherung gezahlt werden müssen, bereits überwiesen.
8. a) Die etwa 20 Tests, die noch zu korrigieren sind, lege ich Ihnen später auf den Schreibtisch.
   b) Die etwa 20 Tests, die noch korrigiert werden müssen, lege ich Ihnen später auf den Schreibtisch.
9. a) Computer, die nicht mehr zu reparieren sind, müssen als Elektronikschrott entsorgt werden.
   b) Computer, die nicht mehr repariert werden können, müssen als Elektronikschrott entsorgt werden.
10. a) Die Sperrung betrifft einen Bereich des Flughafens, der wegen seiner Unübersichtlichkeit nur schwer zu schützen ist.
    b) Die Sperrung betrifft einen Bereich des Flughafens, der wegen seiner Unübersichtlichkeit nur schwer geschützt werden kann.

74

1. Viele Wissenschaftler, die an einer Spezialausbildung interessiert sind, müssen für einige Zeit ins Ausland gehen.
2. Wegen der starken Nachfrage nach Studienplätzen, die oft das Angebot übersteigt, können nicht alle, die sich bewerben, einen Studienplatz erhalten.
3. Die Studienbewerber*innen sollten sich bemühen, nur Anträge auf Zulassung, die vollständig und richtig ausgefüllt sind, an die Universität zu schicken, die sie interessiert.
4. Alle Anträge, die rechtzeitig eingereicht wurden (worden sind), werden von den Sachbearbeitern überprüft.

5. Anträge, die zu spät eingegangen sind, können nicht mehr berücksichtigt werden.
6. Einige Universitäten versuchen, die festen Bewerbungstermine, die zwar seit langem bestehen, den Studienbeginn aber oftmals verzögern, flexibler zu gestalten.
7. Trotz der Schwierigkeiten, die im Ausland zu erwarten sind / erwartet werden müssen, verlassen viele Menschen aus Not ihre Heimat.
8. So muss die Zivilbevölkerung, die unter den Kämpfen leidet, aus Kriegs- und Bürgerkriegsgebieten fliehen.
9. Auch Menschen, die von der Geheimpolizei verfolgt werden, gehen oft in die Emigration.
10. a) Die Pakistaner, die in der vergangenen Woche nach Deutschland eingereist sind, haben um politisches Asyl gebeten.
    b) Die Pakistaner, die in der vergangenen Woche nach Deutschland eingereist waren, haben Deutschland bereits wieder verlassen.
11. Die Flüchtlinge, die bis auf wenige Ausnahmen mittellos sind, bekommen Sozialhilfe.
12. Wegen der Zahl von Sozialhilfeempfänger*innen, die in den letzten Jahren stark angestiegen ist, wird die finanzielle Situation der Kommunen immer schwieriger.

75

1. Auf einer Pressekonferenz, die kurzfristig einberufen worden war und daher nur von wenigen Journalisten besucht wurde, wurde gestern der erste Teil einer Studie zur Veränderung des Kauf- und Freizeitverhaltens vorgestellt.
2. Die Untersuchungen, die bereits seit zwei Jahren laufen und interdisziplinär durchgeführt werden, sind außerordentlich umfangreich.
3. Von den Vertretern der Forschungseinrichtungen, die an der Durchführung des Projekts beteiligt sind, wurde besonders die gute Zusammenarbeit hervorgehoben.
4. Das Forschungsvorhaben, das von der Wirtschaft angeregt wurde und von ihr finanziert wird, soll Ende nächsten Jahres abgeschlossen werden.
5. Von der Studie erhoffen sich Handel und Tourismusindustrie genaue Aussagen über Trends und Entwicklungen im Konsumverhalten, die für die nähere Zukunft zu erwarten sind.
6. Leider muss die Informationsveranstaltung, die für den nächsten Dienstag angekündigt (worden) war und bereits mehrfach verschoben wurde, endgültig abgesagt werden.
7. Grund dafür sind Terminschwierigkeiten der Referenten, die nicht zu beheben waren.
8. Die Informationen, die für die Studienplanung am wichtigsten sind, können aber ab sofort im Internet abgefragt werden.
9. Sie sind auch in einer Broschüre zusammengestellt, die ab Semesterbeginn im Sekretariat kostenlos erhältlich ist.
10. Außerdem wird auf die Informationen zu Sprechstunden bzw. zu Studienberatungsterminen hingewiesen, die in den einzelnen Instituten aushängen.

76

1. weiterfahrende
2. Nach 22 Uhr eintreffende Kongressteilnehmer haben keinen Anspruch mehr auf ein Einzelzimmer.
3. Diese vierteljährlich erscheinende Zeitschrift hat eine Auflage von 8000 Exemplaren.
4. Die dem Produkt beiliegende Gebrauchsanweisung muss unbedingt beachtet werden.

77

1. eingefahrene
2. Bei vom Bundesgerichtshof gefällten Urteilen ist eine Revision nicht möglich.
3. Das wegen Erkrankung der Künstlerin ausgefallene Konzert wird zu einem späteren Zeitpunkt nachgeholt.
4. Die dem Produkt beigelegte Gebrauchsanweisung muss unbedingt beachtet werden.

78

1. zu behebende
2. Auf der Versammlung wurden sehr ernst zu nehmende Vorbehalte gegen das Projekt geäußert.
3. Die Reihenfolge der auf jeden Fall zu besprechenden Fragen kann noch abgeändert werden.
4. Alle nicht sofort gefahrlos zu entsorgenden Stoffe müssen zwischengelagert werden.

79

1. Ich habe mich mit einem mir seit vielen Jahren bekannten Mann unterhalten.
2. Die Liste der von den Studierenden zu zahlenden Gebühren war sehr lang.
3. Ausgeliehene Bücher können vorbestellt werden.
4. Jeder von einem Autohändler angebotene Wagen muss verkehrssicher sein.
5. Der von Ihnen vertretenen Meinung kann ich wirklich nicht zustimmen.
6. Es mussten mehrere nicht mehr funktionierende Teile ausgewechselt werden.
7. Die Höhe der mit dem Ausbau von Wind- und Solarenergie verbundenen Investitionen ist erheblich.
8. Mit dem von der Regierung beim Verkauf von Staatseigentum eingenommenen Geld sollen alte Schulden bezahlt werden.

9. Es gibt kritische Zeitungskommentare über die Zuverlässigkeit der gestern von der Bundesregierung vorgelegten Daten zur wirtschaftlichen Entwicklung.
10. Ein nach einer Explosion schwer beschädigt auf den Meeresgrund gesunkenes U-Boot soll von einer Spezialfirma gehoben werden.
11. Eine den Radweg in der falschen Richtung befahrende Radfahrerin wurde von einem nach rechts abbiegenden Auto erfasst.
12. Die gestern abgebrochenen Tarifverhandlungen sollen zunächst nicht fortgesetzt werden.
13. Das ist der letzte der dreizehn von Ihnen umzuwandelnden Sätze dieser Übung.

80

1. die Aufnahme
   - von Ottos Geschwistern
   - in ein Heim
     - für Kinder
       - aus zerrütteten Ehen
     - an der Peripherie
       - der Stadt
2. astronomische Messungen
   - portugisischer Wissenschaftler
   - an der Westküste
     - Afrikas
   - in der Nähe
     - des Äquators
3. die Ansichten
   - von Großeltern, Freunden oder Nachbarn
   - über die Erziehung
     - der Kinder
     - zu angepassten Mitgliedern
       - der Gesellschaft

   das Verhalten
   - der Eltern
   - gegenüber ihrem Nachwuchs

81

1. mit dem Rauchen aufzuhören
2. ..., dass Tuberkulose durch Bakterien hervorgerufen wird, ist von Robert Koch erbracht worden.
3. ..., wie die Friedensverhandlungen ausgehen (werden), beunruhigt alle.
4. ..., ein Geschäft zu eröffnen, hat uns sehr überrascht.
5. ..., unser Haus umzubauen, beschäftigen wir uns schon lange.
6. ..., dass in China auch Turksprachen gesprochen werden, ist bei uns nur wenigen bekannt.
7. ..., ob meine Entscheidung richtig war / ob ich mich richtig entschieden habe, lassen mich nicht mehr los.
8. ..., wo radioaktiver Müll gelagert werden soll, ist noch ungelöst.
9. ..., die Arbeitszeit zu verkürzen, wird von der Gewerkschaft unterstützt.

82

2. Viele Menschen stellen sich die Frage, wie gefährlich Atomkraftwerke sind.
3. Noch 1985 ging man von der Annahme aus, dass sich der Energiebedarf der deutschen Wirtschaft alle 10 Jahre verdoppelt.
4. Die Ungewissheit, wie viel Energie wir in den nächsten Jahren wirklich brauchen, besteht weiterhin.
5. Die Tatsache, dass die Weltbevölkerung weiter wächst, muss man berücksichtigen.
6. Die Behauptung, dass wirtschaftliches Wachstum die Bedingung für Wohlstand ist, ist von den Wirtschaftswissenschaftlern aufgestellt worden.
7. Das Problem, wie man Arbeit und Einkommen gerechter verteilen kann, ist noch ungelöst.
8. Sie müssen die Entscheidung treffen, ob Sie mehr Geld oder mehr Freizeit (haben) wollen.
9. Die Erwartung, dass durch staatliche Lenkung Wirtschaftskrisen verhindert werden können, hat sich nicht bestätigt.
10. Die Ausrede, dass wir von der Gefährdung der Umwelt durch die Industrie nichts geahnt haben, gilt schon lange nicht mehr.
11. Leider ist die Hoffnung unberechtigt, dass alle Bewerber im Sommersemester einen Studienplatz bekommen.
12. Die Befürchtung, dass es noch lange keinen dauerhaften Frieden im Nahen Osten geben wird, haben viele Leute. / Viele Leute haben die Befürchtung, dass ...

83

2. Wenn der Laden noch offen wäre, könnte ich noch (ein) Brot kaufen.
3. Wenn sie Zeit hätte, könnte sie zu meinem Geburtstag kommen.
4. Wenn ich Spanisch könnte, müsste ich keinen Spanisch-Kurs besuchen.
5. Wenn ich das Wörterbuch benutzen dürfte, könnte ich den Text gut (besser) übersetzen.
6. Wenn hier nicht regelmäßig Radarkontrollen durchgeführt würden, führen die Autos zu schnell (würden ... fahren).

84

2. Er hätte den Bewerbungstermin nicht verpasst, wenn er rechtzeitig informiert worden wäre.
3. Wenn wir den Schlüssel wiedergefunden hätten, hätte das Türschloss nicht ausgetauscht werden müssen.
4. Wenn der Patient sofort operiert worden wäre, hätte er noch gerettet werden können.

5. Wenn mein Bruder die Schule schon beendet hätte, wäre er mit mir ins Ausland gegangen.
6. Die Presse hätte anschaulich berichten können, wenn Fotos hätten gemacht werden dürfen.
7. Wenn ich ein Netz gehabt hätte, hätte ich dich rechtzeitig benachrichtigen können.

85

2. ... das Konzert wiederholt würde.
3. ... die Bauarbeiten schon beendet wären.
4. ... die Produktion noch mehr gesteigert werden könnte.
5. ... bei Autos das Fahrlicht tagsüber eingeschaltet sein müsste.
6. ... die Brücke gesperrt worden wäre.
7. ... das Telefonieren im Flugzeug verboten / nicht erlaubt gewesen wäre.
8. ... die Produktionskosten hätten weiter gesenkt werden können. / ... die Produktionskosten weiter hätten gesenkt werden können.
9. ... Taxis früher hätten mit Sicherheitsgurten ausgerüstet sein müssen. / ... Taxis früher mit Sicherheitsgurten hätten ausgerüstet sein müssen.
10. ... die Warnanlage hätte am Tag eingeschaltet bleiben dürfen. / ... die Warnanlage am Tag hätte eingeschaltet bleiben dürfen.

86

1. Wenn ich die Sprachprüfung bestanden hätte, wäre ich jetzt schon im Fachstudium.
2. Sie hätten einreisen können, wenn sie ein Visum gehabt hätten.
3. Wenn seine Aufenthaltserlaubnis verlängert worden wäre, müsste er das Land nicht verlassen.
4. Das Computerprogramm liefe einwandfrei / würde einwandfrei laufen, wenn beim Programmieren keine Fehler gemacht worden wären.
5. Wenn der Rhein im 19. Jh. nicht begradigt worden wäre, käme es seitdem nicht zu schweren Überschwemmungen.
6. Wenn auf dem Telekommunikations-Sektor keine starke Konkurrenz herrschen würde / herrschte, wären die Telefongebühren nicht gesenkt worden.

87

1. Wenn Sie den Flug frühzeitig buchen, können wir Ihnen einen Preisnachlass von 15 % gewähren.
2. Falls Sie verhindert sind, bitten wir Sie, uns rechtzeitig zu informieren.
3. Wenn die Gebrauchsanweisung genau beachtet worden wäre / Wenn man die Gebrauchsanweisung genau beachtet hätte, wäre diese Panne nicht passiert.
4. Wenn die Bedingungen günstiger wären, gäbe es mehr Interessenten.
5. Wenn die Wochenarbeitszeit um zwei Stunden verkürzt würde, könnten viele neue Arbeitsplätze geschaffen werden.
6. Wenn sie nicht regelmäßig an Fortbildungsveranstaltungen teilgenommen hätte / teilnehmen würde, hätte sie die neue Stelle nicht bekommen.
7. Wenn die Temperatur plötzlichen um über 100 Kelvin ansteigt, muss man mit einem Defekt in der Anlage rechnen.
8. Wenn Peter (er) etwas mehr durch seine Familie unterstützt worden wäre, wäre er (Peter) nicht in diese schwierige Lage geraten. / Wenn ihn seine Familie etwas mehr unterstützt hätte, ... / Peter wäre nicht in diese schwierige Lage geraten, wenn ihn seine Familie etwas mehr unterstützt hätte.
9. Wenn man häufiger Naturheilmittel verwenden würde / verwendete, könnten die Kosten im Gesundheitswesen sinken. / Wenn häufiger Naturheilmittel verwendet würden ...
10. Wenn man keine ausreichenden Deutschkenntnisse hat / Wenn man nicht genug Deutsch kann, kann man weder in Deutschland noch in Österreich studieren.

88

(1) Wenn ich doch den Geburtstag meiner Freundin nicht vergessen hätte! / Hätte ich doch ... nicht vergessen!
Wenn ich doch meinem alten Grammatiklehrer geglaubt hätte! / Hätte ich doch ... geglaubt!
Wenn sie doch gut (besser) Deutsch könnte! Könnte sie doch gut (besser) Deutsch!

(2) Könnten Sie mir das Buch bis Mittwoch leihen?
Wäre Ihnen ein Termin am Dienstag recht?
Würden Sie mir das neue Vorlesungsverzeichnis mitbringen? (Brächten Sie mir ... bitte mit?)

(3) ... wirklich alles über die Entwicklung der Lebewesen wüssten.
... als ob er zu den Beratern des Präsidenten gehörte / gehören würde. / ... als gehörte er zu den Beratern des Präsidenten.
... als ob du fliegen könntest / hättest fliegen können?
... als ob sie Streit miteinander gehabt hätten.

89

Sie sei am Sonntag bei ihrer Freundin in Hamburg gewesen. Ihre Freundin wohne dort seit drei Jahren. Sie sei mit dem Zug gefahren, weil sie kein Auto habe.
Am Sonntagnachmittag seien ihre Freundin und sie ins Museum gegangen. Sie hätten sich eine Picasso-Ausstellung angesehen. Nach einer Stunde seien sie müde gewesen.

Sie hätten einen Kaffee trinken wollen. Aber leider sei das Café des Museums geschlossen gewesen.

Wir haben die Besichtigung noch eine Stunde fortgesetzt und sind dann wieder zur Wohnung meiner Freundin gefahren.
Dort konnte ich noch etwa zwei Stunden bleiben. Zum Glück ist es vom Haus meiner Freundin zum Bahnhof nicht weit, sodass ich erst 20 Minuten vor Abfahrt des Zuges aufbrechen musste.
Meine Freundin hat mich zum Bahnhof begleitet und mir beim Abschied gesagt: „Komm bald einmal wieder!"

90

... er gehöre einer religiösen Minderheit an, die den Wehrdienst ablehne. Er habe sein Heimatland verlassen müssen, weil er von der Geheimpolizei verfolgt worden sei. Er und seine ganze Familie seien Tag und Nacht observiert worden; sie hätten keine privaten Telefongespräche mehr führen können, weil sie gewusst hätten, dass ihr Telefon abgehört werde / wurde. Er sei mehrere Male verhaftet, verhört und auch gefoltert worden. Jetzt sei er zwar vor direkter Gewalt geschützt, aber er habe immer noch große Probleme. Er könne z. B. kaum schlafen, weil er immer an seine Familie denken müsse. Sie werde natürlich weiter überwacht; sogar seine Eltern würden beobachtet. Der Pastor solle / möge ihm helfen, auch seine Familie hierherzuholen.

91

Wegen der starken Regenfälle sei der Rhein wieder einmal über seine Ufer getreten. Die Bewohner der Häuser in Flussnähe seien aufgefordert worden, die nötigen Sicherheitsmaßnahmen zu treffen. Ihnen sei geraten worden, die Haustüren und Kellerfenster mit Sandsäcken zu sichern. Die Polizei habe das gefährdete Gebiet für den Verkehr gesperrt. Niemand habe mit dem Auto hineinfahren dürfen. Wer seinen Verwandten habe zu Hilfe kommen wollen, habe zu Fuß gehen müssen. Dadurch hätten unnötige Risiken vermieden werden sollen.
Leider komme es immer wieder zu solchen Überschwemmungen. Die Bewohner der gefährdeten Gebiete würden die Gefahren kennen und (würden) wissen / wüssten, was sie zu tun hätten, wenn der Rhein die Hochwassermarke überschreite. Wenn aber im Fernsehen über das Hochwasser berichtet werde, führen viele Neugierige in die Notstandsgebiete (würden ... fahren). Diese „Katastrophen-Touristen" stellten ein besonderes Risiko dar (würden ... darstellen), weil sie Rettungsmaßnahmen, die im Notfall durchgeführt werden müssten, behindern könnten.

92

„... Ein Lastwagen hielt vor dem Zebrastreifen, um mich hinübergehen zu lassen. Da tauchte plötzlich hinter dem Lastwagen ein Motorrad auf, das den Lastwagen links überholen wollte. Der Motorradfahrer sah mich zunächst wohl nicht, und als er dann bremste, gelang es ihm aber nicht mehr, das Motorrad vor dem Zebrastreifen zum Halten zu bringen. Vor Schreck blieb ich stehen, anstatt schnell vorwärts- oder zurückzuspringen. Da passierte es auch schon (Da war es auch schon passiert): Das Motorrad fuhr mich an und ich stürzte. Die Verletzungen, die ich erlitten habe, sind zum Glück nicht schlimm. Aber ich habe leichte Schmerzen im Rücken. Ich hoffe, dass sie bald vorbeigehen und dass sich keine weiteren Komplikationen einstellen."

93

2. Ich wollte euch nicht bei der Arbeit stören.
3. Sie sollten mehr Obst essen.
4. Dürfen Sie das Labor betreten?
5. Man muss jedes Jahr einen neuen Antrag stellen.
6. Mit diesem Gerät können die meisten Satelliten-Programme empfangen werden.
7. Die Kommunen müssen für eine ausreichende Zahl von Kindergartenplätzen sorgen.
8. Wer kann heute noch Mathematikaufgaben ohne Taschenrechner lösen?
9. Ich kann nicht sagen, ob sie Erfolg gehabt hat.
10. Nur Kindern unter 14 Jahren dürfen den Spielplatz betreten.
11. Ursprünglich wollte sie im Ausland studieren.
12. Man darf ein Wörterbuch benutzen.
13. Ich will mein Studienfach nicht wechseln.
14. Wenn sich sonst niemand meldet, kann / will ich diese Aufgabe übernehmen. (Wenn sonst niemand diese Aufgabe übernehmen will, bin ich bereit dazu.)
15. Der Staatssekretär sollte Verhandlungen mit dem Ausland führen.
16. Die Fotos dürfen noch nicht veröffentlich werden.
17. Wir müssen anderen helfen.
18. Schüler unter 18 Jahren dürfen nicht rauchen.
19. In einer so kurzen Zeit kann eine endgültige Lösung sicher nicht gefunden werden.
20. Der Safe kann nur mit Hilfe zweier Spezialschlüssel geöffnet werden.

94

1. Wer von euch kann diese alte Handschrift entziffern?
2. Kannst du wirklich deinen Bruder nicht finanziell unterstützen?
3. Sebastian möchte in Paderborn studieren.
4. Herr Wong will in Augsburg ein Restaurant eröffnen.

5. Viele Studierende müssen während ihres Studiums arbeiten.
6. Die Kursteilnehmer müssen regelmäßig am Unterricht teilnehmen.
7. An einer Tankstelle darf nicht geraucht werden / darf man nicht rauchen.
8. Man muss nicht kaufen, was einem nicht gefällt.
9. Die Zuschauer sollten den Saal verlassen, aber die meisten blieben einfach sitzen.
10. Sie konnte ihren schweren Koffer kaum die Treppe hinauftragen.
11. Man kann das Wetter nicht über einen längeren Zeitraum vorhersagen.
12. Er soll die Papiere alphabetisch ordnen.
13. Wir können Ihnen zurzeit leider kein Zimmer besorgen.
14. Studierende können einen Antrag auf einen Wohnheimplatz stellen.
15. Die Vereinten Nationen konnten die militärischen Auseinandersetzungen im Nahen Osten nicht dauerhaft beenden.
16. Sie hatten damals wieder einmal im Mittelmeer segeln wollen.
17. Die Besucher der Ausstellung dürfen vor dem Museum zwei Stunden lang mit Parkscheibe parken.
18. Tauben können bis acht zählen.

95

Niemand muss in seinem Urlaub große Entfernungen zurücklegen, aber offenbar wollen / möchten die meisten Menschen weite Reisen unternehmen; sie scheinen anzunehmen, dass sie sich in der näheren Umgebung nicht richtig erholen könn(t)en. So setzen sich zum Beispiel viele Familien am ersten Tag der Schulferien ins Auto, setzen sich in Richtung auf das ferne Urlaubsziel in Bewegung und setzen sich dabei dem Risiko aus, dass sie schon nach wenigen Kilometern Fahrt auf der Autobahn in einen Stau geraten. Manche müssten aber gar nicht am ersten Ferientag starten; sie könnten auch zwei oder drei Tage später aufbrechen.
Familien mit Kindern, die vier oder fünf Wochen Urlaub machen wollen, können oft keine feste Ferienunterkunft bezahlen. Darum fahren sie mit einem Wohnanhänger auf einen Campingplatz. Besonders die Kinder fühlen sich dort wohl, weil sie sich nicht dauernd ruhig verhalten müssen, sondern (weil sie) ungestört mit anderen Kindern spielen können.
Viele Campingplätze, vor allem die im Süden am Meer, sind aber schon Monate vor Saisonbeginn ausgebucht. Wenn man die Ferien auf einem bestimmten Platz verbringen will /möchte, sollte man sich also mindestens ein halbes Jahr im Voraus dort anmelden. Auf manchen Campingplätzen kann man einen großen, komfortablen Wohnwagen, ein sogenanntes Mobile Home, mieten; das bietet den Vorteil, dass man zu Hause keinen Parkplatz für einen Campinganhänger haben muss. Vor allem muss man ihn dann auch nicht mit dem Pkw viele Kilometer weit schleppen. Nicht jeder Autofahrer kann nämlich ein solches Gespann sicher über die Alpen bis ans Mittelmeer steuern. Abgesehen davon darf man auf bestimmten Straßen in den Bergen gar nicht mit Campinganhängern fahren; man sollte also vorher im Internet genau recherchieren, denn auch im Navi ist das Kartenmaterial nicht immer ganz aktuell.
Campinganhänger kann man deutlich billiger mieten als Ferienappartements, obwohl sie nach Auskunft der vermietenden Herstellerfirmen nach durchschnittlich drei Jahren durch neue ersetzt werden müssen, und zwar vor allem, weil die Firma die Verkehrssicherheit der Mietanhänger garantieren muss. Bei diesem Geschäft kann also auf den ersten Blick nicht viel verdient werden. Da aber viele der Mieter – man sagt, dass es über 20 % sind! – später einen eigenen Wohnwagen besitzen möchten und ihn kaufen, kommen die Hersteller schließlich doch auf ihre Kosten.

96

2. Einige meiner Freunde werden (dürften) Fußball spielen.
3. Die fleißige Sunkyung Lee wird / müsste noch in der Bibliothek arbeiten.
4. Die Big-Band-Mitglieder könnten für das Abschlusskonzert üben.
5. ... kann gestern Abend nicht hier angerufen haben.
6. ... muss / wird durch die Balkontür ins Haus gekommen sein.
7. ... die Balkontür kann nicht abgeschlossen gewesen sein.
8. ... der Brand kann (könnte) durch einen Kurzschluss verursacht worden sein.

97

2. Er soll viel Geld durch Betrügereien verdienen.
3. Er soll von der Polizei observiert werden.
4. Er soll früher Mitglied einer Geldfälscher-Bande gewesen sein.
5. Damals soll er immer eine Waffe bei sich gehabt haben.
6. Er soll bei einer Schießerei am Kopf verletzt worden sein.
7. Nach der Verletzung soll er längere Zeit arbeitsunfähig gewesen sein.

98

2. Er will an der besten japanischen Universität studiert haben.
3. Er will vom japanischen Kaiser zum Tee eingeladen worden sein.

4. Er will einmal mit der Tochter des Präsidenten getanzt haben.
5. Er will der beste Schachspieler in unserer Stadt sein.
6. Er will gleichzeitig gegen zehn Gegner spielen und alle Partien gewinnen können.

99

1. ... muss jetzt schon in München sein.
2. ... sollen in den Ferien in Schweden gewesen sein.
3. Maria wird / dürfte die Prüfung bestanden haben.
4. Der Angeklagte will gar nicht Auto fahren können.
5. Die Ampel dürfte / wird inzwischen repariert worden sein.
6. Peter soll sehr krank sein.
7. Unser Hausmeister will gestern Abend nicht zu Hause gewesen sein.
8. Miriams neues Auto kann kein Neuwagen sein.
9. Unsere Kinder werden den Film sehen wollen.
10. Bei der Notlandung sollen alle Passagiere unverletzt geblieben sein.
11. Eva könnte / kann ihren Mann während des Studiums kennengelernt haben.
12. Er will benachteiligt worden sein.
13. Evas Eltern werden über ihre Pläne informiert gewesen sein.
14. Mehrere Minister des Kabinetts Marinelli sollen Mitglieder der Mafia gewesen sein.
15. Die Journalistin soll von der Mafia erpresst worden sein.
16. Die Studentin will den Prüfungstermin vergessen haben.
17. Der Krieg kann / wird noch lange dauern.
18. Das Fenster könnte heute Nacht offen gewesen sein.

100

Wenn nach den Gründen für den Tod so vieler Menschen gefragt wird, ist es sehr wahrscheinlich, dass man sich auch für die Rolle der Bauunternehmer in dieser Tragödie interessiert. Es hat ganz sicher Fahrlässigkeit oder sogar kriminelles Verhalten gegeben, denn sonst würden nicht im gleichen Ort zusammengestürzte neben unbeschädigten Häusern stehen. Mancher Bauunternehmer hat zweifellos aus Profitgier allzu billig und schlecht gebaut.
Man hört die unterschiedlichsten Vorwürfe: Die Bauunternehmer haben sich angeblich nicht an die Bauvorschriften gehalten. Es heißt auch, dass die Einhaltung der Bauvorschriften nicht streng genug kontrolliert worden ist. Viele Häuser, so wird behauptet, sind sogar ohne Genehmigung gebaut worden.
Die beschuldigten Bauunternehmer weisen die Schuld natürlich von sich. Sie sagen, dass sie sich an die Baunormen gehalten hätten. Sie behaupten, nicht aus Profitgier am Material gespart zu haben. Manchmal nehmen die Entschuldigungsversuche komische Formen an: Ein landesweit bekannter Baulöwe gibt vor, von niemandem darüber informiert worden sein, dass man für Beton keinen Meeressand verwenden darf; er sagt von sich selbst, dass er auch gar kein Bauunternehmer ist, sondern Schriftsteller, woraufhin der Schriftstellerverband von Uranama erklärt, dass ein solcher Betrüger unmöglich ein Literat sein könne.
Es wäre nötig, die Sünden der Bauunternehmer und das Versagen der Baubehörden offenzulegen. Es ist sicher, dass sich dann einiges ändert, und die Zahl der Erdbebenopfer ist wahrscheinlich in der Zukunft etwas geringer.
(Hier sind auch oft andere Umformungen möglich.)

101

2. Bis wann müssen sich die Kandidaten beim Prüfungsamt melden?
3. Die hohen Produktionskosten können offensichtlich nicht nur auf die steigenden Ölpreise zurückgeführt werden.
4. Er muss außer seinen Kindern aus erster Ehe auch die aus der zweiten versorgen.
5. Sein seltsames Verhalten kann durch nichts erklärt werden.
6. Alle Beschäftigten müssen die Sicherheitsvorschriften genauestens einhalten.
7. Es konnte leider nicht vermieden werden, dass elf Pakete beim Transport beschädigt wurden.
8. Im Brandfall müssen die Feuerschutztüren sofort geschlossen werden.
9. Die ausgeliehenen Bücher müssen innerhalb einer Woche zurückgegeben werden.
10. Bei diesem Thema könnten / müssten noch viele andere Gesichtspunkte berücksichtigt werden.
11. Die Grenze zwischen den beiden Ländern kann nur schwer überwacht werden.

102

1. Gesetzlich geschützte Tiere dürfen von Touristen nicht importieren werden.
2. In der Konferenz war lange über diesen Zeitungsartikel diskutiert worden.
3. Dieses Wörterbuch wird von ihnen sicher niemals benutzt werden.
4. Den Arbeitslosen muss vom Staat geholfen werden.
5. Die Prüfung hat von jedem gemacht werden müssen.
6. War von der Presse auf diese Veranstaltung hingewiesen worden?
7. Die Einschreibfristen an den Universitäten müssen von allen beachtet werden.
8. Der große Lastwagen hätte von ihm nicht gefahren werden dürfen.

9. Ich bin von meinem Vermieter auf die Kündigungsfrist aufmerksam gemacht worden.
10. Auf der Straße muss rechts gefahren werden.
11. Fehler müssen erkannt werden, bevor sie korrigiert werden können.
12. Das Wetter kann immer noch nicht exakt vorhergesagt werden.
13. Diese wichtigen Probleme haben noch nicht gelöst werden können.
14. Mit den Vorbereitungen zum Fest wurde schon frühzeitig begonnen.

103

1. Seit einer Woche ist er von niemand(em) gesehen worden.
2. Die Preisdifferenz betrug 8 %.
3. Die Mitarbeiter*innen des International Office beraten die ausländischen Studierenden.
4. Man hat Mäntel und Taschen an der Garderobe abgeben müssen.
5. Bei plötzlichem Wetterwechsel bekomme ich Kopfschmerzen.
6. Man muss den Bauern wegen der extremen Trockenheit finanziell helfen.
7. Man weiß nicht genau, von wem das Papier erfunden worden ist.
8. Der Regierung hat man mit diesem Bericht geschadet.
9. Falls von dem Verlag eine Neuauflage des Buches geplant wird/ist, sollte man vorher die Druckfehler korrigieren.
10. Darf hier geraucht werden?
11. Dem Minister hat niemand widersprochen.
12. Das Dokument konnte man nicht wiederfinden.
13. Hätten die Studierenden nicht besser informiert werden müssen?
14. Diese Übungen enthalten viele Schwierigkeiten.
15. Hat man die Leute auf dem Marktplatz vom Kirchturm durch das Fernrohr deutlich erkennen können?

104

Abwasserreinigung
Die Abwässer einer Stadt werden in eine Kläranlage geleitet, wo die Reinigung in drei Stufen erfolgt. In der ersten, der mechanischen Reinigungsstufe, wird das Abwasser durch Gitterstäbe und Siebe von gröberen Verunreinigungen gesäubert. Tuben, Dosen und Kunststoffabfälle werden hier herausgefischt und später auf einer Mülldeponie gelagert.
In einem Abscheider werden Benzin, Öle und Fette abgetrennt, damit nicht die Sauerstoffaufnahme durch einen Film dieser Stoffe auf der Wasseroberfläche behindert wird. Danach wird das Wasser in Absetzbecken geleitet, wo die noch übrig gebliebenen schwimmenden Substanzen abgeschöpft werden und schwere Stoffe sich absetzen. Dieser Bodensatz wird als Faulschlamm bezeichnet.
Nun ist die mechanische Reinigung abgeschlossen. Zum biologischen Abbau der organischen Bestandteile des Faulschlamms wird er in einen Faulturm gepumpt, wo eine bakterielle Methan-Gärung stattfindet. Dabei erhitzt sich der Faulschlamm bis auf 70° C. Auf diese Weise werden Krankheitserreger abgetötet. Das Methan kann zu Heizzwecken, der bei der Gärung anfallende Klärschlamm als Düngemittel in der Landwirtschaft verwendet werden. Wenn er jedoch mit Schwermetallen belastet ist, muss er einer Sondermülldeponie zugeführt werden. Bis hierher sind dem Abwasser schon die meisten Verunreinigungen entzogen worden. In modernen Anlagen wird an die mechanische und die biologische Klärstufe noch eine chemische angeschlossen. Dabei werden unter anderem aus Waschmitteln stammende Phosphate ausgefällt, durch die sonst das gereinigte Abwasser überdüngt (würde) und das „Umkippen" von Flüssen und Seen verursacht würde. In einer zusätzlichen Reinigungsstufe sollen dann noch Medikamentenrückstände aus dem Abwasser entfernt werden.

105

2. Die Aufgabe konnte man nicht lösen.
   Die Aufgabe war nicht zu lösen.
   Die Aufgabe ließ sich nicht lösen.
   Die Aufgabe war nicht lösbar / unlösbar.
3. Die Richtigkeit seiner Angaben könnte man mühelos überprüfen.
   Die Richtigkeit seiner Angaben wäre mühelos zu überprüfen.
   Die Richtigkeit seiner Angaben ließe sich mühelos überprüfen.
   Die Richtigkeit seiner Angaben wäre mühelos überprüfbar.
4. Autos mit Lackschäden kann man nur schwer verkaufen.
   Autos mit Lackschäden sind nur schwer zu verkaufen.
   Autos mit Lackschäden lassen sich nur schwer verkaufen.
   Autos mit Lackschäden sind nur schwer verkäuflich.
5. Viele Unfälle kann man auf überhöhte Geschwindigkeit zurückführen.
   Viele Unfälle sind auf überhöhte Geschwindigkeit zurückzuführen.
   Viele Unfälle lassen sich auf überhöhte Geschwindigkeit zurückführen.
   Viele Unfälle sind auf überhöhte Geschwindigkeit zurückführbar.
6. Diese Forderung kann man politisch nicht durchsetzen.
   Diese Forderung ist politisch nicht durchzusetzen.

Diese Forderung lässt sich politisch nicht durchsetzen.
Diese Forderung ist politisch nicht durchsetzbar.
7. Farbloses Glas kann man problemlos recyceln.
Farbloses Glas ist problemlos zu recyceln.
Farbloses Glas lässt sich problemlos recyceln.
Farbloses Glas ist problemlos recycelbar.

106

2. …, die sind schon befestigt.
3. …, der ist schon verkleidet.
4. …, die ist schon montiert.
5. …, die ist noch nicht ausgewechselt.
6. …, die sind schon erneuert.
7. … ist der noch nicht ausgetauscht.
8. …, die sind noch nicht tapeziert.

107

2. Mein Zeugnis ist unterschrieben.
3. Ihr karierter Rock ist gebügelt.
4. Unser alter Wagen ist noch nicht gewaschen.
5. Die neuen Steuergesetze sind beschlossen.
6. Die Blutproben sind untersucht.
7. Der WLAN-Router ist noch nicht installiert.
8. Die Dokumente sind (bereits) kopiert.
9. Die Waren waren (noch) nicht bezahlt.
10. Deutschland war (nach dem 2. Weltkrieg) geteilt.
11. Die Bergstraße war wegen Lawinengefahr tagelang gesperrt.
12. Der Koalitionsvertrag ist noch nicht unterzeichnet.

108

2. ist; 3 wird; 4. werden, sind; 5. wurden; 6. war / ist; 7. wird; 8. werden / wurden / sind / waren; 9. ist; 10. war; 11. wird / ist; 12. wird; 13. bin; 14. werden; 15. waren

109

1. An den offiziellen Gesprächen hat / hatte sie sich aus persönlichen Gründen nicht beteiligt.
2. Das ehemalige Industriegelände eignet sich nicht für eine Wohnbebauung.
3. Sie haben sich entschlossen, nach Kanada auszuwandern.
4. Viele Ausländer wundern sich darüber, dass in Deutschland die Geschäfte sonntags geschlossen sind.

110

1. die Verfilmung des Romans
2. die Übersetzung des Textes
3. die Arbeit in der Fabrik
4. der Besuch eines Sprachkurses
5. die Hilfe für seine Freundin
6. das Studium der Medizin
7. die Erforschung der Antarktis
8. die Reise nach Japan
9. die Begrüßung ihrer Gäste
10. die Unterhaltung mit ihren Freunden
11. die Bereitschaft zu zahlen
12. die Zustimmung zu dem Gesetz
13. die Erfindung der Dampfmaschine
14. die Zusammenarbeit mit seinen Kollegen
15. das Experiment mit Bakterien
16. die Herstellung teurer Uhren
17. die Fahrt nach Australien
18. die Freude über das Geschenk
19. die Beschäftigung mit Astrologie
20. die Vorbereitungen für die Party
21. der Schaden für seine Gesundheit
22. das Misstrauen gegenüber Männern
23. die Verbesserung des Resultats
24. die Abhängigkeit von Drogen
25. die Behandlung des Tagesordnungspunkts
26. die Entwicklung eines neuen Konzepts
27. der Kampf mit dem Drachen
28. die Neugier(de) auf die Fortsetzung
29. das hohe Alter
30. die Berechtigung, den Doktortitel zu führen

111

2. Die Erfindung der Glühbirne durch Edison …
3. Die Entwicklung eines neuen Modells durch die Ingenieure von Ford …
4. Der Kampf der UNESCO gegen den Analphabetismus … / Der Kampf gegen den Analphabetismus durch die UNESCO …
5. Die Bekämpfung der Infektionskrankheiten durch die moderne Medizin …
6. Das Auftreten von Problemen …
7. Die Lösung der Probleme durch den Techniker …
8. Der ausführliche Bericht über die Konferenz …
9. Die Bearbeitung einer Aufgabe …
10. Die Hilfe des AStA für deutsche und ausländische Studierende … / Die Hilfe für deutsche und ausländische Studierende durch den AStA …
11. Die Nutzung alternativer Energiequellen …
12. Die Produktion energiesparender Geräte …
13. Die genaue Erklärung des Sachverhaltes durch den Referenten …
14. Die Klärung dieser Fragen …
15. Das häufige Vorkommen von Erdbeben …
16. Die Überprüfung aller Funktionen …
17. Der übermäßige Einsatz von Pestiziden …
18. Das kontinuierliche Sinken des Grundwasserspiegels …
19. Die zu geringe Beachtung der ökologischen Folgen …
20. Die Entwicklung umweltfreundlicherer Produktionsverfahren durch Fachleute …
21. Die halbstündliche Aktualisierung der Wetterdaten …
22. Die erneute Ablehnung des Antrags durch die Behörde …

23. Der Einspruch des Antragstellers gegen die Ablehnung ... / Der Einspruch gegen die Ablehnung durch den Antragsteller ...
24. Die Festsetzung der Gebühr auf 20 € ...

112

1. über -ie; 2. an -ie; 3. auf -e; 4. zu -en -n; 5. an; 6. auf; 7. an -em; 8. zu -er; 9. in -ie; 10. über -ie -e; 11. zum; 12. auf -ie; 13. auf; 14. um -as, -e; 15. nach -em

113

1. an -ie; 2. um; 3. bei -er; 4. zu -em; 5. an -e; 6. auf ø -es; 7. für -ie -en ø; 8. mit -en -en -n; 9. für -ie; 10. über -en; 11. an -en -n; 12. an -em; 13. gegenüber -en; 14. von -en; 15. nach -er ø -en; 16. um -as; 17. nach; 18. über / gegen / für -en; 19. gegen -ie; 20. an -n; 21. über -ie -e; 22. an; 23. an -as -e; 24. für -ie; 25. vor -en; 26. zur; 27 auf -ie; 28 an -n

114

1. mit -em; 2. an -n; 3. auf -e; 4. an -ie; 5. um -as; 6. für -ie; 7. mit -em / -en; 8. zu -er; 9. zum; 10. für -ie; 11. über -en; 12. an -en; 13. vor; 14. gegen -ie -en; 15. gegenüber -en; 16. mit -em; 17. über -en -en; 18. um -en ø; 19. auf -ie; 20. an -ie, -e; 21. auf -e / -en ø; 22. für -as; 23. auf -e -e; 24. gegenüber -em; 25. an -er; 26. gegen -e -e; 27. gegeüber -em -en ø; 28. mit -en -n

115

1. in nehmen; 2. stellen; 3. erteilen; 4. bringt zum; 5. gibt / erteilt; 6. fand; 7. schenken; 8. leisten; 9. ergreifen; 10. in nehmen; 11. unter setzen; 12. in genommen; 13. in gebracht; 14. kam zu; 15. gemacht / begangen; 16. kommen infrage; 17. in gestellt; 18. in gesetzt / gebracht; 19. finden; 20. führen; 21. ergriffen; 22. in nehmen; 23. nehmen zur; 24. Ziehen

116

1. in gesetzt; 2. führen; 3. ergriffen; 4. ergreift / trifft; 5. begangen; 6. in bringen; 7. geben / erteilen; 8. halten; 9. Nehmt; 10. ziehen; 11. treiben; 12. nehmen; 13. zu gekommen; 14. zur gezogen; 15. zur gestanden; 16. zur gestellt; 17. gegeben; 18. finden; 19. halten; 20. fand

117

2. Ich würde gern diese Arbeit beenden, bevor ich mit etwas Neuem beginne.
3. Zu spät gestellte Anträge können nicht mehr berücksichtigt werden.
4. Vor seinem Abflug nach Europa verabschiedete er sich von seinen Freunden.
5. Ich möchte Ihnen mit diesem Geschenk meinen Dank ausdrücken / ... Geschenk danken.
6. Die Kommission hat (sich) mit Zweidrittelmehrheit entschieden.
7. Nach der Demonstration wurde das Verhalten der Polizei scharf kritisiert.
8. Bei der Altersbestimmung geologischer Schichten werden heute neue Methoden angewendet (angewandt).
9. Wer hat Ihnen erlaubt, hier zu angeln?
10. Niemand hatte uns über die Sperrung der Brücke informiert.
11. Die Regierungen Frankreichs und Deutschlands haben regelmäßige Konsultationen vereinbart.

118

2. Schon sechs Jahre im Voraus werden Vorbereitungen für die Olympischen Spiele getroffen.
3. Darf die Regierung versuchen, auf die Entscheidungen der Internetkonzerne Einfluss zu nehmen?
4. Bleiben wir hier, oder fahren wir nach Hause? Wir sollten noch heute eine Entscheidung treffen!
5. Starker Rauch brachte nicht nur die Hausbewohner in Gefahr, sondern auch die Feuerwehrleute.
6. Der Antrag der Abgeordneten Walterscheid fand nicht nur bei ihren Parteifreunden Unterstützung.
7. Es ist schwer, aus einem großen Angebot die richtige Auswahl zu treffen.
8. Wer einem Menschen in Gefahr keine Hilfe leistet, macht sich strafbar.
9. Die Kriminalpolizei hat ihre Untersuchung zum Abschluss gebracht.
10. Einweggeschirr aus Plastik darf keine Verwendung mehr finden.
11. Wir müssen Sie leider von der Ablehnung Ihres Antrags in Kenntnis setzen.
12. Der Aufsatz über die Solartechnik hat in der Fachwelt starke Beachtung gefunden.
13. Die Frage der Parteienfinanzierung findet bei den Wählern kaum Interesse.
14. Die christliche Religion verbietet es, an einem Feind Rache zu nehmen.
15. Die Dorfbewohner ergriffen vor dem glühenden Lavastrom die Flucht.
16. ..., ist mir damals nicht zum Bewusstsein gekommen.
17. Unter diesen Themen können Sie eine kleine Auswahl treffen.
18. Ich habe wirklich noch nie ernsthaft in Erwägung gezogen, mein Studienfach zu wechseln.
19. An seinem Unterrichtsstil wurde von vielen Kritik geübt.

119

1. c – b – a
2. c – a – b
3. b – a – c (<u>erst</u> morgen)
4. b – a – c
5. d – e – a – b – c

6. c – d – a – b
7. d – c – a – b (das: kein Personalpronomen)
8. c – d – a – b
9. c – b – a
10. c – a – d – b
11. c – d – b – a
12. c – a – b

120

1. Ich treffe meinen Freund heute nicht.
2. Er steckt das Foto nicht in seine Brieftasche.
3. Die Dokumente liegen wegen der Einbruchsgefahr nicht in diesem Stahlschrank.
4. Gehen sie heute Nachmittag nicht ins Kino?
5. Warum ist die Polizei am Montagabend dem Motorradfahrer nicht gefolgt?
6. Es gab seinen Eltern nicht Bescheid.
7. Ich kann dieser Entscheidung nicht ausweichen.
8. Warum haben Sie den Brief heute nicht beantwortet?
9. Das Geld darf der Frau des Kontoinhabers nicht ausgehändigt werden.
10. Wir haben uns in Amerika nicht wohlgefühlt.
11. Ich rechne nicht damit, dass er kommt. / Ich rechne damit, dass er nicht kommt.
12. Seine Zeugnisse hatte er nicht sorgfältig aufbewahrt.
13. Die Abholzung des Waldes ist nicht die entscheidende Ursache für die Erosion.
14. Wegen der aufgetretenen Probleme stellt die Firma uns heute ausnahmsweise ihren Computer nicht zur Verfügung.
15. Die Spedition hat den Container nicht bis vor die Haustür befördert.
16. Echte Münzen von Fälschungen zu unterscheiden ist manchmal nicht schwierig.
17. Warum haben Sie der Meinung des Redners eigentlich nicht widersprochen?
18. In seiner letzten Rede ist der Vorsitzende nicht auf die seines Nachfolgers eingegangen.

121

„Es ist gelungen, bei der Verwertung von Altreifen Umweltschutz und Wirtschaftlichkeitserwägungen in Einklang zu bringen. Früher warf man Altreifen auf Mülldeponien oder ließ sie einfach in der Landschaft liegen. Jetzt gibt es einen neuen Weg, wie man mit dem Problem des Kautschuk-Mülls fertig wird. Altreifenberge können in profitable Goldminen verwandelt werden."
So wird derzeit in den USA eine Gesetzesinitiative erwogen: Wenn Fernstraßen neu gebaut oder ausgebessert werden, soll den Asphaltbelägen aus Altreifen gewonnener Pulverkautschuk beigemengt werden.
Den Bedarf, der aufgrund dieser Initiative zu erwarten ist, nahm eine New Yorker Firma zum Anlass, die Kapazität ihrer schon jetzt 1000 Altreifen pro Stunde verarbeitenden Reifenzerkleinerungsanlage zu erweitern.
Kautschuk kann die Lebensdauer der Autostraßen, die durch hohes Verkehrsaufkommen belastet sind, verlängern und außerdem die Kosten verringern, die für die Instandsetzung aufgebracht werden müssen. Umfangreiche technische Untersuchungen haben gezeigt, dass sich die Haltbarkeit des Fahrbelags dadurch um einige Jahre verlängert, dass dem Asphalt Kautschuk beigemengt wird / wurde.
Insbesondere kann die Widerstandsfähigkeit der Fahrbahnoberfläche gegenüber extremen Temperaturen verbessert werden. Die Beimengung von Kautschuk führt nicht nur dazu, dass die Elastizität der Fahrbahndecke größer wird, sondern sie vermindert auch die Fließdauer des weichen Asphalts. Zur Verbesserung von Fahrbahnbelägen wurde Kautschuk schon früh verwendet.
Weil es ein überreichliches Angebots an billigem Erdöl gab, bei dessen Verarbeitung große Mengen an Bitumen anfallen, hatte sich diese Bauweise aber seinerzeit nicht durchsetzen können.

122

Die deutschen Universitäten

Die heutigen deutschen Universitäten berufen sich immer noch auf ihre fast 1000-jährige europäische Tradition wie auch auf die Universität Wilhelm von Humboldts, die durch den Gedanken der Freiheit von Forschung und Lehre geprägt ist. Trotz einer erheblichen Veränderung des inneren und äußeren Erscheinungsbildes der Hochschulen in den vergangenen Jahrzehnten wirkt die Geschichte in vielen universitären Bereichen fort.
Der hierarchische Aufbau der einzelnen Universitäten hat sich über Jahrhunderte erhalten und wurde gegen von allen Seiten kommende Änderungswünsche massiv verteidigt. Auch Inhalte und Lehrmethoden können oftmals auf Jahrhunderte alte Traditionen zurückgeführt werden.
Selbst nachdem viele Universitäten in den 60er Jahren ausgebaut und gleichzeitig neue Hochschulen gegründet worden waren, blieben mehr alte Strukturen erhalten, als es die Reformer beabsichtigten. Sie hatten die Öffnung der Hochschulen für alle erreichen wollen, die den Wunsch hatten zu studieren. Dafür wäre es aber notwendig gewesen, die hierarchischen Strukturen konsequent abzuschaffen und die Hochschulen völlig neu zu organisieren.
Das einzige sichtbare Ergebnis der Bemühungen der Bildungsreformer scheint zu sein, dass sich die Eliteuniversität, die zum Bildungssystem vergangener Zeiten passte, in eine Massenuniversität verwandelt hat.

123
AIDS
Seit etwa 1981 breitete sich auch in Europa eine neue Krankheit aus, die unter der englischen Abkürzung AIDS bekannt geworden ist.
AIDS ist eine durch Ansteckung mit dem HI-Virus erworbene Schwächung des Immunsystems. Das körpereigene Abwehrsystem kann dann Krankheitserreger nicht mehr bekämpfen. Der Zusammenbruch des Immunsystems hat zur Folge, dass die Betroffenen schwer erkranken und schließlich sterben.
Nachdem man sich mit dem HI-Virus infiziert hat, kann es bis zum Auftreten von Krankheitssymptomen mehrere Jahre dauern. Ob eine HIV-Infektion vorliegt oder nicht, kann aber mithilfe von HIV-Tests relativ sicher festgestellt werden.
Bei einem solchen Test geht es um den Nachweis der vom menschlichen Organismus gegen das HI-Virus gebildeten Antikörper. Bei einem „negativen" Testergebnis kann man nur die Aussage treffen, dass sich keine HIV-Infektion erkennen lässt. Da Antikörper aber frühestens einige Wochen nach einer Infizierung auftreten, ist es sinnvoll, den Test nach etwa drei Monaten zu wiederholen.
Falls Antikörper im Blut nachgewiesen werden, lässt das Testergebnis aber keine Vorhersage darüber zu, wie die Krankheit in der Zukunft verlaufen wird.

124
Die verschiedenen Dimensionen der Menschenrechte
Die Menschenrechte werden wegen ihrer unterschiedlichen Bedeutung und Entwicklungsgeschichte in drei Kategorien unterteilt. Die Menschenrechte der ersten und zweiten Kategorie sind im Wesentlichen schon in der „Allgemeinen Erklärung der Menschenrechte" enthalten, die am 10. Dezember 1948 von der UN-Generalversammlung verabschiedet wurde. Obwohl die Rechtsverbindlichkeit fehlt, bestimmte diese Erklärung in der Folgezeit die Menschenrechte weltweit.
Die zur ersten Kategorie zählenden Rechte sind die „klassischen Grundrechte", wie man sie in den meisten Verfassungen der westlichen Industriestaaten finden kann. Sie sind inzwischen aber auch in die Verfassungen vieler Entwicklungsländer aufgenommen worden. Nachdem diese Rechte im Jahre 1966 durch die UNO einstimmig verabschiedet worden waren, traten sie zehn Jahre später in den 35 Unterzeichnerstaaten als sog. „Zivilpakt" in Kraft. Zugleich beschlossen diese Staaten auch die Aufnahme der Menschenrechte der zweiten Kategorie in den sog. „Sozialpakt". Dabei handelt es sich um solche Rechte, die vor allem darauf ausgerichtet sind, das menschliche Überleben zu sichern, wie z. B. das Recht auf Wohnung und das Recht auf Gesundheitsfürsorge.
Während die als Rechte des Individuums gegenüber dem Staat bezeichneten Menschenrechte des Zivil- und Sozialpakts heute weitgehend akzeptiert werden, ist das bei den Menschenrechten der dritten Kategorie noch nicht der Fall. Bei diesen sog. „Kollektivrechten" geht es darum, die Verhältnisse zwischen den verschiedenen Völkern gerecht zu gestalten. Neben dem Recht auf Frieden gehört dazu auch das Recht auf wirtschaftliche Entwicklung, was besonders von den Entwicklungsländern stark betont wird.

125
Zunahme von Überschwemmungen
Ohne Wasser kann man sich das Leben auf der Erde nicht vorstellen. Aufgrund der vielen Naturkatastrophen in den letzten Jahren hat man aber eingesehen, dass zu viel Wasser ebenso gefährlich ist wie zu wenig. Ob es sich bei diesen Katastrophen um Ankündigungen einer der großen Klimaveränderungen handelt, die in der Erdgeschichte immer wieder auftreten, oder um eine Klimaverschlechterung, die vom Menschen hervorgerufen (worden) ist, ist bei den Fachleuten kaum noch umstritten.
In bestimmten Fällen lässt sich nachweisen, wie Katastrophen dadurch entstehen, dass rücksichtslos in die Natur eingegriffen wird. So hat man nicht vergessen, dass in den letzten Jahren immer häufiger Flüsse über die Ufer getreten sind und weite Flächen überschwemmt haben. Ein Grund dafür ist der verstärkte Ausbau der Flüsse zu Schifffahrtsstraßen. Die begradigten Flüsse können die durch längere und stärkere Regenfälle verursachten Wassermassen nicht mehr aufnehmen. Nach Meinung einer Klimaforscherin wird die Hochwassergefahr in den nächsten Jahrzehnten weiter zunehmen, weil sich die Erdatmosphäre erwärmt. Trotz der noch bestehenden Unsicherheit über das Ausmaß der Erwärmung ist zu befürchten, dass die Niederschläge in Zukunft stark zunehmen (werden).
Die Wissenschaftlerin sagte, für sie sei die Entwicklung eindeutig. Ihrer Ansicht nach müsse man immer häufiger mit ausgeprägten Winterhochwassern rechnen, die enorme wirtschaftliche Schäden verursachen würden.

126
Bevölkerungsstruktur
Der Begriff „Bevölkerung" wird in der amtlichen Statistik verwendet für die Summe der Einwohner eines abgegrenzten Gebietes, z. B. einer Stadt oder eines Landes. Die Einwohner- oder Bevölkerungszahl ist keine feste Größe, sondern eine, die sich ständig durch Geburten, Sterbefälle, Zu- und Abwanderung verändert. Die Wissenschaft, die sich

darum bemüht, alle notwendigen Daten dieses Bevölkerungsprozesses zu erfassen und zu interpretieren, heißt Demographie.
Zur (Für die) Ermittlung der Bevölkerungszahl gibt es verschiedene Methoden. Die exakteste ist die Zählung. Man weiß (davon), dass schon vor über 4.000 Jahren in China eine Volkszählung durchgeführt wurde. Zählungen, wie sie in modernen Staaten üblich sind, sind nicht möglich, ohne dass die Befragten sie akzeptieren und (daran) mitarbeiten. Diese heutigen Volkszählungen ermitteln nicht nur, wie viele Menschen in einem Staat leben, sondern darüber hinaus eine Fülle anderer von der Regierung für ihre Planungen benötigten Fakten.
Für die Einschätzung der Bevölkerungsentwicklung in der Zukunft müssen alle Faktoren berücksichtigt werden, die an diesem Prozess beteiligt sind.
Demographen erläuterten: „Präzise Volkszählungsdaten eröffnen uns heute Prognosemöglichkeiten, die früheren Gesellschaften nicht zur Verfügung standen. Sich wandelnde Bevölkerungsstrukturen bringen neue Schwierigkeiten mit sich, die wenigstens zum Teil zu erkennen sind, so dass man frühzeitig reagieren kann."

127

Zur Geschichte des Fernsehens

Wenn über die Rolle des Fernsehens diskutiert wird, wissen oft nur wenige über die Anfänge dieser heute so alltäglichen Technik Bescheid.
Die der neuen Technik zugrunde liegenden physikalischen und technischen Konzepte datieren aus der Zeit zwischen 1830 und 1930. Seit Beginn der 30er Jahre des vergangenen Jahrhunderts waren die Voraussetzungen für den Einsatz der Fernsehtechnik in der Massenkommunikation gegeben, nachdem sie zwei Jahrzehnte lang intensiv und erfolgreich erprobt worden war. In der zweiten Hälfte der 30er Jahre konnten nur jeweils wenige Zuschauer in Deutschland, England, Frankreich und den USA die ersten Fernsehprogramme empfangen. 1940 gab es in den USA bereits 23 Fernsehstationen. In Europa verhinderte aber der Zweite Weltkrieg, dass sich die neue Technik ausbreitete.
In Deutschland startete der Nordwestdeutsche Rundfunk erst 1953 mit einem Fernsehprogramm, das noch sehr an den Kinoprogrammen mit Nachrichten („Wochenschau"), Vorfilm und Hauptfilm orientiert war. Die Umstellung von Schwarzweißfernsehen auf Farbfernsehen ab 1967 führte dazu, dass die Verkaufszahlen von Fernsehgeräten sprunghaft anstiegen.
Wegen der großen Fortschritte der Satellitentechnik in den 80er Jahren und der zusätzlichen Einrichtung von Kabelanschlüssen konnte die Anzahl der Programme in dieser Zeit deutlich ausgeweitet werden. Bis 1984 existierten in der BRD nur zwei nach dem Vorbild der BBC als öffentlich-rechtliche Anstalten konzipierte Fernsehprogramme, nämlich ARD und ZDF. In jenem Jahr erfüllte sich der Wunsch privater Gesellschaften, sich neben ARD und ZDF mit eigenen Sendern und Programmen auf dem deutschen Medienmarkt zu etablieren (RTL, SAT 1 usw.). Heute ist es über das Internet möglich, auf eine fast unbegrenzte Zahl vor allem ausländischer Fernsehprogramme zuzugreifen.

128

Nation – Nationalismus

Der Begriff „Nation" hat im Laufe seiner Geschichte viele Wandlungen erfahren. Das Wort mit gelegentlich sogar abwertender Bedeutung, das der lateinischen Sprache entstammt, erlangte seine heutige Bedeutung erst im 17./18. Jahrhundert. Eine genaue Definition des Begriffs bereitet aber den Historikern große Schwierigkeiten. Für einige ist eine Nation ein durch gemeinsame Abstammung, Geschichte, Kultur und Sprache verbundenes Volk. Wenn mehrere Nationen in einem Staat zusammenleben, spricht man von einem Nationalitätenstaat. Nationalitätenstaaten müssen für die Wahrung der Minderheitenrechte und die Beseitigung von Spannungen zwischen den Volksgruppen sorgen. Bildet in einem solchen Staat eine Volksgruppe eine Minderheit, so besteht leicht die Gefahr, dass sie durch die nationale Mehrheit benachteiligt oder sogar unterdrückt wird.
Unzufriedene Minderheiten in einem Nationalitätenstaat entwickeln oft einen weltweit zur Instabilität beitragenden separatistischen Nationalismus. Wegen der erheblichen Zunahme der Kämpfe um Autonomie und Sezession registriert man seit Beginn der 1990er Jahre weltweit mehr Kriege, obwohl die Zahl zwischenstaatlicher Konflikte im Vergleich zu früher stark gesunken ist.
Wie dieser Prozess im 21. Jahrhundert weiter verlaufen wird (verläuft), wird von Experten unterschiedlich prognostiziert.

129

Allgemeinverfügung des Kreises Euskirchen

in Ergänzung der Coronaschutzverordnung des Landes Nordrhein-Westfalen zur Umsetzung von Schutzmaßnahmen, die dazu dienen, eine weiteren Ausbreitung des Coronavirus SARS-CoV-2 auf dem Gebiet des Kreises Euskirchen zu verhüten und zu bekämpfen.
Gemäß § 16 Abs. 1 i. V. m. … § 6 Abs. 1 der Verordnung zum Schutz vor Neuinfizierungen mit dem Coronavirus SARS-CoV-2 (Coronaschutzverordnung – CoronaSchVO) vom 30.11.2020 in der Fassung, die seit dem 16.12.2020 gilt, sowie § 35 Satz 2 des Verwaltungsverfahrensgesetzes (VwVfG) erlässt der Kreis Euskirchen folgende Allgemeinverfügung:

1. Tragen von FFP2- oder KN95-Masken in Einrichtungen
Für alle Mitarbeitenden in den Einrichtungen, die in den §§ 23 Abs. 3 und 36 Abs. 1 IfSG genannt werden, ist (es) verpflichtend, ständig eine FFP2- oder KN95-Maske zu tragen. Auch bei Kontakten der Mitarbeitenden untereinander, die in diesen Einrichtungen stattfinden, muss eine FFP2- oder KN95-Maske getragen werden. Bei isoliert von anderen Personen erfolgenden Tätigkeiten kann die Maske abgelegt werden. In den Arbeitspausen besteht die Maskentragepflicht, soweit Kontakt zu anderen Personen besteht. Grundsätzlich sollten gestaffelte Pausenzeiten angestrebt werden.
Besucher in Krankenhäusern und Pflegeeinrichtungen müssen dauerhaft eine FFP2-oder KN95-Maske, Besucher der übrigen Einrichtungen eine Alltagsmaske tragen. Bewohner der Einrichtungen haben bei Kontakt zu Personen, die außerhalb der Einrichtung stehen, eine Alltagsmaske zu tragen.
2. Verpflichtung zum Tragen der Alltagsmaske in geschlossenen Räumen
Im betrieblichen Zusammenhang ist innerhalb geschlossener Räumlichkeiten, in denen mehr als eine Person anwesend ist, eine Alltagsmaske zu tragen, soweit es sich nicht um demselben Haushalt angehörende Personen handelt. Es kann in den genannten Räumlichkeiten darauf verzichtet werden, eine Alltagsmaske zu tragen, wenn ein dauerhafter Abstand von 1,5 Metern zwischen den Personen sichergestellt ist und wenn eine Stoßlüftung der Räumlichkeiten im Zeitabstand von 20 Minuten mit einer Dauer von 5 Minuten vorgenommen wird.
3. Ausgangsbeschränkung
Der Aufenthalt im öffentlichen Raum ist zwischen 22:00 Uhr und 05:00 Uhr nur erlaubt, wenn triftige Gründe vorliegen. Der Aufenthalt im Kreisgebiet in diesen Zeiten ist von außerhalb des Kreisgebiets wohnenden Personen / von Personen ohne Wohnung im Kreisgebiet ebenfalls nur erlaubt, wenn triftige Gründe vorliegen.
Triftige Gründe sind, dass / wenn man
- in die eigene Wohnung von einem zulässigen persönlichen Kontakt oder einer zulässigen Betätigung zurückkehrt,
- eine beruflichen Tätigkeit ausübt,
- medizinische Leistungen in Anspruch nimmt,
- Tiere versorgt („Gassi gehen").

4. Veranstaltungen der Kirchen und Religionsgemeinschaften
Die Dauer der Gottesdienste und religiösen Versammlungen wird auf 45 Minuten begrenzt. Die Höchstzahl der Teilnehmer in jeder Kirche bzw. in jedem Versammlungsraum wird – bezogen auf die Platzzahl, die bereits pandemiebedingt reduziert worden ist, – um 30 % verringert. Bei Freiluftgottesdiensten und religiösen Freiluftversammlungen wird die Teilnehmerzahl auf 250 begrenzt. Die Teilnehmer an Gottesdiensten und religiösen Versammlungen unterliegen insoweit nicht der Ausgangsbeschränkung, die in Ziffer 3 ausgesprochen worden ist.
5. Beschränkung der Anzahl von Kunden im Einzelhandel
Abweichend von § 11 Abs. 4 CoronaSchVO darf die Anzahl der Kunden, die gleichzeitig in Handels- und Dienstleistungseinrichtungen mit Kundenverkehr anwesend sind, eine Person pro 20 Quadratmeter Verkaufsfläche nicht übersteigen. Verantwortlich sind die Inhaber*innen.
6. Fahrgemeinschaften
Private Fahrgemeinschaften von nicht einem gemeinsamen Hausstand angehörenden Personen sind nur bei ständigem Tragen einer FFP2- oder KN95-Maske zulässig. Hiervon erfasst sind auch Fahrten zur Arbeitsstelle.
7. Zusammenkünfte
Das Zusammentreffen innerhalb der eigenen Häuslichkeit (Wohnung, Garten, etc.) ist auf den eigenen Hausstand und die Angehörigen eines weiteren Hausstandes mit höchstens insgesamt fünf Personen beschränkt. Kinder bis einschließlich 14 Jahre werden nicht mitgezählt, wenn man die Personenzahl berechnet / wenn die Personenzahl berechnet wird …
Begründung:
… Das Coronavirus SARS-CoV-2 wird in der Bevölkerung hauptsächlich über virushaltige Partikel übertragen, die von infizierten Personen vor allem freigesetzt werden, wenn sie husten und niesen sowie atmen, sprechen und singen. Je nach Partikelgröße und Eigenschaften wird zwischen größeren Tröpfchen und kleineren Aerosolen unterschieden. Der Übergang zwischen beiden Formen ist fließend. Im Unterschied zu insbesondere größeren Tröpfchen, die schneller zu Boden sinken, können Aerosole auch über längere Zeit in der Luft schweben und sich in geschlossenen Räumen verteilen. Beim Atmen und Sprechen, vor allem bei höherer Lautstärke, werden Aerosole ausgeschieden. Beim Husten und Niesen entstehen zusätzlich deutlich mehr Tröpfchen. Man kann sich anstecken, wenn solche virushaltigen Flüssigkeitspartikel an die Schleimhäute der Nase und des Mundes einer anderen Person gelangen.
Unbeschadet der Bestimmungen, die nach der CoronaSchVO gelten, bleiben gemäß § 16 Abs. 1 Satz 2 CoronaSchVO die zuständigen Behörden befugt, im Einzelfall auch Schutzmaßnahmen anzuordnen, die über diese Verordnung hinausgehen.
… Zur kommunenüberbreifenden Eindämmung des Infektionsgeschehens sind die oben genannten Anordnungen innerhalb des gesamten Gebietes des Kreises Euskirchen erforderlich.

Weil die Infektionszahlen des Coronavirus SARS-CoV-2 im Gebiet des Kreises Euskirchen weiter steigen, sind weitergehende Schutzmaßnahmen erforderlich …

Zu Ziffer 1:

Das Robert-Koch-Institut (RKI), das fachliche Leitstelle hinsichtlich Maßnahmen des vorbeugenden Gesundheitsschutzes ist, empfiehlt als wirksame Maßnahme zur Infektionsprävention, geeignete Masken zu tragen …

Mit steigender Prävalenz von SARS-CoV-2 kommt es aktuell zu einem rasanten Eintrag in Gemeinschaftseinrichtungen. Infektionsketten können nicht immer klar verfolgt werden / lassen sich nicht immer klar verfolgen, es ergeben sich aber vermehrt Hinweise auf den Eintrag durch Beschäftigte des Gesundheits- und Pflegewesens.

Die aktuell gültige Corona-Schutzverordnung sieht für Einrichtungen nach § 23 Abs. 3 IfSG (insbesondere Krankenhäuser und Praxen) vor, dass eine Alltagsmaske in den für Besucherinnen und Besuchern zugänglichen Räumlichkeiten getragen wird. In Einrichtungen gemäß § 36 Abs. 1 IfSG (insbesondere Pflegeeinrichtungen) braucht eine FFP2- oder KN95-Maske nach der CoronaSchVO lediglich getragen zu werden, wenn unmittelbarer Kontakt mit den zu betreuenden Personen besteht. Wenn man ständig FFP2- oder KN95-Masken in allen Einrichtungen nach § 23 Abs. 3 und § 36 Abs. 1 IfSG trägt, wird zuverlässig verhindert, dass das Virus auf Mitarbeitende und Betreute übertragen wird. / Wenn ständig FFP2- oder KN95-Masken … getragen werden, verhindert das zuverlässig, dass …

Zu Ziffer 2:

Grundsätzlich ist im Umkreis von ein bis zwei Metern um eine infizierte Person die Wahrscheinlichkeit des / eines Kontakts mit virushaltigen Tröpfchen und Aerosolen erhöht. Hält man sich länger in Räumen auf / Wenn man sich länger in Räumen aufhält, die schlecht oder nicht belüftet werden, kann sich die Wahrscheinlichkeit erhöhen, dass Viren durch Aerosole jedoch auch über eine größere Distanz als zwei Meter übertragen werden. … Dadurch, dass sich / Wenn sich Aerosole anreichern und verteilen, ist das Einhalten des Mindestabstandes zur Verhinderung von Infektionen ggf. nicht mehr ausreichend. Insbesondere ist dadurch ohne die Kombination aus Abstandsregelungen mit regelmäßigem Lüften die Infektionsgefahr deutlich erhöht, wenn man innerhalb geschlossener Räumlichkeiten eine berufliche Tätigkeit ausübt.

Zu Ziffer 3:

Die Ausgangsbeschränkungen in der Zeit von 22:00 – 05:00 Uhr sind zur Vermeidung typischer Kontakte notwendig, bei denen es aufgrund der späten Uhrzeit, des szenetypischen Getränkekonsums und Verhaltens zu einem erhöhten Infektionsrisiko kommt. Eine Ausgangssperre unterbindet Treffen im privaten Raum, bei denen eine Übertragungswahrscheinlichkeit dadurch erhöht wird, dass die Mindestabstände unterschritten, auf Masken verzichtet und und schlecht gelüftet wird. Namentlich können durch die Ausgangsbeschränkungen die Anzahl abgehaltener Partys, Feiern oder sonstige lose Verabredungen reduziert werden.

Zu Ziffer 4:

Nach den bisherigen Erfahrungen hinsichtlich des Infektionsgeschehens ist eine starke Verbreitung des Virus auch auf die Teilnahme an Veranstaltungen der Kirchen und Religionsgemeinschaften zurückzuführen. Wenn man die Interessen einer freien Religionsausübung mit denen des Infektionsschutzes abwägt, müssen Hygiene- und Abstandsregelungen, insbesondere solche der Reduzierung von Teilnehmern und der Dauer der Veranstaltungen, angepasst werden …

Zu Ziffer 5:

Reduziert man die Kundenzahl in den Geschäftsräumen auf eine Person pro 20 Quadratmeter / Wenn man die Kundenzahl in den Geschäftsräumen auf eine Person pro 20 Quadratmeter reduziert, so führt dies zu einer Reduzierung der Kunden im Ladenlokal und somit zu weniger Kontakten im Innenbereich. Damit ist auch eine Reduzierung der Infektionszahlen wahrscheinlich.

Zu Ziffer 6:

Wenn ein PKW gemeinsam genutzt wird, können die erforderlichen Mindestabstände haushaltsfremder Personen nicht eingehalten werden. Zudem ist zu beobachten, dass Fahrgemeinschaften wesentlich zur Ausbreitung von SARS-CoV-2 insbesondere im beruflichen Kontext beitragen.

Zu Ziffer 7:

Eine Verringerung der privaten Kontakte ist wesentlich, um eine Verlangsamung des Infektionsgeschehens zu erreichen. Bei der Regelung, die hier getroffen wird, handelt es sich um eine über die in § 2 Abs. 2 CoronaSchVO bestimmte Maßnahme hinausgehende und dabei auch den Kontakt im privaten Bereich der eigenen Wohnung beschränkende Schutzmaßnahme. Hierzu ist das erforderliche Einvernehmen des zuständigen Ministeriums erteilt worden …

Die Anordnungen sind zur Verlangsamung der Verbreitung des Virus erforderlich und angemessen. Zusammenkünfte von Menschen sind in besonderer Weise geeignet, die Verbreitung des Virus zu ermöglichen bzw. sogar zu beschleunigen. Die Einschränkungen, die sich aus den Anordnungen ergeben, stehen zu dem Ziel, die Verbreitung des Coronavirus SARS-CoV-2 einzudämmen und zu verlangsamen, nicht außer Verhältnis …